基于引黄灌区土地变化的
可持续性评价研究

张鹏岩　秦明周　著

地理学河南省优势学科重点建设学科
国家自然基金项目(编号：41601175，41171439)
河南省高校科技创新团队支持计划资助(编号：16IRTSTHN012)　　　共同资助
河南省高校环境与健康工程研究技术中心
河南大学农业与农村可持续发展研究所

科学出版社

北　京

内 容 简 介

本书主要研究引黄自流灌区土地变化特征及其可持续性。以黑岗口、柳园口灌区为研究对象,分析了引黄灌区土地变化的时空分异独特过程和特点。并应用化学分析、GIS技术和数理统计分析方法,分析了研究区内土壤重金属的含量、分布、类型、污染,以及积累特征,总结了引黄灌溉自流灌区内土地变化对土壤重金属污染的影响规律,提炼了灌区土地利用功能特征,对灌区未来土地利用变化、重金属含量和分布进行了模拟与预测。本书探索了土地利用功能分类及其相互作用,拓展了土地变化和土壤重金属污染的耦合分析,构建了引黄灌区独有的多功能土地利用分类体系与可持续性评价模型,对于引黄灌区土地利用与管理具有一定的指导意义和价值。

本书可作为土地资源管理、自然资源利用与保护、人文地理与城乡规划、自然地理与资源环境、农业经济管理,以及其他相关专业教材和参考书,也可以供相关学科理论和实际工作者参阅。

图书在版编目(CIP)数据

基于引黄灌区土地变化的可持续性评价研究/ 张鹏岩,秦明周著. —北京:科学出版社,2018.8

ISBN 978-7-03-058544-8

Ⅰ. ①基… Ⅱ. ①张… ②秦… Ⅲ. ①黄河–灌区–土地利用–研究 ②黄河–灌区–土壤污染–重金属污染–研究 Ⅳ. ①F321.1 ②X53

中国版本图书馆 CIP 数据核字(2018)第 187512 号

责任编辑:杨帅英 李 静 / 责任校对:李 影
责任印制:张 伟 / 封面设计:图阅社

科 学 出 版 社 出版
北京东黄城根北街 16 号
邮政编码:100717
http://www.sciencep.com

北京凌奇印刷有限责任公司 印刷
科学出版社发行 各地新华书店经销

*

2018 年 8 月第 一 版 开本:787×1092 1/16
2019 年 2 月第二次印刷 印张:11
字数:258 000
POD定价: 99.00元
(如有印装质量问题,我社负责调换)

前　　言

我国是一个农业大国，又是一个灌溉大国，特殊的气候、地理、社会条件决定了我国农业必须走灌溉农业的发展道路，因此灌区在我国的历史和社会经济发展进程中一直占有重要地位。农业是国民经济的基础。我国的农业有赖于灌溉的发展，全国大部分商品粮食是由国有大中型灌区提供的。灌区作为我国商品粮生产基地，支撑我国农业和农村经济增长，灌区内农业生产比较稳定，作为我国粮食和农副产品生产的主要基地，在维持粮食安全、影响我国农业发展、农村经济繁荣和农民增收方面具有重要意义，是我国粮食安全的重要保障。

黄河下游灌区是我国最大的连片自流灌区，研究区位于黑岗口和柳园口灌区的最北端，靠近黄河区域，河道为悬河段，对灌区地下水补充(侧渗)作用明显，多为原背河洼地(湿地)转变而来，引水泥沙含量高，大量泥沙入田灌淤、改土，被灌区完全利用，土地盐碱化依然存在，土地质量参差不齐，土壤污染显现。

由于特殊的地质地貌、母质、气候和不合理的灌溉等诸多因素的影响，因此土壤环境质量下降现象非常严重，已成为农业生产新的障碍因子，灌区土地利用方式和土壤的可持续利用已引起人们的关注。面对灌区这种比较特殊的区域类型，人们更多关注的是节水灌溉及水利发展问题，忽视了灌区对水资源需求最大的是各类土地，而土地变化直接影响着对灌区的水资源分配、需求和水质，同样也影响着土壤环境质量。分析灌区土地利用变化的数量、类别和驱动力因素，有助于推动土地利用变化研究向着更广泛的领域深入，对于研究灌区土地变化时空分异规律和实现区域土地变化的可持续性具有积极意义。

本书开展下游引黄自流灌区土地变化特征和土壤重金属研究，重点探讨灌区土地变化和重金属的时空分异，研究下游引黄灌区特殊地理环境下土地变化的可持续性过程。引入多功能土地利用理论，揭示灌区土地变化和土壤重金属污染对灌区可持续性的影响，特别是评估灌区土地变化的可持续性评价，为引黄灌区土地变化提供新方向和新模式。

由于水平有限，本书还有许多尚需完善的地方，不妥之处，恳请各位专家学者进行批评指正，并提出宝贵建议。

作　者

2017 年 12 月于河南开封

摘　　要

　　本书以黑岗口、柳园口灌区为研究对象，以具有代表性的临近黄河四乡为研究区，研究了 1988 年、2001 年和 2011 年研究区土地变化时空分异的独特过程和特点。应用化学分析、GIS 技术和数理统计分析方法，分析了引黄灌区内土壤重金属的含量、分布、类型、污染，以及积累特征；探讨了土壤重金属污染因素；总结了引黄灌溉自流灌区内土地变化对土壤重金属污染的影响规律；提炼了灌区土地利用功能特征，对灌区未来土地利用变化、重金属含量和分布进行了模拟与预测；探索了土地利用功能分类及其相互作用；进行了土地变化和土壤重金属污染的耦合分析；构建了引黄灌区独有的多功能土地利用分类体系与可持续性评价模型；论证了引黄灌区土地变化的可持续性。研究主要结论如下：

　　(1)研究区土地变化明显。本书选取研究区 1988 年、2001 年和 2011 年三期遥感影像，并获取其土地利用变化信息，经过解译、计算和分析得出，研究区边缘区城镇化过程明显、人为影响显著。城镇建设用地通过占用农用地而扩展，非城镇建设用地间土地利用结构变化明显。农用地、滩涂、水域面积减少，城镇建设用地、工矿用地有面积增加的态势。总量面积变化较大的土地利用类型有农用地、农村居民点；其次是城镇建设用地、水域和滩涂；工矿用地变化量相对较小。各土地类型间转入、转出频繁。城镇建设用地面积总量相对变化幅度较大，动态度最大，变化量和速度均较大，区域土地利用综合程度指数有一定增长，表明 23 年间研究区内城市化过程明显，尤其是研究区南部靠近城市边缘区域，非农化程度很高，建设用地的增长速度明显高于距其较远的地区。对比农用地和建设用地的动态度可以发现，农用地流失快的地方基本上为建设用地增长快的地方，而农用地流失慢的地方建设用地增长速度也较慢，二者在空间上存在明显的相关性，体现了建设用地扩展的主要来源是对农用地的占用。并应用马尔可夫模型对研究区未来土地利用变化进行预测，结果发现研究区未来 40 年里，农用地面积将持续减少，滩涂面积也将小幅度减少；城镇建设用地面积将持续增加，继续向研究区北部和西部扩展，水域和工矿用地有小幅度增加，总体趋势以建设用地的空间扩张、农用地的流失为特征。

　　(2)本书以 Landsat TM/ETM 数据、气象资料和其他地面野外调查资料为数据源，在遥感和地理信息系统软件支持下，采用单窗算法反演研究区地表温度，探索了研究区土地类型对地表温度分布的影响，得出各土地利用类型对应的地表温度有明显差异。结果证明水域和植被覆盖较多的地区温度较低，而裸露的建设用地聚集区地表温度较高。该区域的热环境格局与植被覆盖呈正相关，水域对研究区有明显的降温效应。水域类型自身的温度与其连接度呈负相关，随着水域类型的减温，地表有明显升温趋势。

　　(3)重金属污染程度反映出土地变化过程中所引起的区域土地质量变化。由研究区土壤重金属含量统计分析得出，研究区土壤重金属元素变异系数排序为：$Hg > Cr > Cd >$

Cu＞Ni＞As＞Pb＞Zn。利用 K-S 进行土壤重金属含量正态分布检验，各元素均符合正态分布。研究发现 Cd 存在极大值和离群值，Cr、Cu、Ni、Pb、Zn 存在离群值，As 和 Hg 尚未存在离群值。在 ArcGIS 平台上分析了研究区土壤重金属含量空间分布趋势，得出研究区南部和西南部重金属含量较高。研究区域内 8 种重金属的理论变异函数拟合效果均较好，其中 Cr、Zn、As 符合球状模型，Ni、Cu、Cd、Pb、Hg 符合高斯模型。研究区域内土壤重金属受人为活动与区域因素的共同影响，其中人为活动对 Hg、Cd 的空间分布结构影响较为突出。通过内梅罗指数、地累积指数、污染负荷指数评价，得到 Hg、Cd 是整个研究区主要的重金属污染元素。采用单因子污染指数法得出 Hg 和 Cd 在一定程度上超出了河南省潮土背景值；地累积指数法得出研究区土壤中 8 种重金属均有一定程度的累积污染；污染负荷指数评价得出研究区土壤中重金属的污染状况整体上属于中等污染。而潜在生态风险评价得出研究区 Hg、Pb、As、Cd 均存在生态危害，以 Hg 和 Cd 最为严重。同时 GIS 软件提供了强大的分析功能，能够对污染区域的面积进行精确统计。单因子污染指数、地累积指数和潜在生态危害指数污染评价结果显示出不尽相同的污染分布，单因子污染指数结果所显示的污染区域明显大于地累积指数和潜在生态危害指数的结果。在土壤重金属人为污染评价结果的基础上，进行污染的影响因素分析，认为交通是造成污染的主要原因，水域作为污染传播的一个载体也是造成大面积连续污染的原因之一。

(4)应用土壤重金属情景预测模型，比照 2011 年土壤重金属含量平均值和污染面积，分别预测了 2021 年研究区土壤中 8 种重金属(Cr、Ni、Cu、Zn、Cd、Pb、Hg、As)含量、污染面积及分布趋势。结果表明研究区内各土壤重金属含量及污染面积在乐观、无突变和悲观三种情景下所预测的结果存在显著差别，不同情景背景下土壤重金属含量和分布有较大差异。其中 8 种重金属在乐观情景下含量明显下降，土壤污染面积减少；而在无突变情景和悲观情景下 8 种重金属含量表现为不断增加，土壤污染面积也不断扩大，同时，该两项在悲观情景下又明显比在无突变情景下要高。

(5)根据土地变化的可持续性评价模型，建立灌区可持续性评价指标体系，选取能全面、系统地反映出评价对象的指标，应用层次分析法和加权综合分析法，在 ArcGIS 9.3 环境下，通过图层叠加、栅格计算，应用综合评价模型进行图像空间运算，得出 1988 年、2001 年、2011 年三个时期的可持续等级发展水平，生成灌区可持续发展综合指数分布图。研究区三个时期的可持续水平较高，处于基本可持续与全面可持续水平。从区域可持续水平等级结构来看，研究区可持续状况以基本可持续和全面可持续为主，基本可持续和全面可持续水平面积逐渐增长；不可持续水平面积逐步减少。从空间分布上看，三个时期的可持续水平等级分布趋势大致相同，即由北向南逐级递减。全面可持续区域主要分布在研究区北部的农用地、滩涂和水域；靠近城市的研究区南部三个时期的可持续发展水平比较低，主要分布在城镇建设用地范围内。从时间动态上看，研究区可持续水平趋向好的方向。

关键词：土地变化；土壤重金属污染；可持续性评价；引黄灌区

目　　录

第1章 引　言

1.1　研究背景及意义

1.1.1　研究背景

"灌区"通常是指在一处或几处水源取水，由具备可靠水源和引、输、配水渠道系统及相应排水沟道独立、完善的灌溉排水系统所控制的范围及其灌排设施与管理组织组成，能按农作物的需求并考虑水资源和环境承载能力，提供灌溉排水服务的区域(Silberstein et al.，1999；朱瑶等，2003)。根据我国水利行业的标准规定，控制面积在20000hm^{2}以上的灌区为大型灌区，控制面积在667～20000hm^{2}以上的灌区为中型灌区，控制面积在667hm^{2}以下的为小型灌区。目前，我国有大型灌区402处、中型灌区5200多处、小型灌区1000多万处。我国大型灌区水资源开发利用状况不一，分布不均，黄河中下游灌区开发程度大(表1-1)。未来几十年，我国人口多，耕地少，水资源分布不均的情况基本保持不变，日益加大的人口与资源压力使得灌溉农业道路和灌区地位、作用愈显重要(汪恕诚，2002；游黎，2010)。灌区生产了大部分农产品，同时，也消费了大部分农业投入物，灌区的农业人口密度大，商品需求量大，生活消费量大，产品的商品率大(雷声隆，1999；Elias and María，2007)，是我国农业规模化生产和重要的商品粮、棉、油基地，是农民增收致富的重要保障，也是农业、农村乃至经济社会发展的重要基础设施。党中央、国务院高度重视以节水为中心的大型灌区续建配套与技术改造(唐仁健，2009)。促进灌区农业结构、耕作方式和生产关系调整，改变传统的土地利用模式，加大力度整治土壤环境，提高灌区农业综合生产能力，推进灌区社会、经济和环境的全面可持续发展。

表1-1　大型灌区水资源开发利用状况

分区	人均水资源总量/(m^3/人)	人均实际综合用水量/(m^3/人)	开发程度/%	污染程度指数	地下水占供水比例/%	水资源压力指数
东北	3163	1304	41	77	14	0.12
内陆河	4329	2836	66	168	9	0.65
黄河上中游	1402	905	65	37	10	0.58
黄河中下游	468	438	94	13	30	0.62
海河	807	556	69	11	20	0.62
淮河	732	505	69	15	7	0.57
长江中下游	1466	715	49	21	2	0
东南沿海	1676	635	38	9	2	0
西南	1037	431	42	18	3	0
全国	1313	722	55	20	9	

　　我国既是一个农业大国，又是一个灌溉大国，特殊的气候、地理、社会条件决定了我国必须走灌溉农业的发展道路，因此，灌区在我国的历史和社会经济发展进程中一直占有重要地位(翟浩辉，2004)。农业是国民经济的基础。我国的农业有赖于灌溉的发展，全国大部分商品粮食由国有大中型灌区提供(雷声隆，1999)。灌区作为我国商品粮生产基地，支撑我国农业和农村经济增长，灌区内农业生产比较稳定，作为我国粮食和农副产品生产的主要基地，在维持粮食安全、影响我国农业发展、农村经济繁荣和农民增收方面具有重要意义，是我国粮食安全的重要保障。

　　全球约 70%的河流和水源为农业、家用和工业所消耗，其中农业是目前世界上最大的用水部门(Shiklomanov，2000)。在许多发展中国家，90%以上选择取水灌溉(FAO，2005)。在干旱地区，灌溉是作物生产的前提条件。在半干旱和半湿润地区，灌溉的目的是增加产量，减轻干旱的影响。在一定的灌溉条件下，水田生产相比旱作农业平均收益率普遍较高(Bruinsma，2003)。我国作为一个人口大国，粮食问题始终是国内外关注的热点，而粮食危机是土地和水危机的直接反映。灌溉农业在我国有着悠久的历史，我国农业的可持续发展在很大程度上依赖于水资源的供给状况(陈昌春等，2004)。灌区的灌排设施能够有效抵御水旱灾害的侵袭，促进农业旱涝保收，因而是农业生产的基础保障(张启舜，2005)。灌区部分工程的施工使当地水资源合理调配有了一个良好的开端，同时也标志着灌区土地资源向更合理利用的方向转变(郭佳，2011)。全世界灌溉面积已扩大到全球近 2.2 亿 hm^2，占耕地面积的 18%左右(Fischer et al.，2007)(表 1-2)。目前，我国 1.22 亿 hm^2 耕地中，灌溉面积为 0.58 亿 hm^2，占全国耕地面积的 48%，在这些灌溉土地上，生产了占全国总产量 75%的粮食和 90%以上的经济作物。随着人口的增长和生活水平的提高，未来对粮食总量和质量的需求不断提高，灌溉为保障我国农业生产、粮食安全及经济社会的稳定发展创造了条件，与此同时，扩大灌溉面积仍是我国粮食增产的重要措施(高鑫和李雪松，2008)。

表 1-2　世界部分国家耕地面积与灌溉面积

国家	耕地		灌溉面积	
	总面积/10^{6}hm^2	人均面积/hm^2	总面积/10^{6}hm^2	占耕地面积/%
世界	1375.70	0.28	220.32	16.00
中国	122.40	0.09	58.22	48.00
加拿大	46.70	1.82	6.35	1.40
美国	187.87	0.78	18.10	9.60
苏联	227.80	0.81	19.95	8.80
法国	176.05	0.31	11.70	6.60
德国	11.96	0.22	4.86	4.10
英国	7.02	0.12	1.55	2.20

　　20 世纪 60 年代中后期以来，引黄灌区开始迅速发展，灌溉面积不断扩大，为我国农业生产发挥了巨大作用，但直至目前灌区重建轻管的问题仍然存在，引黄灌区的运行管理仍属粗放型(张亮和徐建新，2007)，灌区可持续发展状况不容乐观(郑重等，2010)。

随着人口增加，经济快速发展，城市化进程加快，土地资源日益短缺，灌区土地变化的合理性和可持续性显得非常重要(周璐红等，2011)。

灌区是与农业、农村和农民紧密相关的基础设施和管理组织。大部分灌区主要分布在当地经济发达地区，随着城乡经济的发展，灌区不仅担负着农田灌溉任务，而且还担负着向城镇生活和工矿企业供水的任务。非灌溉用水的增加使灌区成为当地经济和社会发展的命脉。因此，对灌区的管理将具有重要的现实意义(高鑫和李雪松，2008)。发达国家的灌区管理主要包括灌溉工程管理体制和工程投融资体制两个方面(钟玉秀，2002；毛广全，2000；刘润堂，2002；周晓花和程瓦，2002)。由于政府管理的灌溉工程资金不足，用水户对工程维护置身事外，工程设施老化和损坏现象严重，灌溉效率低下(周晓花和程瓦，2002；冯广志和谷丽雅，2000)。印度灌溉管理改革的研究发现，用水户协会成立后，供水量明显增加，供水可靠性也得到提高(许志芳和张泽良，2002；冯广志和谷丽雅，2000)。国外学者研究表明灌溉管理在水资源效率和土地资源的合理使用上有了显著提高(Filiz et al.，2008；Kloezen et al.，1997；Sergio and Pauln，2004；王金霞等，2011)。

灌区土地资源充分的利用是水资源供需平衡的必要前提(郭佳，2011)。2009 年我国通过了《全国新增 1000 亿斤粮食生产能力规划(2009~2020 年)》。对于这一规划能否实现，其中一个很重要的制约因素是灌溉用水能否支撑农业生产能力的增长和可持续发展(水利部，2009；王铮和郑一萍，2001)。灌区一般具有较为完善的水源、输配水和调节系统，这些系统构成了灌区所在地区和流域水资源配置的基本格局，提供经济社会发展的重要基础设施。灌溉水资源使农民增加作物产量，减少对降水模式的依赖(Tubiello，2005)。引水灌溉在国内外都具有长期的发展历史，灌区水资源配置的理论与技术已具有较高的发展水平(周宗军和王延贵，2010)，我国的农业正在向现代农业过渡，其中灌溉起了重要的作用。灌区改善了农业不利的自然禀赋条件，为推广应用各种先进农业技术、调整农业结构、促使农业高产、高效、优质，增加农民收入提供了基础条件，是农业生产、农村经济发展、农村社会进步的基本保障(翟浩辉，2004)。

我国灌溉面积在全部耕地面积中占有很高的比例，灌溉农业在我国占据着十分重要的位置(韩洪云和赵连阁，2001)。但是，灌溉农业的可持续发展已经受到水资源短缺的威胁。过去 20 多年，海河、黄河、淮河和辽河的地表径流分别减少了 41%、15%、15%和 9%(王铮和郑一萍，2001)。在农业灌溉方面，普遍存在效率低下的状况，我国农业灌溉水的利用系数平均为 0.45，而在发达国家为 0.7~0.8(俞双恩等，2004)。面对日益严峻的水资源短缺形势，黄河流域也积极推动灌溉管理改革。从 20 世纪 90 年代开始，黄河流域灌区的灌溉管理改革取得了很大进展(王金霞等，2005；Wang et al.，2005)。逐步推行灌溉工程节水与农业节水技术、管理节水技术的有机结合，形成了初步的配套技术，已取得了显著效益(石玉林和卢良恕，2001)。但灌区农民生产、生活用水依然紧张，纷纷转变土地利用模式，调整种植结构，灌区内打井数量不断增加，引黄水量逐年减少，使得灌区工程效益不能充分发挥，经济效益难以体现(孙广生等，2001)。由于近年来黄河流量较小，水闸引水不能满足灌区需求，造成大面积水田变成旱田(许生原，2010)，土地利用变化问题成为灌区的主要问题之一。

灌区是一个良好的复合生态系统，它主要依靠自然环境提供的光、热、土壤资源(朱瑶等，2003)。经过长期建设，灌区内已形成一个生物之间、生物与环境之间，相互联系、相互制约、相互依存、协同进化、协调发展的复合生态系统，对大生态系统的平衡和大环境的维持起到至关重要的作用(姜开鹏，2005)。此外，灌区还兼有维护植被、涵养水源、净化空气、减轻风沙威胁、维持土地面积、增加农业产量、抑制水土流失等方面的功能，与农民生活、农业生产和农村建设紧密相关。引黄灌区面积由 1950 年的 80 万 hm^2，发展到目前的 753 万 hm^2(孙广生等，2001)。扩大的灌区面积带来了土地利用、土壤环境等问题，影响灌区可持续发展，直接关系着农业甚至整个地区的经济社会可持续发展，这些问题严重影响到地区人口、资源、环境和经济的协调与永续发展(张银辉等，2006)。

1.1.2　研究意义

黄河下游灌区是我国最大的连片自流灌区，研究区位于黑岗口和柳园口灌区的最北端，靠近黄河区域，河道为悬河段，对灌区地下水补充(侧渗)作用明显，多为原背河洼地(湿地)转变而来，引水泥沙含量高，大量泥沙入田灌淤、改土，被灌区完全利用，土地盐碱化依然存在，土地质量参差不齐，土壤污染显现。

由于特殊的地质地貌、母质、气候和不合理的灌溉等诸多因素的影响，土壤环境质量下降现象非常严重，已成为农业生产新的障碍因子，灌区土地利用方式和土壤的可持续利用已引起人们的关注。面对灌区这种比较特殊的区域类型，人们更多关注的是节水灌溉及水利发展问题，而忽视了灌区对水资源需求最大的是各类土地，而土地变化直接影响着对灌区的水资源分配、需求和水质，同样也影响着土壤环境质量。分析灌区土地利用变化的数量、类别和驱动力因素，有助于推动土地利用变化研究向着更广泛的领域深入，对于研究灌区土地变化时空分异规律和实现区域土地变化的可持续性具有积极意义。

研究区内土地类型并不复杂，但时空变化较大。本书借助遥感(RS)、地理信息系统(GIS)技术定量分析研究区土地利用变化，尝试应用土地利用变化预测模型，阐明研究区土地利用变化规律及其未来变化趋势，并深入研究由土地变化所引起的土壤重金属污染状况，为实现研究区土地利用合理开发、土地利用结构合理调整、土壤环境的综合治理，以及土地变化的可持续性评价提供科学依据。

本书运用先进的科学技术，将 GIS、地统计学结合起来，验证基于 GIS 的地统计学对于揭示研究区土壤重金属空间变异特征的有效性，为地统计学在小尺度下的应用提供参考。事实上，GIS 具有较强的空间数据管理功能，缺乏对一些问题的空间分析能力；而地统计学则具有较强的空间分析功能，但其空间数据管理功能较弱。二者的结合可以取长补短，充分发挥各自的优势。另外，通过土壤重金属污染评价模型对研究区土壤重金属含量和空间变异特征进行分析，揭示了研究区土壤重金属的空间变异规律，可以有效地指导农业生产，并为土地利用规划和确定土地质量治理提供决策参考，应用土地变化和土壤环境质量的机理分析为可持续性评价奠定基础。

研究引黄自流灌区土地变化特征及其可持续性，在理论上，不仅有助于揭示黄河水灌溉与灌区土地利用的相互关系，也有助于探索局部(灌溉)土地变化(LC)对当地生态系统的影响，符合地理学重视地表过程研究的趋势，也符合国际上对土地利用/土地覆被变化(LUCC)研究和重视对生态系统影响的转变。土地变化被视为综合人类与环境的耦合系统(Turner et al.，2007)，符合深入开展综合、跨学科探索土地变化科学(land change science，LCS)、可持续性科学(SS)的趋势。在实践上，也可为灌区整改扩建、粮食安全生产提供决策参考。

1.2　研　究　综　述

1.2.1　土地变化对全球变化的意义

土地变化是 21 世纪重要的科学议题之一(McMahon et al.，2005)，是全球变化研究的重要课题和热点问题(李秀彬，1996)，对全球变化具有重要意义(Liu et al.，2005)，是全球变化最直接、最重要的表现(史培军，1997)。在全球环境变化研究中，以土地利用与土地覆被变化动态为核心的人类-环境耦合系统研究逐渐成为土地变化科学研究的新动向(刘纪远等，2009)。土地变化及其影响成为全球变化与可持续发展研究中的热点问题，核心地位越发突显(Lambin et al.，2001)。

全球变化，是近年来国际科学联合理事会(ICSU)发动和组织的国际超级科学计划(Pernetta et al.，1995)。在全球变化思想的形成过程中，国际科学界尤为关注人类活动究竟在多大程度上干扰着全球环境(DeFríes and Silver，1992)，同时，集中于陆地表面的人类活动对环境变化的影响程度，在中小尺度上已超出自然因素的作用，成为主要影响因素(Turner et al.，1995；李秀彬，1996)。这对于研究地表径流与侵蚀、气候变化、生物多样性分布和生物地球化学循环等具有重要意义(于兴修，2002)。

20 世纪 90 年代初，全球变化研究计划(IGBP)和全球变化的人文因素研究计划(IHDP)推出 LUCC 科学研究计划，并将其作为全球变化研究的核心项目。研究发现，土地系统的变化主导了气候变化、生物多样性和生态系统服务、土地退化及人类-环境耦合系统的脆弱性等结果。认识这些变化的动力需要把土地覆被(生物自然条件)和土地利用(人类利用)视作耦合的人类-环境系统。经过众多学者的努力，产生了一门实际存在的土地变化科学(Rindfuss et al.，2004)。全球变化研究计划和全球变化的人文因素研究计划进入第二阶段后整合第一阶段土地利用/覆被变化和全球陆地生态系统变化(GCTE)两大核心项目而形成新的核心计划，并提出了"土地变化科学"的新范式(GLP，2005；Rindfuss et al.，2004；Turner et al.，2007)。土地变化科学以"耦合的人类-自然系统"为对象(Liu et al.，2007)，向着更加集成化、理论化和模型化的方向发展(石龙宇等，2008)，重点分析研究土地利用与覆盖变化的过程、原因、结果及效应等问题(Gutman et al.，2004；Rindfuss et al.，2004)。

2003 年，IGBP 提出了"土地变化科学的范式"、"土地变化科学——新的科学范式"及"土地变化科学"的三个研究焦点(Moran，2003)。2004 年，美国航空航天局(NASA)在汇总 1996～2001 年的研究项目时提出土地利用/土地覆被变化科学是真正的综合学科。出版了专著《土地变化科学：观察、监测与认识地表变化》，并指出：它日渐成为大型、跨学科的科学项目，并与其他 NASA 项目，如陆地生态学、陆地水文学、水循环、碳循环和应用项目等关系密切。它代表了最先进的土地覆被研究成果(Garik et al.，2004)。该书汇集多名学者成果，分 5 部分共 26 章，第一次系统阐述了土地变化科学，标志着新学科——土地变化科学的正式诞生。Gutman 等(2004)在前言中指出：LUCC 科学是真正跨学科的科学，它需要自然科学、遥感与社会科学的整合，它开创了新的跨学科研究领域，形成了新的学科研究范式——综合的土地变化科学。

2005 年，美国地调局(USGS)还将土地变化列为地理科学关键研究领域(Maria et al.，2011)。2007 年，Turner、Eric 和 Lambin 等发表《全球化及变化与可持续性的新兴科学——土地变化科学》论文，配之以其他 5 篇论文，在美国科学院院刊(*PNAS*)出版了"土地科学专辑"，系统总结了 LCS 的研究进展、主要成果，将土地变化科学总结为 5 个方面：土地特性观测与监测、土地变化耦合系统、生物物理影响与反馈、模型、综合与评估(Turner et al.，2007)，可以视作 LCS 高层次"里程碑式"的科学建树。可见，土地变化科学已逐步发展为一门新兴学科，土地变化已成为当前重要的科学前沿之一，也是地理学尤其是自然地理学最重要的研究领域之一(路云阁等，2006)。

土地变化之所以受到重视，因为它是人类活动与自然环境相互作用最直接的表现形式(刘纪远等，2014)，是全球变化最重要的驱动力(Foley et al.，2005)。当代对土地变化的重视起因于 20 世纪 80 年代，当时认为土地利用/覆被变化是全球碳循环的关键因素，土地利用变化通过向大气排放或吸收温室气体进而改变气候系统中的碳循环(Pielke et al.，2002)。土地利用变化是陆地生态系统碳源/汇估算中最不确定的因素(Ramankutty et al.，2007)。自 20 世纪 90 年代以来，土地利用/土地覆被变化问题引起国际组织和世界各国的普遍关注(李秀彬，1996)。90 年代，土地变化研究转向了增加或减少大气中碳对地表景观的改变和调整。而碳平衡研究，特别是解释所谓"丢失的碳"，重点指向了农田 CO_2 和施肥、废弃农田绿化等土地变化(Houghton，1995；Kasimir-Klemedtsson et al.，1997；Churkina et al.，2010)。从此，土地变化提升到全球变化的关键作用，而非通常说的基础作用，改变了陆地表层物质和能量循环过程，由它引发的生态系统变化也受到重视(Fu，2003；Paeth et al.，2009)。国内外学者通过一些案例分析，分别从全球洲际、区域(流域)及地块等尺度，探讨了土地利用变化对全球气候变化、区域气候变化、痕量气体和温室气体排放的影响(Hansen et al.，2005；Bonan，2008；Foley et al.，2005；Claussen et al.，2001；Marland et al.，2003；张银辉等，2005)，认为土地利用/土地覆被变化是全球气候变化的重要驱动因素之一，在不同时间和空间尺度上发生快速变化，从而剧烈改变地表覆盖状态，增加地球表层生态系统的脆弱性。其不仅是一个简单的生物地球物理过程，还包括生物地球化学过程(Houghton and Hackler，2003；GLP，2005；IPCC，2007；Feddema et al.，2005；Foley et al.，2005)因此，土地变化对气候变化与生态系统的影响及其互馈机理被列为全球变化研究的重要内容(刘纪远等，2011)，同时，新兴的可持续性科学也将土地变化作为核心内容(Turner et al.，2003，2007)。

1.2.2 土地变化是可持续性科学的主题

1972 年联合国人类环境会议在斯德哥尔摩召开，首次提出了可持续性的概念(Blackburn，2007)，LUCC 研究正经历着从"全球到区域"和"自然到人文"的转变，区域 LUCC

研究正成为当前研究的最新动向(Kamusoko and Aniva，2009；Canora et al.，2008)。2001年，Kate 等在美国《科学》发表《可持续性科学》，美国科学院 2002 年专设可持续性研究项目及网站，2005 年在美国科学院院刊(PNAS)设立了可持续性科学部门，2007 年邀请世界顶尖学者，出版了《土地变化科学》《生态系统服务：从理论到实施》等 5 个有关可持续性科学关键问题的专辑。面临 21 世纪人口猛增的担忧，土地变化科学研究转向了对全球生态系统改变贡献最大的农业用地与粮食安全，2010 年 2 月、4 月，美国 PNAS出版了两期粮食安全专刊。如何供养 90 亿人口成了严峻挑战(Godfray et al.，2010；Caroline and Jasny，2010)，而土地变化中林地砍伐(退化)与灌溉是影响可持续性、粮食安全的重要因素(Turner et al.，2003，2007)。有研究发现：近 40 年全球粮食翻倍，养活60 亿人的关键是化肥使用、灌溉等土地利用方式(Wu et al.，2011；余强毅等，2011)。多数国家，农业用水占全年水需求量的 70%~90%(Natasha，2010；David et al.，2002)。因此，农业可持续性最大的挑战是改革当前农业土地利用技术以提高粮食产量，如节水灌溉、循环利用、提高水肥利用效率、增加作物多样性等，减少农业对生态系统的影响(Godfray et al.，2010；Fedoroff et al.，2010；Jules，2008)。

许多研究者用土地变化科学及可持续性科学的新理论，从不同方面、不同尺度开展了科学研究。欧共体推出了 SENSOR 项目，开发了可持续性影响评价工具(SIAT)，将全球经济与决策情景转化为土地利用变化(Katharina et al.，2008；Hendrike et al.，2011)。特别是构建的跨学科、创新型土地利用多功能(LUFs)概念及其定量综合可持续性影响评价(SIA)概念与模型(Maria et al.，2011)。LUFs 实质是不同土地利用提供的与经济、环境和社会最密切的服务与产品整合分类，是社会经济与环境的三大可持续性评估(Marta et al.，2008)。土地利用变化必定伴随土壤变化，土壤则是最关键且最重要的研究对象(Foley et al.，2011；Podmanicky et al.，2011)。在地方评估 SIA 时，还应当吸收相关利益者(stakeholders)参与，Sandra 等(2011)认为：土地功能多样性和人的社会角色(social actors)、土地利用决策的优先性、生态系统服务的联系是连接生态与社会的主要纽带，采用基于矩阵的方法转换，定量和整合社会生态信息，调解社会角色间土地利用冲突，实现可持续性。这些认识观念的研究与转变，有机地将自然或生态系统为人类提供的福祉如生命支持系统、文化功能等难以理解的概念归化为客观的土地功能，打破了人类与自然分割的藩篱。对土地变化研究，也逐渐由对土壤质量变化、重金属污染等转向了节水、增粮和生态保护等(Mico，2009)。在与全球变化联系时，还发现了灌溉驱动的土地变化有致冷作用。随着研究的深入，人类更加认识到此研究的实质是为进一步理性化的土地利用服务，从微观、中观和宏观的空间尺度上探讨了土地利用演变(万荣荣和杨桂山，2005)，对现实土地利用状况进行评估，进一步预测未来土地变化方向，提出合理的土地利用模式，最终实现土地的可持续利用(Dube et al.，2009；卞正富和张燕平，2006)。

1.2.3　土地变化对土壤质量的影响

土地利用指土地的使用状况或土地的社会、经济属性(Turner et al.，1995)，它作为人类利用土地进行各种活动的综合反映(Turner et al.，2007)，与土壤重金属元素的分布有着密切联系。土地利用方式的变化会引起土壤质量的改变(李新宇等，2004)，对水土质量的环境影响是全球变化研究的一个热点问题(安芷生和符淙斌，2001)。土壤重金属与人类健康密切相关(Abrahams，2002；Davydova，2005)，已成为世界性的环境问题之一，它导致土壤环境质量恶化，严重危害生态系统的良性循环和人类的生存环境，对人类社会可持续发展构成严重威胁。相关研究显示，重金属已被证明是导致各种疾病的重要因素(Järup，2003)。人类活动对重金属在环境或者生态系统中的积累、分布、运移等行为影响巨大(Derome and Lindroos，1998；Imperato et al.，2003；DeVries et al.，2007)。由于 LUCC 直接反映了人类活动的变化，因此，其和土壤重金属积累必然有密切联系。LUCC 导致的土壤重金属环境效应已经成为 LUCC 环境效应的一个重要方面(于兴修等，2004；田宇鸣和李新，2006)。该领域以往研究主要集中在 LUCC 对土壤肥力和生产力的影响机制上(郭旭东等，2000；黄泽春等，2002)，忽视对土壤重金属积累和污染产生过程的影响，且其与土壤重金属积累、污染过程的关系随尺度变化呈现出一定的差异，构成了一个多尺度表现形式的复杂等级体系，因此，要想阐明 LUCC 对土壤重金属累积与污染过程的影响，达到有效调控和防治重金属污染的目的，必须从空间分布、积累和污染角度辨识两者之间的相互作用和机制。

1. 土地变化对土壤重金属空间变化的影响研究

土地利用方式体现了对土壤的管理与决策，土地利用变化可导致自然现象和生态过程的变化(李新宇等，2004)。在区域和生态系统层面上，LUCC 和重金属空间分布的关系较为复杂，土壤母质和成土过程已经占主导作用。区域上岩石风化和人类活动是重金属的重要输入源(Ross，1994)。前人研究多从不同土壤类别、不同土地利用方式和覆被类型及其格局等方面，对土壤重金属的积累和分布进行探讨。由于 LUCC 和重金属污染过程伴随强烈的人类活动，而城市又是人口密集、活动强烈、土地利用/土地覆被变化剧烈的地域，因此，区域尺度上 LUCC 与土壤重金属积累和污染关系的研究主要集中在城市土壤研究上，且其重金属含量远高于未利用地和乡村径流中的污染物含量。

Imperato 等(2003)发现工业区土壤铜、铬、铅和锌浓度明显高于公园和居住区。杨军等(2011)通过调查不同水源灌溉条件下土壤、小麦重金属含量，评估了再生水灌溉对土壤、农作物的重金属污染风险。张民和龚子同(1996)对比我国菜园和粮田土壤剖面中重金属元素的含量与分布，发现菜园土壤铜、锌、铅、铁、锰平均含量明显高于粮田，锌、铅、铜的污染与菜园的土地利用方式呈显著正相关。陈同斌等(2005)系统探索了土地利用方式对土壤砷、铅、镉、镍和铬等重金属的积累规律，发现砷、铅和镉在果园、菜园和稻田土壤积累尤为显著。徐京萍等(2006)分析了黑土地区菜地、旱地和水田中的铬含量，结果表明菜地和水田土壤铬含量明显高于背景值，而旱地和与背景值相差不大。蔡立梅等(2008)对农田土壤中重金属的空间分布和来源、土壤和蔬菜中重金属的富集特征及其潜在风险进行了分析。Zhou 等(2008)研究了不同农业用地对表层土壤重金属积累和分布的影响。以上分析表明土地利用方式决定工业用地的活动类型和强度，以及农业用地的施肥量和耕作管理制度，而这些因素又进一步导致在某种土地利用类型下土壤重金属含量的空间分异。

此外，区域尺度上 LUCC 对水土流失过程产生很大影响，加上降水和大气沉降的时空变异，造成"源""汇"景观在特定条件下相互转化，而重金属的积累及其生态效应取决于景观的"源""汇"特性（Johnson and Omland，2004），重金属的积累是其迁移扩散过程的直接结果，作为一类物质流，其迁移扩散过程往往为景观格局决定（傅伯杰等，2008），因此，"源汇"格局的改变引起重金属污染格局的改变。在此基础上，相关学者进行了一系列研究，如陈同斌等（2005）对中国北京城市公园表层土壤的重金属污染进行了评价；肖思思等（2007）对经济发达县域耕地土壤重金属污染进行评价并分析其影响；刘晓辉等（2007）研究了沟谷地不同植被下土壤重金属的纵向分异。同时，为了服务流域管理，许多研究提出了流域重金属污染预报模型，用于模拟不同土地利用/土地覆被变化情景下的重金属积累和迁移效应。这些模型把土地利用/土地覆被变化格局与污染过程紧密联系起来，为土地利用规划、农业用地结构调整和污染风险评价提供了重要依据。Keller等（2001）基于农业用地类型提出了 PROTERRA-S 经验模型，可以评价农业用地上的重金属积累。地统计学方法和地理信息系统技术成为获取和分析大尺度数据的重要手段，为研究区域性的 LUCC 和重金属运移、积累和污染的空间格局关系（如景观格局和重金属空间分布）提供技术手段。例如，地统计学将空间坐标和土壤重金属属性值结合，选用优化的半变异函数模型来描述土壤重金属属性的空间模式，再通过 Kriging 插值法预测未采样地的重金属空间特征，揭示变量的区域空间格局；再如，数字土壤信息系统（soil information system）是 PROTERRA-S 模型的一个基础数据集，同样也基于 GIS 技术支持（Keller et al.，2001）。土地利用类型等景观指标很容易进行遥感监测，因此遥感也为土壤重金属积累和污染的大尺度监测和分析提供帮助，为土壤中重金属积累和污染及其生态效应和风险评价提供多尺度分析的理论基础。但是基于景观格局及人类干扰条件下的 LUCC 对土壤重金属运移及其污染的风险评价模型研究还很少，严重制约了景观生态毒理学的应用。同一重金属元素在不同土地利用类型下的移动速率不同，而移动速率是重金属运移的重要参数，通过在土地利用变化模型或者水土侵蚀预报模型中引入重金属移动速率等相关参数，从而实现重金属在土壤中的输入和输出量的估算。不同的土地利用/覆被类型及其搭配组合控制生态系统中重金属元素的输入和输出能力，构成重金属污染的"源-汇"镶嵌格局，合理的土地利用/覆被类型及其搭配组合有利于重金属在生态系统或者景观间的截持或者运移。

2. 土地变化对土壤重金属时间变化的影响研究

目前国内外已针对 LUCC 与土壤重金属的积累和污染关系进行了大量研究，其成果为土壤重金属污染控制和修复积累了宝贵的参考资料，但仍有较多问题尚需深入探讨。合理的土地利用可改善土壤结构，提高周围空气和水的质量，增强土壤对外界环境变化的抵抗力；不合理的土地利用会导致土壤质量下降、增加土壤侵蚀、降低生物多样性、生态系统服务功能和土地生产力等（李新宇等，2004）。植被是重金属迁移的重要控制因素，重金属污染区域（如矿山）可作为研究的天然试验场地，但其植被往往已经被破坏，因此研究相对较少，其控制过程和机理研究需要加强。贾亚男和袁道先（2007）等认为土地利用类型和强度对土壤微量重金属元素迁移富集具有强烈的影响；巩杰等（2004）研究了黄土丘陵区小流域，发现土地利用的变化会对土壤质量产生影响。土壤重金属的积累对生态环境的影响早已引起人们的广泛关注，随着 LUCC 的加剧，重金属大量暴露或者富集于地表土地，随着径流发生造成面源污染（郭旭东等，2000），景观格局则对重金属污染过程至关重要。王丽娟等（2010）选取典型人工苹果林地和农业耕地土壤剖面，对土壤重金属元素的分布特征进行了分析，得出土地利用方式对不同深度土壤重金属元素含量的影响强度不同。李丽霞等（2007）对苹果园土壤重金属含量特征的研究表明管理模式能明显改变重金属在土壤中的迁移与累积；侯鹏程等（2007）分析了不同土地利用方式下的土壤养分及 5 种重金属元素（Pb、Cr、Hg、As、Cd）含量的变化。郑袁明等（2005）通过对北京市的 6 种土地利用类型调查分析，探讨了不同土地利用方式下土壤铜的积累特征。

　　农业用地类型对农田土壤重金属的积累有重要影响。农田重金属在土壤中的积累，不仅直接影响土壤理化性状、降低土壤生物活性、阻碍养分有效供给，而且通过食物链数十倍的富集，通过多种途径直接或间接地威胁人类健康（Lee et al.，2006）。对多数人来说，接触有毒元素的主要途径是通过饮食摄入（Calderon et al.，2003；Roychowdhury et al.，2003）。研究表明，菜地、污灌农田和设施农地的土壤重金属含量普遍高于常规农田（陆安详等，2007；李恋卿等，2003）。陆安详等（2007）研究了土壤重金属的含量分布特征，发现农业活动的集约化和机械化使土壤重金属有了迅速增加，改变了其均质性的空间格局。王学军等（1997）研究了污灌区表层土壤微量元素的小尺度空间结构，发现菜地中铜和铅浓度高于水稻田，距离污灌口越近重金属浓度越高。李恋卿等（2003）研究发现设施农地表层土壤有效性铅和铜含量高于常规农地。Chang 等（1999）指出重金属空间分布格局和厂矿及灌溉沟渠的位置显著相关。Blake 等（2007）分析研究了景观修复对湖底沉积物的重金属污染影响，认为掩埋于修复景观下的矿山废料增加了土壤中重金属的异质性，降水的空间变异进一步促进了部分土壤中的重金属释放，使重金属污染过程变得复杂。重金属在土壤和食物中的内容已得到较好的研究和重视（Kachenko et al.，2006）。由此可见，土地利用以改变植物种类和植被类型为核心内容，改变了覆被（尤其是植被）组成及其结构，促进或者减缓了生态水文过程，进而改变了土壤理化性质、土壤和植被特性，最终改变了多种来源重金属的迁移和扩散过程，造成其在土壤中的积累，表明土地利用在场地尺度上是影响重金属空间积累和分布格局的重要驱动因子。

　　基于 LUCC 的土壤重金属面源污染防治、调控和修复已成为生态学家和环境学家共同面对的新挑战。土地覆被类型及其格局对重金属面源污染的影响也将成为土壤重金属污染研究的一个新方向，景观格局/土地利用变化模型和土壤侵蚀模型为重金属积累和风险评估的量化研究提供了方法支撑。阐明 LUCC 和土壤重金属污染的过程及其控制机制，可以通过调整覆被类型或者配置适当的景观格局，基于特定土地利用类型（如修复和农产品生产），以减小或增大重金属在土壤中的富集，达到土壤修复或者规避环境/生态风险的目的。

　　3. 灌区土地变化对土壤重金属时空变化的影响研究

　　自 20 世纪 50 年代，日本镉米事件等环境问题出现后，土壤重金属研究一直是生物、土壤、环境、地理等学科的研究热点之一（王宏镔等，2005；曹斌等，2009；Hervada and Jarsuta，2004；Abrahams，2002），尤其是对污灌区、矿区下游周边重金属分布及其污染、形态、毒性、植物修复等研究文献较多且有深入研究(孙晋伟等,2008;Farkas et al.,2007;Golia et al.,2008)。美国相关实验研究表明重金属迁移与土壤的离子交换 CE、氯化物、胶体扩散(释放有机质、聚合形成金属物的黏粒)等有关,氯化钠通过有机质的间接移动导致 Cu、Pb 的大量移动,镁元素对铜铅影响小但对镉的移动影响大(Anita et al.,2009)。美国、欧洲、非洲、澳大利亚等许多地区和国家先后开展了重金属空间分布、废水灌溉中重金属存在形态、螯合修复、植物修复等研究(Nelson et al.,2009;Engberg and Sylvester,1993;Zhang et al.,1997a;Bartlomie and Dariusz,2010;Sollitto et al.,2010;Mapanda et al.,2005;Rattan et al.,2005);美国、墨西哥学者对 Conchos 流域 As 在河道内外分布状况进行研究,发现尾矿、泥沙沉积等形成的分布差异(Gutierrez et al.,2009);泰国西部稻田 Cd、Zn 分布研究发现重金属分布与灌溉系统的泥沙搬运有关(Simmons et al.,2005);90 年代,美国地调局与内务部对西部 17 个州 20 个执行项目灌区,开展大范围的河渠水-土/沙-鱼鸟 Se 含量分布、来源调查研究;Montana 州 Benton Lake 周围湿地研究表明,沉积物中 Se 含量与湖水输入口位置、碳含量高度相关,无矿区则与农业活动有一定关联(Zhang et al.,1997a,b)。澳大利亚、英国、法国、印度、非洲等学者对长期污灌区的研究表明,土壤重金属富集分别与土壤的 pH、有机碳、质地粒级等分别呈负或正相关,重金属含量超过安全标准,形成污染时间 5~10 年,具体时段因污水与土壤等条件有所差异(Crnkovic et al.,2006;Douay et al.,2007;Tume et al.,2008;Li et al.,2009;Queneaa et al.,2009)。因此,污水灌溉改变了土壤理化性质,导致了土壤重金属含量增加,进一步又影响到食物和生态的安全。健康风险、污染危害、安全标准等实验评价研究随之兴起(Thornton and Walsh,2001;杨军等,2005;郑袁明和陈同斌,2004;王贵玲和蔺文静,2003;Olga and Richard,2003;Jamala et al.,2002;宋冬梅等,2004)。

中国学者对污灌区、矿山污染等重金属的研究表明污灌区重金属 Cd、Cr、Cu、Zn 和 Pb 富集趋势明显,通常灌溉水源是影响其空间分布的重要因素(Fu et al.,2009;陈翠翠等,2010;杨继松等,2007;杜习乐等,2010;李政红等,2010)。当前对重金属研究主要集中于土壤、生物或食物链中的富积、迁移、形态、生物修复、质量标准等,研究区集中于城郊污灌区、矿污灌区等,如沈阳市的张士开发区,太原市、北京市的污灌区,小秦岭金矿区等(王学军等,1997;朱宇恩等,2011;张乃明等,2001;Zhang et al.,2008;Ratuzny et al.,2009;Liu et al.,2005;马溪平等,2007;王庆仁等,2002;李名升和佟连军,2008;徐有宁等,2008)。近几年,对城市土壤、交通沿线土壤、沿海地区农田土壤重金属污染研究逐渐增多(蔡立梅等,2008;霍霄妮等,2009;孙超等,2009;杨忠平等,2009;王海东等,2010;史贵涛等,2006;Chow,1970;马建华和李剑,2008;李波和林玉锁,2005;Adeniyi and Owoade,2010;Affum et al.,2008;Guney et al.,2010;李玉等,2006;刘玉燕和刘敏,2008;管东生等,2001;陈同斌等,1997;卢瑛等,2004),但对河流灌区研究依然较少。近年,对长江三角洲、珠江三角洲、广西右江、吉林黑土等一些较发达地域重金属空间分布、污染评价等进行研究,提出了重金属含量空间分布与城市化、工业、采矿等污染有关的结论(翟丽梅等,2009;Cao et al.,2009;钟晓兰等,2007a;马成玲,2006;万红友等,2005;李恋卿等,2003)。重金属空间分异研究在地学空间分析软件的支持下,取得了较好成果,但灌溉输入泥沙空间分异研究也应引起重视(吴凯，2003；黄岁梁等，1995)。灌区土壤重金属富集与空间变化和重金属输入的载体——泥沙密切相关，多数研究成果发现，一般情况下土壤表层重金属高即说明它是外来输入，与母质有关、清水灌淋作用等除外(杨庆娥等，2007；吴光红等，2008；Mico et al.，2006；刘晓燕，2011)。

黄河下游开封段壮观的游荡型"悬河"为引黄自流灌溉提供了便利，而自流灌区内黄河高含沙水的作用独特、影响深刻，灌区内水沙利用也是世界上罕见的综合效用(秦明周等，2010；杨吉山等，2006)。它不仅为灌区城市、农业、补充地下水提供了水源，更是放淤压沙、压碱、种稻改土等土壤改良、土地利用的重要驱动因素。这些作用极大地改变了灌区原有地表形态及其过程，对灌区资源环境产生了重大影响，成为沿黄地域土壤质量、环境演化的主要驱动力。因此，灌区现有研究成果多在输水过程及其对土壤质地、盐碱、泥沙、节水、优化灌溉等方面(司毅铭等，2005；孙彬彬等，2008)。而20世纪90年代断流的发生、水质污染的加剧，黄河水质水量评价、合理调水受人瞩目(吕保义等，2005)。研究发现黄河沉积泥沙中一些重金属含量明显高于水中含量，灌区土壤重金属研究仅在中游灌区、河口段有零星时段变化。黄委会监测表明，2002年小浪底水库运行，下游不再断流，但毗邻"悬河"段的下游自流灌区引水量增大，水中Pb、Zn、Cr、As、Hg等重金属污染加剧，水质呈恶化趋势，如此引入灌区污染负荷势必增加，只是未引起足够重视。虽然有第二次国土资源大调查、土壤污染调查等研究项目，但对自流灌区的土壤重金属空间分异及与灌溉输入水沙之间的关系、空间分异等暂未见系统研究。近两年，我们对黄河滩区、灌区个别地段的调查研究发现，土壤表层重金属高于下部，推测可能与引黄灌溉的外源输入有关。

1.2.4　我国土地变化科学的研究重点

土地利用/土地覆被变化是全球环境变化的重要原因，其模型研究始终是土地变化科学研究的重点(唐华俊等，2009)。人类活动引起的土地利用/覆被变化是主导因素，地形、地下水埋深、地下水矿化度在较小的空间尺度上起主导作用(江红南等，2009)。尺度问题是土地变化科学中的关键问题(陈睿山和蔡运龙，2010)，在一定时空序列内不同土地利用方式在区域上的变化，是实现区域土地利用动态优化配置的重要前提与途径(王涛和吕昌河，2010)。土地变化是生物物理因素和人为因素在时空上相互作用的结果，具有显著的多尺度特征，目前多以遥感、GIS、统计回归分析等为主要技术手段。分析表征土地变化的多源数据，获取土地变化的多尺度特征(罗格平等，2009)。近些年，对土地变化的机理研究不断发展，从土地变化的系统动力学研究(摆万奇和赵士洞，2001)转向系统动力学模型(何春阳等，2004)，再延伸到土地变化格局、过程及其驱动力和效应的多尺度综合集成(蔡运龙，2009)。从单纯的定量研究土地利用动态变化的土地资源数量变化、生态背景质量变化、利用程度变化、区域差异、空间变化、需求量预测等建立模型(王秀兰和包玉海，1999)，到现在建立多元素耦合、多尺度集成的机理模型和综合定量评价是今后发展的重要方向(马宗文和许学工，2011)。

我国的土地变化科学研究处于起步阶段，已有学者开始尝试新兴学科研究。中国地理学会自然地理学专业委员会2004年召开了有关土地变化研究的国内第一次学术会议，近年在《地理学报》《地理研究》《中国土地科学》《资源科学》刊物，先后刊登有不同作者探讨土地变化科学的专业论文。对于土地变化引发的生态功能与结构变化，仅从为人类生产、生活活动或用途的划分方面来看，与现代欧美功能认识还有一定距离。史培军、傅伯杰、陈利顶等在黄土高原地区开展了一些类似研究，刘纪远、陈睿山和蔡运龙、甄霖等则进行了相关理论探讨(刘纪远等，2009；陈睿山和蔡运龙，2010；甄霖等，2009)。

土地变化科学是全球变化和人类活动相互协调、相互发展下催生的，经过长时间衍生、变化和完善，逐步成为一门独立的学科体系。其中 GIS 技术手段和 LUCC 模型运用是重要分析工具，将时空差异系统的表现出来，为合理规划社会、经济和环境的统筹发展提供了一定的科学依据。

近期我国土地变化科学研究不仅应当与全球变化新成果紧密结合，探索自然环境系统与人文社会系统耦合的土地变化系统理论，加强土地变化的生物物理影响，即对自然环境的影响，而且还应当开展土地利用在人类利用目标与条件的作用下，土地变化产生的反馈，即适应性的土地变化选择或反馈。从而结合中国未来土地利用的目标——粮食安全、资源节约、可持续发展等，科学研究优化的土地利用决策方案、支撑技术体系等。

1.3 研究思路和组织结构

1.3.1 研究思路

本书根据黄河下游引黄灌区的发展特点，采用典型调查与面上统计相结合，基础理论研究与实用技术研究相结合的技术路线。针对黄河下游引黄灌区出现的土地利用、土壤污染等问题，调查黄河下游河南开封段柳园口和黑岗口灌区所在的四个乡(柳园口乡、水稻乡、北郊乡和西郊乡)，利用数学模型和 GIS 技术，对典型灌区的土地利用变化、重金属污染及生态风险评价及污染预测进行分析，依据地表温度反演对调节区域地表生态环境具有重要作用，同时，在一定尺度的气候背景下，研究地表温度的空间异质性对研究区域土地利用变化的作用十分明显。在微观层面，人类活动对土地利用变化的主导性较为明显，可通过调控土地利用变化的方向、幅度和程度来实现土地利用的定向变化和区域的可持续发展，为定量计算引黄灌区可持续发展提供依据。

对黄河下游引黄灌区土地变化情况进行系统全面调查，选择典型灌区，在资料分析和实地考察的基础上建立实验观测系统。结合研究区自然和人文基础资料，在遥感和地理信息系统技术的支持下进行了研究区的土地利用类型解译和地表温度反演并对其土地利用变化和地表温度的变化规律做出比较分析。陆地表面温度(land surface temperature, LST)既是地球资源环境动态分析的重要指标，也是地表物理过程中的重要参数，包含丰富的地学信息，在许多领域有重要运用，特别在农业气象、气候和环境研究中，陆地表面温度是一个不可缺少的研究因子。温度在农业生产中是一个重要的条件，是土地盐化、沙化与侵蚀及气候变化的指示器。借助地表温度研究引黄灌区农业土地利用变化对农业用地和植被覆盖进行研究和规划，优化农业生产布局，调整区域异质性分布，增强可持续发展能力等均具有重要的指导和实践意义。

以灌区土壤重金属为基础对引黄灌区生态环境系统演变趋势进行研究，研究了黄河下游引黄灌区土地利用变化过程中重金属含量、分布、积累，以及生态风险的演变趋势；在调查分析引黄灌区土壤重金属污染与危害及其含量与空间分异的基础上，将土地利用变化的面积与研究区土壤重金属污染、土壤重金属含量、空间分布过程进行叠加，得出污染面积及污染区域，并应用情景分析法对研究区土壤重金属含量进行时空预测分析。

参考国内外理论研究成果，建立研究理论模型，在深入研究土地利用时空变化和重金属迁移、演变机理的基础上，针对研究区土地利用变化和土壤重金属现状开展研究，以研究区土地利用变化为主线，结合灌区的调研资料，应用多学科基础理论，建立各级目标的数学模型，采用马尔可夫模型对研究区的土地变化趋势进行预测。采取定量与定性、总体调查与典型调查、收集资料与剖析问题相结合的方法，完成研究区土地利用时空变化预测与重金属迁移演变分析和预测模型研究，实现灌区生态经济良性循环的目的。本书建立了土地利用可持续性综合评价模型，对研究区的土地利用程度、空间布局、温度、气候和重金属污染情况等进行综合评价研究，应用综合评判决策理论对研究区土地利用可持续性进行分析，建立了适合本书的土地利用可持续性评价指标体系，对保持灌区生态环境良性循环，提高农业经济效益，实现灌区农业生产结构调整与可持续发展具有十分重要的社会经济价值。

1.3.2　组织结构

根据以上研究思路，本书的内容大致可分为三个部分。

第一部分包括第1~3章内容。主要包括研究背景和意义、问题的提出、相关文献综述、论文研究的理论基础和分析框架。重点是相关文献综述，主要从土地变化与全球变化、土地变化与可持续性、土地变化与重金属关系和我国土地变化的研究重点对相关文献进行梳理和评述。在此基础上，阐述本书的研究思路、研究方法和技术路线。

第二部分是全文的核心部分，包括第4~9章等各章内容。这一部分既有理论分析，又有案例分析。其中，第4章对研究区土地利用时空变化进行分析。主要包括土地资源数量变化特征、土地利用空间结构变化、区域土地利用程度的变化和土地预测等。第5章主要探讨研究区地表温度反演，包括基于地表温度的遥感反演方法和 Landsat TM 数据地表温度反演研究，探讨了常见反演方法、常见遥感热红外数据源的比较和温度反演方法的选择，并计算出亮度温度、大气透射率、地表比辐射率和大气平均作用温度等，对照土地利用变化对研究区地表温度变化进行时空分析。第6章主要对研究区土壤重金属空间分布特征进行研究，分别介绍了地统计学和克里格(Kriging)法，并在 GIS 平台上进行了变异函数和半变异函数分析，并对土壤重金属含量进行了空间插值分析。第7章主要对研究区土壤重金属进行污染评价，分别应用了内梅罗指数法、地累积指数法、污染负荷指数法和潜在生态危险指数法进行了评估，并基于 GIS 对土壤重金属污染影响因素进行分析，研究土壤重金属污染来源和主要污染物。第8章主要应用情景分析法对研究区土壤含量与分布进行预测，并对各重金属分污染区、分面积进行论述。第9章对研究区土地变化的可持续性评价进行提炼，对研究区土地变化可持续性评价原理与方法、指标体系和评价结果进行研究，为引黄灌区土地变化的可持续发展提供决策依据。

第三部分是结论与展望。总结文章通过理论分析和案例研究所得出的主要研究结论。在此基础上，进一步提炼本书的核心观点，并对引黄灌区土地利用变化特征和预测研究，地表温度反演研究，研究区重金属含量、空间分布、积累、污染和预测的研究，以及研究区土地变化可持续性评价的机制、路径研究进行总结，并针对本书中存在的不足，提出今后要开展的进一步研究工作。

1.4　研究方法和技术路线

1.4.1　研究方法

本书拟采用以下 4 类技术方法：文献分析法、数学模型分析、样品分析法和遥感信息处理技术。各类方法与技术说明如下。

(1)文献分析法：由于文献分析法是进行科学研究的前提和基础，因此，本书十分重视该方法，并视其为本书的重要方法之一。大量相关的国内外专著和文献，不仅为本书提供了重要的理论依据和写作基础，而且在整体的研究方法和研究思路上也起到重要的启示作用。通过对相关文献的分析，不仅有利于吸收前人研究中的精华，而且还有助于发现前人研究中的不足并可进一步明确本书的科学问题。

(2)数学模型分析：选用随机模型，如马尔可夫链模型(矩阵)构造灌区土地变化模型；选取线性或非线性数学模型分析各类土地变化及其相互关系，建立土地利用各种功能之间的相互关系；构建可持续性评价模型，定量分析各类土地功能与可持续性之间的关系；应用重金属污染模型和情景预测模型对研究区土壤重金属进行污染分析和预测等。

(3)样品分析法：按照历史图件、变更调查的土地利用现状图等，合理布设土壤样品采集点位，2011 年采集相同土地类型不同灌溉模式的可比较系列样品，按照土壤样品分析规范，分析重金属含量及有关理化指标。

(4)遥感信息处理技术：结合 GIS 集成技术，采用 ArcGIS 软件，结合遥感制图成果，整合采集分析数据，系统处理研究区 1988 年、2001 年及 2011 年土地利用详细地图资料和高分辨率数据，编绘三个时间段的土地利用及其变化图件和 Landsat TM/ETM 遥感得到的温度反演图，采用变换矩阵、叠加分析等方法揭示研究区土地变化时空分异特征和类型面积转移矩阵。估算灌区土壤重金属含量和污染面积变化，并利用 GIS 的空间分析功能，分析土地变化与重金属含量分布等因素变化之间的相互关系，集成新的二者关系的时空分异成果。

1.4.2　技术路线

通过背景归纳分析和文献梳理分析，提出了理论分析框架(图 1-1)。在此基础上，利用查阅文献资料、统计资料，以及野外采样等手段搜集相关资料，采用数理统计分析、社会网络分析、ArcGIS 软件等分析工具和方法，对引黄灌区的土地利用变化、温度反演、重金属污染、积累，以及风险评价进行时空变化分析及预测。最后，从可持续性评价的角度，对相关现象和机理进行归纳总结与演绎推理，提炼出相关的结论和理论。

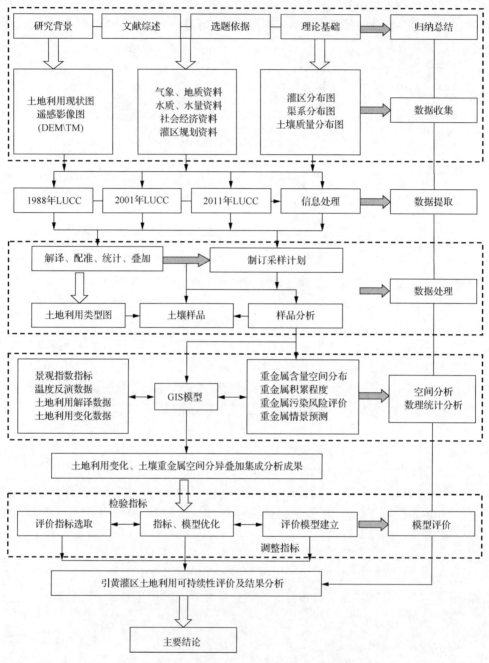

图 1-1　技术路线图

第2章 研究区选择与概况

2.1 开封引黄灌区概况

黄河下游灌区主要分布在河南和山东两省(图 2-1),是我国重要的商品粮生产基地,引黄灌区涉及农业人口 4381 万,灌溉面积 358 万 hm^2,其中,有效灌溉面积 258 万 hm^2。黄河下游引黄灌区主要农作物有小麦、玉米、棉花、水稻、油料、蔬菜等,复种指数为1.67。灌区内主要需水时间为春灌(3~6 月)和秋灌(9 月中下旬)。黄河下游引黄灌区分为正常灌区和补源灌区两种类型(郑利民,2007)。

黄河水作为灌区水资源的重要来源,对人们的生产和生活发挥了不可替代的作用。1999~2008 年,开封市共引用黄河水达 23 亿 m^3 以上,共灌溉农田约 157 万 hm^2,补源近 240 万 hm^2,增产粮食达 20 亿 kg 以上(张伟等,2009)。

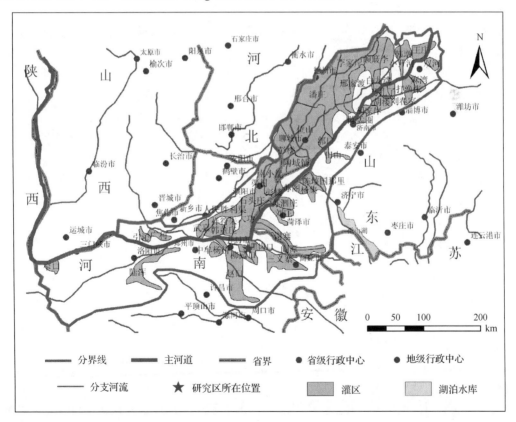

图 2-1 黄河下游灌区分布图

2.1.1　基本情况

黄河流经开封市 88km，该市位于黄河下游南岸，引黄具有得天独厚的优势。自 1957 年，开封市相继建设了黑岗口、三义寨、柳园口和赵口四个引黄自流灌区和一个东方红提灌区。全市引黄灌区设计总引水能力 270m³/s，规划控制面积约 34.33 万 hm²，范围涉及开封市五县六区 91 个乡(镇)中的 81 个，其中，规划干渠 54 条，长 832.5km²，支渠 266 条，长 1294.2km²，斗农渠 3332 条，长 3304km。经过 50 年的建设，现有干渠 38 条，长 718.4km²，支渠(沟)178 条，长 896.85km，斗农渠 3449 条，长 2946.3km²。干渠建筑物 1361 座，支渠(沟)建筑物 3039 座，斗农渠建筑物 4459 座。有效灌溉面积 18.88 万 hm²，占全市耕地面积的 47.6%，全市引黄灌区最高年引水量达 7 亿 m³，最大效益面积达 20 万 hm²。

2.1.2　引黄的优势与地位

开封发展引黄，利用黄河水进行灌溉、补源的有利条件，概括起来有五大优势：一是开封市紧邻黄河，且河岸线较长，河底高悬，发展引黄有优越的自然地理条件；二是已建引黄闸门比较多，共有"四口一站"，总引水能力为 270m³/s；三是经过常年建设，各灌区的框架已形成，骨干灌溉排水系统初具规模，可以把黄河水送到全市五县六区的 81 个乡镇，可用黄河水的面积较大；四是通过引黄灌溉和补源，提高了农业抗灾能力，促进了农业增产，农民增收，群众得到了实惠，用黄河水的积极性很高；五是经过多年的探索，初步掌握了引黄规律，已经积累了一定的灌区建设和管理经验。

引黄在开封市工农业生产及经济发展中发挥了重要作用，具体为：

(1)引黄是解决开封市水资源不足的唯一途径。开封市是一个资源型缺水的城市，多年平均水资源总量仅 12.2 亿 m³，人均 270m³，相当于全国人均的 11%，开封市亩均水资源量 225m³，不足全国亩均的 40%。到 2010 年要满足全市工农业及生活用水需要，每年需引用黄河水 26.7 亿 m³，还有 15.5 亿 m³ 的缺口需要黄河水来补充。黄河水已成为今后开封市经济可持续发展的重要战略资源。

(2)引黄在农业灌溉、补充地下水方面发挥着重要作用。全市引黄效益面积最大达 20 万 hm²，占全市耕地面积 50.42%，年最高引水量达 7 亿 m³，在农业抗旱保丰收方面发挥着重要作用。20 世纪 80 年代，因地下水超采，地下水位急剧下降，全市部分机井抽水困难，不能正常发挥效益，老百姓不得不重新投资更换抽水机具。之后，开封市大力发展引黄灌溉、补源，远送扩浇，引黄面积迅速扩大，地下水位也逐步回升，保证了全市近 10 万眼机井正常发挥效益。

(3)引黄在放淤种稻改土及发展水产、养殖和种植业方面发挥了重要作用。目前通过放淤种稻改土已使 4 万 hm² 低洼易涝和沙化荒地变成良田。开展引黄以前，开封市没有种植水稻的历史，现在开封县、兰考县和城区形成了约 1.3 万 hm² 水稻种植区。近城区通过引黄河水大力发展养鱼、种藕，增加了农民收入。

(4)引黄在保障工业和城市生活用水、改善环境、防治污染中作用突出。开封市的工业和城市生活用水年均引黄河水在 1 亿 m³ 以上，随着经济发展和人民群众生活水平的提高，引水量呈逐年递增趋势。在现有水资源总量严重不足的情况下，引黄成为保障开封市工业发展和人民群众生活的生命线。开封市城区有大量水域，素有"北国水城"之称，这些水域的补充水源全部来自黄河水。作为国家级旅游城市，金明池、包公湖、龙亭湖、水系工程等旅游景区均依赖黄河水补充水体，发展旅游业。在治理惠济河、黄汴河污染问题上，一个重要的办法就是利用引黄冲污净化。在开封市惠济河和贾鲁河沿岸，由于群众长期使用污水灌溉，造成了浅层地下水污染，无法饮用，国家不得不投巨资解决当地群众安全饮水问题。可见，根治地下水污染的最终途径还在于引黄灌溉，逐步改良环境，减少污染隐患。

(5) 引黄是农民减负增收的重要途径。黄河水含有大量有机质，水肥，水温高，对农作物生长有利，相对于井灌产量高，而且成本低，按正常提灌计算，仅相当井灌成本的一半，每亩每次灌溉可节约资金 3～5 元。如能充分发挥效益，以每年浇两次水计，可节省资金 4000 万元以上，同时也节省了农民大量的农机具投资。引黄灌溉是促进农民增收节支减负的有效途径。

2.1.3　开封引黄灌区的发展历程

1957 年，开封市首先兴建了黑岗口引黄灌区，其后于 1958 年、1967 年、1970 年相继建立了三义寨、柳园口和赵口引黄灌区，从开始兴建第一个引黄渠首闸黑岗口引黄闸至今，经历了曲折的六个阶段。

第一阶段：1957～1961 年，是引黄大发展时期。初次引黄灌溉，灌区的粮食产量提高较快，极大鼓舞了人们发展引黄的积极性，短短的四年先后建立了黑岗口、三义寨两个引黄灌区，在用水上采用大流量引水和大水漫灌的形式。

第二阶段：1962～1964 年，是开封引黄发展的停滞阶段。由于第一阶段的重灌轻排，再加上灌区配套不齐，大引大灌，大水漫灌，以及泥沙问题。导致的排水河道淤积，地下水位升高，次生盐碱化面积急剧扩大，灌区的粮食产量下降。黑岗口、三义寨两灌区不得不停止引黄灌溉。

第三阶段：1965～1981 年，是开封引黄发展的思考、探索阶段。从 1965 年开始，黑岗口、三义寨两灌区小范围内恢复引黄，在沿黄一带试种水稻，取得了一定成效，使人们看到了放淤改土种植水稻的前景，于是 1967 年、1970 年先后又兴建了柳园口、赵口两个灌区，在此阶段，人们尚未对引黄形成统一的认识，各灌区都在探索中进行灌区建设。

第四阶段：1982～1988 年，是开封引黄的稳定发展阶段。由于没有科学的指导，加上经费不足，配套不齐，缺乏沉沙措施，用水没有计划，日浇夜排，水量浪费，又造成许多不良后果，长期大水量浑水灌溉，部分浑水退入河道，使各骨干河道都有不同程度的淤积，降低了河道的除涝防洪能力，特别是对下游安徽省境内的排水河道造成影响，并引起国务院的重视，于是 1982 年，对开封引黄灌区，特别是黑岗口、柳园口两个灌区进行整顿和改建配套，修建沉沙池，实行计划用水，在此期间赵口、三义寨两灌区的放淤也取得了较大进展，全市各灌区的续建配套和由以放淤为主到以灌溉为主的工程改造逐步实施。

第五阶段：1989～1999 年，是开封引黄发展的黄金阶段。由于在 1988 年的特大旱情中,引黄为农业生产立下了汗马功劳,1989年春天,河南省政府召开了全省引黄工作会议,肯定了引黄的成绩,统一了思想,通过总结经验教训,提高了认识。开封引黄也进入了大发展时期,开封市各级领导对引黄工作非常重视,提出了远送扩浇,引黄补源,"靠黄吃黄"的引黄发展思路。包括赵口一期工程在内的各灌区的续建配套和改建工程项目轰轰烈烈的进行起来,这一时期是开封引黄发展历史上的鼎盛时期。

第六阶段:2000~2005年,是开封引黄发展的困难阶段。一方面灌区缺乏建设资金,灌区建设停滞不前,灌区工程老化严重,配套跟不上;另一方面由于受农村税费改革和粮食直补等惠农政策的影响,农业水费的征收困难重重。一方面没有资金买水,灌区引水量逐年锐减,灌溉效益面积衰减,另一方面灌区缺乏运行管理经费,工程疏于管理,未能得到及时的养护和维修,损毁、报废严重,灌区管理单位工作开展日益艰难,引黄事业陷入困境。

2.2　研究区概况

研究区位于河南省中东部(图2-2),黄河南岸,黑岗口、柳园口引黄灌区北部,豫东平原的古城开封北部(韩晋仙等,2006;陈志凡等,2012)。灌区内易出现春、夏旱和秋涝,给农业生产带来不利影响(罗玉峰等,2006)。灌区的土地利用主要为灌溉农业用地、村庄、交通和水域(图2-3)。灌区是一个综合性水利工程,除担负开封市郊区农业灌溉用水之外,还担负着开封市工业、居民生活、水产养殖、灌淤改土、补充地下水源及城市洗污用水(图2-4)。研究区所属灌渠遍布全郊区,农业人口约13万人。主要作物有小麦、玉米、高粱、大豆、水稻、蔬菜和花生。旱作物和水稻的复种指数均为1.7,蔬菜为1.8。开封市郊区自1957年开始着手发展引黄灌溉50多年来,虽然历经反复但是仍然创造了一个良好的灌溉局面。

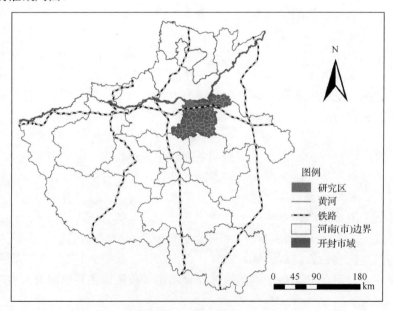

图2-2　研究区位图

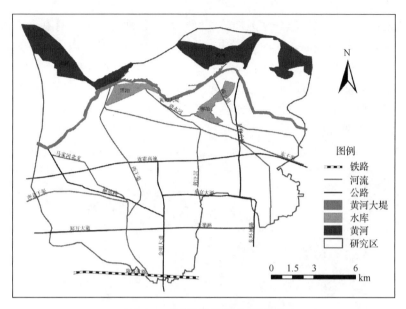

图 2-3 研究区主要地物类型图

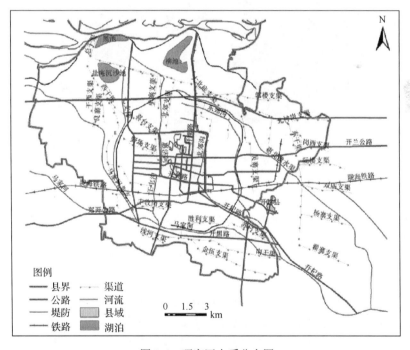

图 2-4 研究区水系分布图

2.2.1 地形、地貌

研究区属于黄河冲积平原，地势平坦，无山峰和丘陵，地面由西北向东南倾斜，平均坡降 1/5000～1/7000，地形较为平坦，地面高程 66～78m(图 2-5)。历史上由于黄河多次决口，微地形起伏较大，部分地区岗洼相间，黄河是地上悬河，有利于引水灌溉。地貌分为黄河高滩和背河洼地，背河是低洼容易涝灾的地方，灌区内土壤多为砂壤土和轻壤土，部分是砂土和黏土。土壤分布规律受黄河冲积和浸润的影响明显。近黄颗粒较粗，远黄颗粒较细。近黄河浸润严重，老盐碱地居多，远黄河逐渐减少。土壤母质含有盐分，土壤毛细管能力强，地下水位大部分地区小于临界值，存在土壤盐碱化威胁。近年来，经过大力放淤改土和种稻改土，大部分地区土壤得到了改良。据测算资料，灌区表层土壤淤积土面积占 75%，两合土约占 10%，砂土和青砂土占 10%，盐碱土占 5%。

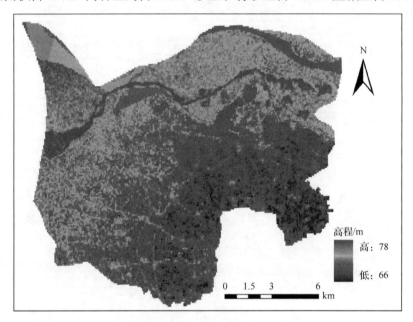

图 2-5　研究区高程图

2.2.2　气候

研究区气候属于半干旱半湿润温带大陆性季风气候，易干旱和内涝。按平均气温 ≥22℃为夏季，10℃≤平均气温<22℃为春秋，<10℃是冬季的标准，灌区的春季始于 3 月 26 日，约 56 天；夏季始于 5 月 21 日，约 113 天；秋季始于 9 月 11 日，约 56 天；冬季始于 11 月 6 日，约 140 天。

春季，前期多偏北风，后期多偏南风、西风。风速较大，平均 4m/s 左右，最大 20m/s 左右。太阳辐射强烈，在 33kcal① 左右。蒸发强烈，总蒸发量达到 306.8mm，但是降水较少，仅 110mm 左右，各月的湿度均在 0.5 以下。当北方冷空气入侵时，旱地沙区则易遭受风害。

夏季，雨量达到 360mm，占总年份的 3/5。但一般在 6 月上中旬，雨季尚未到来，常有初夏干旱，妨碍小秋作物播种。

秋季，是冬季风置换夏季风的时期，因受到一个气团的控制机会较多，天气大多晴朗，降水虽然与春季相差不大，约 130mm，但由于夏季降水在土壤中有存水，其湿润度

---

① 1cal=4.19J

(尤其是 9 月)较春季大。

冬季,降水量和蒸发量均较小,分别在 25mm 左右和 125mm 左右,土壤干旱,湿润度达到 0.3 以下。由于受大陆气团的控制,干冷多风,风速较大,易在沙区酿成风沙灾害。

研究区内年均气温为 14℃,历年值在 13～15℃,最热月是 7 月,平均温度为 27.1℃,累年最高气温为 42.9℃,最冷为 1 月,平均气温为 0.6℃。极端低温为–16℃(1971 年 12 月 27 日),年较差为 27.7℃,多年平均无霜期为 213 天。灌区年均日照时数为 2267.6 小时,日照百分率为 51%。

研究区平均降水量 634.2mm,但是四季分配不均匀。年均降水日数为 80.5 天(每日降水量大于 0.1mm),平均降水量为 7.9mm。降水日数和降水量均以 7 月最多且最大,其降水日达到 12.5 天,雨量达到 165.5mm,平均每个降水日降水约 13.3mm。

7～8 月降水量大于蒸发量($K>1$),属于湿润期,也是土壤的储水时期。9 月 K 值为 0.7,属于半湿润期,从 10 月至来年 6 月 K 值均小于 0.6,属于干旱、半干旱时期,并且更加严重的是冬天和春天的干旱,湿润度均在 0.5 以下。全年的湿润度在 0.61,已经是半干旱的边缘数据。根据开封市气象站的降水资料分析,小麦的生产期遇到干旱的概率是 95%,晚玉米遭遇干旱的概率是 70%,蔬菜更是达到了 80%,由此表明引黄灌溉区旱情较为严重且经常发生,因此,农业生产不走灌溉的道路,难以实现稳产和高产。

2.2.3 水文

研究区内水文地质条件较好。含水量呈西北—东南带状分布,东北部较薄,西南部较厚的变化规律。等水位线为 68～78m(图 2-6)。地下水深埋开采前北部、东部为 1～2m,

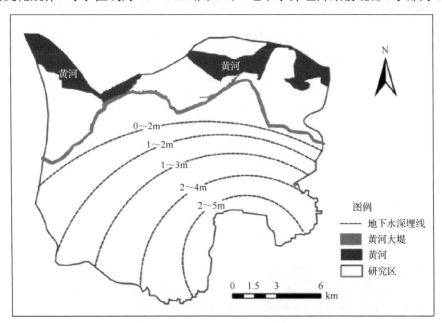

图 2-6 研究区地下等水位线、埋深线图

部分低洼地段是 1m 左右。开采后，浅层地下水位明显下降。尤其是南部，地下水开采量较大。由于长期过度开采，地下水源得不到有效的补充，地下水位每年下降 2m 左右。居民原来用的砖井普遍干涸，形成漏斗，造成工农业、人畜饮水的矛盾。浅层微承压水水位埋深开采前与上层基本一致，北部 0～2m，局部小于 1m，南部 2～5m（图 2-6）。开采后，南部由于工厂集中，地下水开采量大，形成了以制药厂为中心向东西延伸的椭圆形降落漏斗。漏斗区南至东柳林，北至开封城北，西至小王屯，东至杨正门。包括开封市市区在内，其漏斗区面积约 68km²。地下水位深埋一般为 10～15m，中心最大水位深埋 15.85m，漏斗的边缘地区地下水深埋 2～5m。

浅层含水层，埋藏浅，厚度大，分布稳定，水量较丰富，容易接受大气降水和渠系渗漏补给，周转快，年调节和跨年调节作用强。但由于埋藏浅，市区和郊区已经形成污染，水质逐渐变坏，矿化度 1～3g/L，总硬度一般在 30 德国度（每一度即相当于每升水中含有 10mg CaO）左右，不适宜饮用。其他地区的矿化度为 1g/L，总硬度为 16～25 德国度，水质条件较好，适合灌溉和群众生活用水。

地下水流向与地形基本一致，为西北—东南向，由于黄河水的侧向补给，灌区北部接近于由北向南。黄河大堤以南到开封市北城墙水力坡降 1.1‰，北城墙至漏斗中心水力坡降为 2‰～5‰。黄河历年最低水位与开采漏斗中心水位高差是 22.45m，平均水力坡降 1.4‰。

地下水的补给来源，主要有：

(1)大气降水入渗补给：灌区地形较为平坦且低洼，地表径流迟缓，土质属于亚砂土和粉砂土，结构疏松，非常利于大气降水入渗。

(2)渠系、坑塘渗漏和灌溉回渗补给：灌区地下水开采降落漏斗范围内，就有大小干渠七条，还有些低洼坑塘。在非漏斗区域也有很多渠道和坑塘，形成地下水补给来源。另外灌区范围内的稻田灌溉也是地下水的重要补给来源。

(3)地下水径流补给：随着地下水开采实践的延续和开采量的不断增加，地下水位深埋逐年增加，漏斗逐年向外扩展，侧向径流补给断面，逐渐加大黄河测渗因素，灌区地下水补给量也随之增大。

从目前来看，灌区地下水可开采资源丰富，利用不高，但浅水层水位下降速度仍然较大，主要是浅水层对中深层水越流补给作用造成的。因此应该统一管理工农业及群众生活用水，控制地下水开采动态，以便最大限度合理开发利用地下水，解决供水紧张与争水矛盾。但仅靠地下水灌溉无法满足农作物灌溉的要求，因此，引黄灌溉是非常有必要的。

2.2.4 自然灾害

研究区由于水温气象自然地理等特点，历史上一直受旱涝碱风沙等多种自然灾害的威胁。因受到季风气候影响，该地区属于半干旱地区，降水量偏小，且在年内分布不均匀（冬春多旱，夏秋多涝），具有涝旱交错的特点，旱情年年出现。土壤母质又含有盐分，加上黄河侵润影响，地下水位高，干旱多风季节，盐分上升地表，形成碱灾。冬春季节蒸发强烈，但是降水量较少，湿润度在 0.5 以下，当有北方冷空气侵入时，干冷多风且风速大，非常容易在沙区酿成风沙灾害。5 月底至 6 月初也常出现干热风天气，导致作物清枯逼熟而减产。

目前研究区盐碱灾害有下降趋势，主要是经挖沟排水，种稻洗碱与放淤改土措施，但是应当指出，种稻地区地下水位较高，土壤内盐分在种稻季节可以淋洗下渗，仅仅产生垂直运动，横向移动迟缓，大部分盐分不能从排水沟中排走，停留在下层土中，到春天反碱季节，仍能够在表层土上积累，危害春作物生长，这说明在地下水位高于临界水深的种稻地区，还潜伏着次生盐碱的威胁。经过实践观察，灌区在种植水稻季节地下水水位比较高，稻子成熟收割后，趁土地墒大，以免耕法播种小麦，经过春夏季节地下水位逐渐下降，地面蒸发量逐渐加大，气候干旱，土壤内盐分虽向表层土积累但尚未危害小麦生长，仍能够获得丰收，次年麦后种稻能获得高产。如此轮作十多年，均获得丰收，现在已经成为群众夺取稳产高产的成功种植经验。

2.3　灌区目前存在的问题

引黄灌区，虽然经过多年修建，目前仍存在排灌工程配套不全，支渠以下渠系混乱，斗农不分，干渠两岸扒口过多等问题。灌水定额高，水量浪费严重。灌区长期以来，都是利用浑水灌溉，泥沙没有妥善处理，可以说是大引、大灌、大排。大量引水，必然引入大量泥沙。大量退水，必然泥沙淤积河道。大量深层渗透，必然造成地下水位上升，形成土壤盐碱化，由于利用洼碱地种稻改土，虽然增量显著，但是在黄河高含沙量时期持续引水灌溉，势必增加引进泥沙数量，使用的沉砂池容量有限，可以利用沉沙的时间不长。同时水稻种植不集中，很多地区是水旱两季种植，加上水量调配上的不合理，昼灌夜排使得灌区放水时间较长。由于管理机构不健全，管理水平不高，人员少技术力量薄弱，缺乏通信、交通设施和量水、监测设施，故灌区推行计划用水，科学用水。此外，灌区仍有一些具体问题，待以解决（汪恕诚，2002；黄晓荣等，2003；李艳芬等，2008；石秋菊和齐强元，2009；陈志凡等，2012）：

（1）干渠工程老化、调控能力差，工程设备落后，水利工程设施重建轻管，直接导致了灌区灌溉面积的大幅衰减。目前灌区饮用黄河水虽然经过沉砂池对泥沙进行了处理，以清水灌溉。但是由于工程老化和设备落后，在东、西干渠上的一些支渠所引用的黄河水的泥沙，依旧未得到处理。原来西干渠上选用野场沉沙池，解决不了支渠的泥沙处理问题。投入使用的沉砂池的容积均偏小，应因地适宜选择位置，扩大沉沙池容积。加强水利工程设施建设与管理，对沉沙进行控制。灌区引黄泥沙沉淀处理进行灌溉，由于调控能力有限，加之供水不足，流量明显减少，不仅渠道的断面与输水状况不相适应，而且渠道产生了冲刷，使得灌溉面积不断减少。

（2）灌区次生盐碱现象依旧存在，同时伴有黄河来水中重金属也对引黄灌区农业土壤作物系统的健康和灌区农业的可持续发展构成潜在风险。结合对盐碱土地的处理，灌区多年来采取了种植洗碱压碱、改土、获得连年丰收。但是在水稻种植分布地区，一般地下水位较高，在 1m 左右，大大小于临界水深。虽在稻麦轮作的多年实践中获得良好的收成，但是大部分地下水位过高，治碱成果难以巩固，次生盐碱的迹象依然存在。灌区内多年来结合引黄放淤改土,大部分土地已经得到改良,原来属于风沙盐碱不毛之地,现在也都成为了高产稳产的良田。但是至今仍然存在部分小片沙荒和盐碱地,需要继续改良。有些地方可以结合种植水稻进行土壤改良,但是有些地方在严格控制水稻面积发展的条件下,还应根据实际情况,进行小面积的放淤,改变土质,同时,在引水源头,发现黄河水中带有重金属,对于整体灌溉也带来了新的问题。

(3)灌区水资源得不到充分合理的利用,水污染严重,水资源整体管理技术手段低下。灌区南部,城市边缘区、城市生活区和工厂集中,对地下水的开采量大,出现南部一带约 68km² 地区内的下降漏斗,地下水位深埋一般 10~15m,中心最大水位深埋 15~85m,漏斗边缘地下水深埋 2~5m。由于地下水源长期得不到充分补给,地下水位每年下降 2m 左右。由于工业和生活废弃物及废水随意排放,导致灌区水污染和土壤污染日益加重,加之灌区内干渠和支渠管理手段低下,部分渠道时而干涸,农业灌溉用水出现问题,群众生活用水也成了问题。

(4)灌区泥沙淤积河道,土壤盐碱化严重,田间水量的利用率低下,水费征收困难,灌区保护缺乏相关政策。当前阻碍引黄灌溉继续发展的问题是泥沙淤积河道,降低了河道排涝能力和部分地区地下水位升高,引起土壤盐碱化。由于大量引水,必然引进大量泥沙,大量退水,引起泥沙阻碍河道,造成大量深层渗漏,地下水位升高,构成土壤盐碱威胁。加上许多土地平整差,沟渠建造不规范,大水漫灌等进入田间水量大大超过了定额,使得田间水量的利用率非常低,还有配水不科学,水量太分散,渠道实际流量和最佳输水状况不相适应,以及无节制引水、输水等问题,使得水的利用率更加低,从这些情况可以看出每年的清淤任务比较大。水费征收困难,水费征收减少,致使灌区投资负担加重。

(5)灌区内的灌溉土地缺乏合理保护,灌区的耕地资源无法得以保护,无法满足区域对农产品增长的需求。灌区内排水系统已经基本形成。但由于多年淤积,排水不畅,加之地面深洼,靠近黄河大堤南侧区域大面积土地淤积严重,种植面积逐年减少,种植种类单一。近年来由于引水量和天然降水量较小,灌区连年抗旱,对灌区内排水重视不够,排涝能力下降。加上灌区降水集中,常以暴雨形式出现,形成春旱秋涝,改良土地没有排水,其他措施很难奏效。根据灌区的实际情况,治理骨干河道和健全田间排水系统是旱涝碱综合治理与耕地资源保护的基础,也是关键的措施。田间工程不配套,将出现"大河不满,小河满,小河不满地里淹"的局面,使得灌区地里没有水或者水多使农作物渍死。

第3章 研究内容与数据收集

3.1 研 究 内 容

根据本书整体设想,选择开封市的黑岗口、柳园口灌区4个乡为案例区,研究内容分为以下3个方面。

(1)应用GIS构建引黄灌区土地变化模型,探讨特殊的土地变化时空分异特征。首先,按照积累的踏勘统计资料、灌区渠系图,依据已有的开封城区1984年土地利用图,1992~2008年土地利用现状图,以及1988年、2001和2011年TM/ETM影像,应用GIS技术、遥感技术等,建立1988~2011年三期灌区土地利用/土地覆被变化图谱,采用矩阵方法,系统量化总结分析1988年、2001年和2011年不同时期的土地变化特征,并依据遥感数据处理和分析土地变化特征,按照马尔可夫模型进行土地预测,利用GIS空间分析模块,整理灌区未来40年土地变化的时空分异特征,分析土地变化的形成原因、机制与过程。

(2)定位定点观测,研究土壤重金属污染的现状及其地理分异规律,并与土地类型集合对重金属污染进行分析。在整体布局和系统取样的基础上,通过化学分析,全面调查研究区土壤(表土)的重金属含量,并通过数学分析和空间变异性理论揭示其地理分异规律,了解研究区土壤重金属空间分布特征,并依据土壤重金属污染评价相关原理和模型得出研究区土壤重金属污染形势,并基于统计分析法对土壤重金属污染物影响因素进行解析,最后依据情景分析法对研究区未来10年重金属含量和空间分布,以及污染面积进行分析。

(3)基于土地变化的可持续性影响评估理论,探索灌区土地可持续利用的科学途径。参照土地利用多功能理论与可持续发展理论,并基于前述研究成果,设计土地利用调查和土壤重金属污染评价,识别划定灌区土地变化的多功能体系,构建引黄灌区独有的土地利用可持续性多功能指标体系,吸收可持续性影响评价的科学原理,系统评价灌区土地利用变化驱动的可持续性影响,揭示灌区非可持续性影响因素,提出灌区节水少肥增产等可持续利用的集成技术体系。

3.2 数据采集与处理

3.2.1 气象数据

搜集开封地区1960年以来50多年逐日、逐月气象观测数据,数据来源于中国气象科学数据共享服务网(China Meteorological Data Sharing Service System, CMDSSS)和河南省气象局,以其为真值,检验WRF模式输出结果的精度与分布趋势。中国气象科学数据共享服务网提供的站点逐日气象数据包含了平均温度、平均相对湿度、2020时降水量、平均风速等气象要素。

3.2.2 遥感数据

土地利用变化数据主要是通过对不同时期遥感影像数据解译而得，数据处理包括以下步骤。

1. 遥感数据获取

遥感技术的发展为土地利用变化研究提供了重要的技术支撑。美国陆地卫星 Landsat TM/ETM 数据由于具有适中分辨率、获取方便等特点，已形成 20 多年的影像序列，在土地利用动态分析中应用最为广泛。Landsat TM/ETM 数据完整，覆盖面广，分辨率较高，数据免费提供，影像包含较为丰富的地表信息。本书采用的数据以 1988 年、2001 年和 2011 年三个时期 TM 同季节的遥感影像为主要数据源(表 3-1)，使用的遥感数据是由国外网站(http://glcfapp.glcf.umd.edu:8080/esdi/esdi_index.jsp；http://glovis.usgs.gov)提供的 2 级数据，数据已进行了辐射校正和几何粗校正。

表 3-1　研究使用的遥感影像数据

影响类型	搭载卫星	空间分辨率	获取日期
Landsat TM	Landsat-5	30m×30m	1988 年 5 月
Landsat TM	Landsat-5	30m×30m	2001 年 5 月
Landsat ETM	Landsat-7	30m×30m	2011 年 5 月

美国国家航空航天局为进行地球表面调查发射了一系列陆地资源卫星(Landsat)，第一颗地球资源技术卫星于 1972 年 7 月 23 日发射成功，之后共发射 7 颗地球资源技术卫星，目前正常运行的是 Landsat-5 和 Landsat-7 号卫星。Landsat-5 在 1984 年成功发射，上面的传感器为多波段扫描仪(MSS)和专题制图仪(thematic mapper，TM)。Landsat-7 卫星于 1999 年发射，其上传感器为 ETM。Landsat TM 数据共有 7 个波段(表 3-2)，第 1~5 波段和第 7 波段空间的分辨率为 30m，第 6 波段是热红外波段，分辨率为 120m(Abrams et al.，1999)。

表 3-2　TM 数据的主要参数

波段序号	类型	波段范围/μm	空间分辨率/m
1	蓝	0.45~0.52	30
2	绿	0.52~0.60	30
3	红	0.63~0.69	30
4	近红外	0.75~0.90	30
5	短波红外	1.55~1.75	30
6	热红外	10.40~12.50	120
7	短波红外	2.08~2.35	30

ETM 的 7 个波段的波长范围、瞬间视场均与 TM 相同(表 3-3)，但是传感器增加了一个波长 0.5~0.9μm 的全色波段，空间分辨率为 15m，其余只有 6 号波段热红外波段的空间分辨率提高到 60m。

表 3-3　ETM 数据的主要参数

波段序号	类型	波段范围/μm	空间分辨率/m
1	蓝	0.45~0.52	30
2	绿	0.525~0.61	30
3	红	0.63~0.69	30
4	近红外	0.75~0.90	30
5	短波红外	1.55~1.75	30
6	热红外	10.40~12.50	60
7	短波红外	2.09~2.35	30
PAN	全色波段	0.52~0.90	15

TM 和 ETM 数据是常用的土地利用/土地覆被变化和地表温度反演数据源，由于 TM/ETM 历史数据较多、获取方便，数据质量较好，因此在土地利用/土地覆被变化和地表温度研究中应用比较广泛，另外，使用 TM/ETM 数据进行分类得出的地物类型能满足本书需要。因此本书采用 TM/ETM+数据进行研究区的地表温度反演和土地类型解译。影像成像时间分别为 1988 年 5 月 14 日、2001 年 5 月 10 日和 2011 年 5 月 18 日，轨道号与行号为 124/36。

2. 遥感数据导入

遥感影像数据导入(import)主要是提供用于计算机自动分类的多光谱遥感影像、基础分类影像及配准后的各种辅助判读资料。在 ERDAS IMAGINE9.2 软件中导入原始数据。对于上述三个时期的遥感影像，先合成单波段影像，然后利用 Interpreter/Utilities 中的 Layer Stack 命令将单波段影像数据合成为初始多光谱影像。

3. 辐射定标

由于用户获得的遥感数据(如 TM、ETM)都是以灰度值 DN(digital number)记录表示的，因此，在使用前必须转换成各波谱的辐射亮度(spectral radiance，L_λ)，即进行辐射定标。L_λ 与 DN 之间的转换关系如下式：

$$L_\lambda = \frac{L_{max\lambda} - L_{min\lambda}}{QCAL_{max\lambda} - QCAL_{min\lambda}} \times (QCAL - QCAL_{min}) + L_{min\lambda} \tag{3-1}$$

式中，L_λ 为各波段的辐射亮度[单位：$(W/m^2)/(\mu m \cdot sr)$]；$QCAL_{max\lambda}$，$QCAL_{min\lambda}$ 分别为 DN 的最大记录值(8bits 影像是 255，12bits 影像是 4095)与最小值(1 或 0)；$L_{max\lambda}$，$L_{min\lambda}$ 分别为传感器能接收到的辐射最大值与最小值。

如果影像数据的头文件中提供波段增益系数(gain)和偏移系数(offset)，也可用下式计算各波段的辐射亮度值：

$$L_\lambda = (gain \times DN) + offset \tag{3-2}$$

不同传感器所提供的转换方法不同，以 Landsat 影像数据为例，利用式(3-2)转换。表 3-4 与表 3-5 为 Landsat-5 TM 和 Landsat-7 ETM+各波段对应的校正值。

表 3-4　Landsat-5 TM 转换为辐射亮度各波段对应的校正值

波段序号	1984 年 3 月 1 日～2003 年 5 月 4 日		2003 年 5 月 5 日后	
	L_{min}	L_{max}	L_{min}	L_{max}
1	−1.52	152.10	−1.52	193.0
2	−2.84	296.81	−2.84	365.0
3	−1.17	204.3	−1.17	264.0
4	−1.51	206.2	−1.51	221.0
5	−0.37	27.19	−0.37	30.2
6	1.2378	15.303	1.2378	15.303
7	−0.15	14.38	−0.15	16.5

表 3-5　Landsat-7 ETM+转换为辐射亮度各波段对应的校正值

波段序号	1984 年 3 月 1 日～2003 年 5 月 4 日		2003 年 5 月 5 日后	
	L_{min}	L_{max}	L_{min}	L_{max}
1	−1.52	152.10	−1.52	193
2	−2.84	296.81	−2.84	365
3	−1.17	204.3	−1.17	264
4	−1.51	206.2	−1.51	221
5	−0.37	27.19	−0.37	30.20
6	1.24	15.30	1.24	15.30
7	−0.15	14.38	−0.15	16.50

对于 Landsat-7 ETM+影像的 low gain、high gain 参数的选取问题，一般采取：当地表亮度较大时用低增益参数，其他情况用高增益参数，以避免出现亮度饱和现象。通常情况下，对于非沙漠区和冰盖区的陆地表面类型中，ETM+的 1～3、5、7 波段采用的是高增益参数，4 波段采用低增益参数。如果太阳高度角小于 45°时，4 波段也采用高增益参数。本书 1～3、5、7 波段采用高增益参数，4 波段采用低增益参数。

计算出来的辐射亮度可以通过下式转换成大气顶部反射率：

$$\rho_\lambda = \frac{\pi \cdot L_\lambda \cdot d^2}{ESUN_\lambda \cdot \cos\theta_s} \tag{3-3}$$

式中，d 为日地天文距离；$ESUN_\lambda$ 为波段 λ 处的大气外太阳辐射强度[单位：W/(m²·μm)]；θ_s 为太阳天顶角。表 3-6 为 Landsat-5 TM、Landsat-7 ETM+各波段所需要的 $ESUN_\lambda$ 值。

表 3-6　Landsat-5 TM、Landsat-7 ETM+各波段 ESUN$_\lambda$值

波段序号	Landsat-5 TM	Landsat-7 ETM+
1	1957	1969
2	1826	1840
3	1554	1551
4	1036	1044
5	215	225.70
6	—	—
7	80.67	82.07
8	—	1368

4. 大气校正

大气校正的目的是为了消除大气和光照等因素对地物反射的影响，获得地物反射率、辐射率、地表温度等真实物理模型参数，包括消除大气中的水蒸气、氧气、二氧化碳、甲烷和臭氧等对地物反射的影响；消除大气分子和气溶胶散射的影响。大气校正方法可分为两种：绝对大气校正和相对大气校正，绝对大气校正是将遥感图像的值转换为地表反射率、地表辐射率、地表温度等；相对大气校正，校正后得到的图像，相同的值表示相同的地物反射率，其结果不考虑地物的实际反射率。

5. 几何校正

遥感影像在成像时，由于遥感平台位置和运动状态变化、地形起伏、地球表面曲率、大气折射、地球自转等影响在几何位置上会发生变化(梅新安，1997)。

几何精校正即在地面实际位置和影像像元之间建立数学关系，把畸变图像空间中的像元转到校正图像之中(图 3-1)。几何精校正包含 3 步：①选择地面适当的控制点，控制点的选择一般选在影像和地形图均易识别的地物点，数量应满足所选校正模型的要求，并且应当均匀分布于图像上；②选择合适的空间变换函数，对图像进行校正；③用最邻近法、双线性内插法或三次卷积内插法进行重采样。

操作时首先对研究区 1：5 万国家比例尺基本地形图进行几何校正，然后将其拼接成覆盖研究区的数字栅格地形图，把地形图扫描后，再将每一张扫描地形图进行几何精校正，同时增加投影信息，投影参数如下：

Projection type：Gauss Kruger

Spheroid name：Krasovsky

Datum Name：Undefined

Longitude of central meridian：111°00:00.0000E

Latitude of center of projection：0°:00:00.0000 N

False easting：　　　500000 m

North easting：　　　0 m

本书对遥感影像的几何精校正是利用 ERDAS 9.2 软件的几何校正工具来进行的。以

河南省土地二次调查开封市郊区 1 ∶ 50000 地形图作为基准,利用二次多项式模型对三期遥感影像几何精校正,图像重采样用双线性内插法并把误差控制在 1 个像元内。

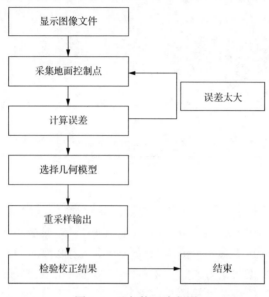

图 3-1　几何校正流程图

6. 图像拼接与裁剪

应用 ERDAS 9.2 软件中的 Geometric Correction 工具对研究区所在的每张地形图做纠正。因地形图上方格线明显,控制点(ground control point)较好选择,本书每张选用 9 个均匀的控制点,对地形图进行纠正,重采样利用邻近点插值法,用视窗地理连接功能和查询光标功能来对纠正结果进行检验,总的 RMS(root means squared)误差小于 1 个像元。这样得到研究区范围的地形图,作为前文介绍的对 TM 影像几何纠正的参考图。

研究区的边界是在 ArcGIS 9.3 软件中进行的,手描研究区的行政边界多边形,得到研究区边界图。用具有投影信息的研究区边界图对三期遥感影像进行掩膜(mask)得到具有精确边界的研究区三期遥感影像图。

7. 土地利用分类系统

目前,关于土地利用/土地覆被变化有多种分类系统,还未形成统一标准。现在的分类标准主要有两类(肖鹏峰等,2003):第一类是以土地利用为主的分类系统,如全球测图项目(ISCGM)土地利用栅格数据制作分类、2001 年国土资源部编制的《全国土地分类》等;另外一种分类是以土地覆被为主的分类系统,如 1976 年美国编制的 1 ∶ 25 万土地利用/土地覆被变化分类系统、1995 年美国编制的国家 30m 土地覆被数据集分类系统(MRLC)、1992 年中国科学院研制的土地资源分类系统等。

由于研究区区域面积较小，土地资源分类应更为细致，本书参照《中国资源环境宏观调查与动态研究》的土地资源分类系统和《土地利用现状调查技术规程》中的分类系统，结合研究区土地利用实际情况、特点和研究需要，依据农业生产和国民经济主要用地构成、土地属性和利用方向，通过合并、分类，重新分为农用地、林地、水域、滩涂、农村居民点、城镇建设用地、工矿用地和未利用土地八类（表 3-7），由于研究区所处位置在土地高强度利用和人口密集区域，根据开封市土地利用行政图检验，研究区内不存在林地和未利用土地，本书只针对农用地、林地、水域、滩涂、农村居民点、城镇建设用地、工矿用地进行分析。

表 3-7　研究区土地利用重新分类系统

地类名称	包含小类名称
水域	包括水库、湖泊、池塘、河流和水利设施用地
滩涂	指河、湖水域平水期水位与洪水期水位之间的土地
农村居民点	农民居住地及生活用地
城镇建设用地	城镇居民点和独立于城镇居民点以外的工矿、国防、名胜古迹等企事业单位用地，以及交通用地
农用地	水田、旱田及耕地、园地、牧草地
林地	成片的天然林、次生林和人工林覆盖的土地
工矿用地	工业用地、砖瓦窑用地和工矿废弃地
未利用土地	荒草地、盐碱地、沙地和裸土地

8. 遥感影像解译

遥感影像的解译过程实质上就是遥感影像的分类过程。遥感图像所提供的信息不仅是地球表面地质、地貌、水文、土壤、植被、社会经济等信息的综合，而且是遥感信息本身的综合，即不同空间分辨率、光谱分辨率及时间分辨率的综合（陈述彭，1990）。一般来说，遥感影像中的同类地物在相同条件下具有相同或相似的光谱信息特征和空间特征，遥感影像分类主要是依据不同地物的光谱特征和空间信息，利用计算机对影像像元的光谱信息进行分析、统计和归纳，以达到大致区分遥感图像中多种地物的目的（钱乐祥等，2004）。在遥感影像解译工作正式进行之前，先结合非遥感信息源，对研究区的情况进行全面深入的了解，同时也要在对遥感影像的特征、地物光谱特征及其成像机理有深入的理解后，再利用遥感软件对遥感图像进行分类。

通常的分类方法分为两种：监督分类与非监督分类。监督分类与非监督分类相比较而言，由于充分地利用了各先进知识，通常情况下，其分类结果具有较高的精度。但需要注意的是训练样本的选取非常重要，所选择训练样区的质量高低将会直接影响分类结果的精度。训练样本的选择有以下 3 种方法，即种子像元生长法、实地调查法和目视判读法。

本书采用监督与非监督分类相结合的方法进行分类。首先，在 ERDAS IMAGINE 9.2 软件中进行非监督分类的类别判定，生成分类模板；其次，结合训练样本的选取方法，进行监督分类训练样区的选择,以及反复修改分类模本等操作;最后,进行计算机自动分类。

在进行初步分类后,利用软件的精度评价功能(accuracy assessment)对计算机自动分类后的分类影像进行属性修改,随机选取 130 个地面检查点,参考同期地面资料,对分类结果进行精度检验。利用软件提供的基于误差矩阵的精度评估方法,对分类后的影像数据进行精度评估,同时参照 1997 年 1∶10 万河南省土地利用现状图集及相关辅助资料,在分类后的影像数据上,利用随机采样(stratified random sampling)方法,选择了 110 个随机样点进行检验,得出计算结果为:1988 年的总精度为 86.6%,Kappa 指数为 0.76;2001 年的总精度为 84.4%,Kappa 指数为 0.80;2011 年的总精度为 88.3%,Kappa 指数为 0.82。虽然监督分类本身具有一定的精度,但也是按照图像的光谱特征分类的,其不可避免的带有一定程度的盲目性,因此,必须对分类结果进行后处理。

9. 遥感数据后处理

1)土地利用/覆被分类

遥感数据后处理过程主要包括聚类统计及去除分析。在 ERDAS IMAGINE 9.2 中,首先利用 Image Interpreter 中的 Clump 命令,然后计算遥感分类影像中每个分类图斑的面积,并且记录相邻区域中最大图斑面积的分类值,接着生成一个聚类统计类组输出文件,最后再利用 Eliminate 命令对产生的 Clump 类组文件进行去除分析。

最终生成 1988 年、2001 年和 2011 年 3 期研究区土地利用/覆被分类图(图 3-2～图 3-4)。

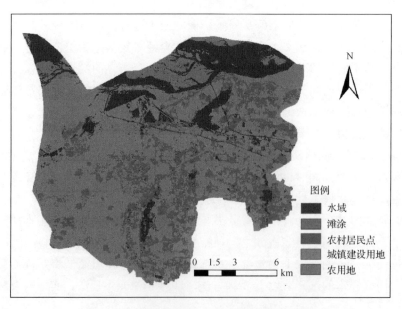

图 3-2　研究区 1988 年土地利用/覆被分类图

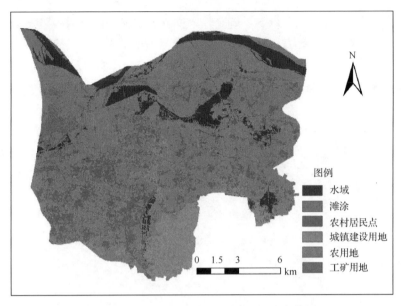

图 3-3　研究区 2001 年土地利用/覆被分类图

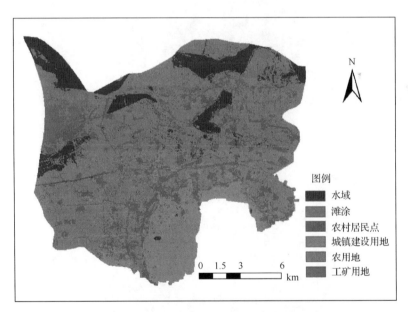

图 3-4　研究区 2011 年土地利用/覆被分类图

2) 归一化植被指数(NDVI)

在 TM 影像中，计算 NDVI 的计算公式为

$$NDVI = (TM4 - TM3)/(TM4 + TM3) \tag{3-4}$$

式中，TM4 和 TM3 分别为 TM 影像的第 4 波段和第 3 波段。具体计算方法如下：

在 ERDAS 图标面板工具栏，运行 Interpreter→Spectral Enhancement→Indices 命令，

打开 Indices 对话框，设置以下参数：确定输入文件、定义输出文件(略)，文件坐标类型选择为 Map，处理范围选择为默认状态(整个图像范围)，传感器类型选择为 Landsat TM，选择计算指数函数为 NDVI，输出数据类型为 Float Single，不可选择 Unsigned 8 bit，最后单击 OK，执行指数计算，生成研究区 NDVI 值图(图 3-5～图 3-7)。

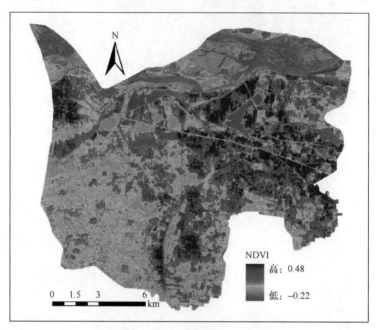

图 3-5　1988 年研究区 NDVI 图

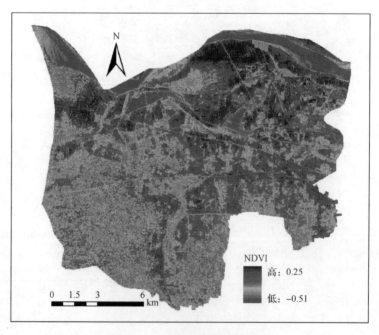

图 3-6　2001 年研究区 NDVI 图

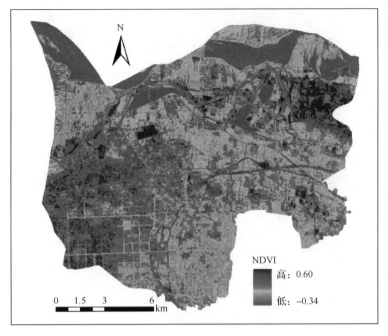

图 3-7　2011 年研究区 NDVI 图

3) 植被盖度

A. 计算模型

像元二分模型(胡振琪和陈涛，2008)被认为是最简单的线性光谱混合分析模型，它假定像元内地物仅由植被和裸地组成，即一个像元的光谱特性是由这两种成分的光谱特性组合而成。像元二分模型的典型优点为削弱了大气、土壤背景与植被类型等的影响，能够较好地提取植被指数。本书采用像元二分法来进行植被覆盖度的提取，其计算模型为

$$f_c = (NDVI - NDVI_{soil})/(NDVI_{veg} - NDVI_{soil}) \qquad (3\text{-}5)$$

式中，f_c 为植被覆盖度；$NDVI_{soil}$ 为裸土或无植被覆盖区域的 NDVI 值，即无植被像元值；$NDVI_{veg}$ 为完全被植被所覆盖的像元的 NDVI 值，即纯植被像元 NDVI 值。

B. 计算过程

在 ERDAS 9.2 图标面板工具条中，单击 Modeler 图标，打开 Spatial Modeler 对话框，单击 Model Maker 按钮，打开 Model Maker 窗口与工具面板。在 Model Maker 窗口选择输入的 NDVI 图像，然后选择函数计算模型：$(NDVI–NDVI_{soil})/(NDVI_{veg}–NDVI_{soil})$ (图 3-8)，确定输出图像，最后执行 Process→Run 命令，输出植被覆盖度图像(图 3-9～图 3-11)。

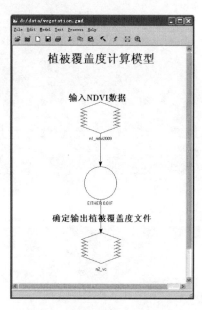

图 3-8　植被覆盖度提取模型

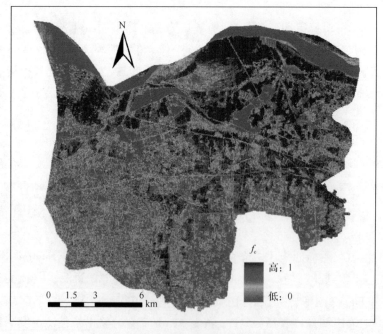

图 3-9　研究区 1988 年植被覆盖度分布图

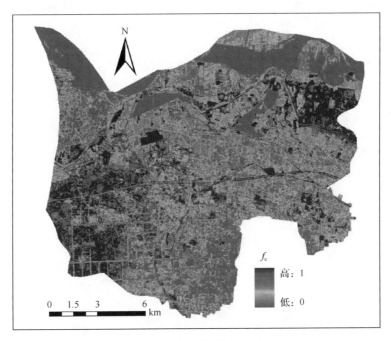

图 3-10　研究区 2001 年植被覆盖度分布图

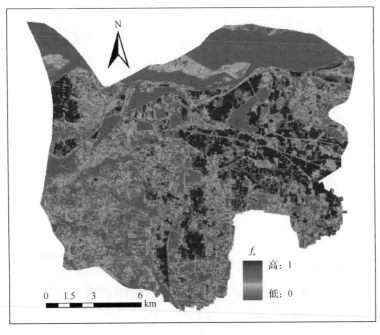

图 3-11　研究区 2011 年植被覆盖度分布图

3.2.3 土壤数据

1. 样点布设与采集

土壤样品的采集按照均匀布置，重点区域加密的原则，总共设置 107 个采样点，分布在整个研究区内。具体采样点位置如图 3-12 所示。

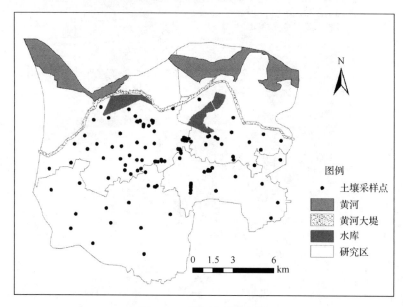

图 3-12 研究区采样点图

在采样过程中，每个样点均从 10m×10m 正方形的顶点和中心点 5 处采集表土 (0～20cm) 的混合样品，采取的混合样摊在塑料布上，除去动植物残体、石砾等杂质，将大块的样品碾碎，混匀，摊成圆形，中间画十字分成四份，然后对角线去掉两份，若样品还多，将样品再混合均匀，反复进行四分法，直至样品最终重量达到 0.5kg 为止，记录，放入统一的样品袋，带回实验室。

2. 试验方法

土样在室温下自然风干，用塑料棒碾碎，全部通过 1mm 尼龙筛；然后将土样充分混合，平摊在塑料布上，随机多点 (约 50 点) 取样品约 20g，用玛瑙研钵进一步研磨，全部通过 0.15mm 尼龙筛，备用。

准确称取土样 0.1～0.15g (精确至 0.0002g) 于 50 mL 聚四氟乙烯坩埚中，用二次蒸馏水润湿后加入 10mL 盐酸 (优级纯)，于通风橱内的电热板上低温加热，使样品初步分解。待蒸发至约剩 3mL 时，取下冷却，然后加入 5mL 硝酸 (优级纯)，5mL 氢氟酸 (优级纯)，3mL 高氯酸 (优级纯)，加盖后于电热板上中温加热。1 小时后，开盖，继续加热除硅，为了达到良好的飞硅效果，应经常摇动坩埚。到加热至冒浓厚白烟时，加盖，待坩埚壁上的黑色有机物消失后，开盖驱赶白烟，当消解液呈黏稠状。取下稍冷，加入 1:1 硝酸

1mL 溶解残渣，用二次蒸馏水冲洗坩埚盖及内壁。最后将溶液转移至 100mL 容量瓶中，冷却后用二次蒸馏水定容，过滤，备测(USEPA，1996)。

石墨炉——原子吸收光谱法(AAS Vario 6)测定 Cd 含量；火焰-原子吸收光谱法测定 Cr、Ni、Cu、Zn、Pb 含量(Sandroni et al.，2003)。

从定容完毕的溶液中移取 5mL 于比色管中，加同等体积预还原剂(2%硫脲+2%抗坏血酸 + 5%HCl)，充分反应(30 分钟)，氢化物发生——原子荧光光谱法(AFS-2202)测定 As。

土壤样品中 Hg 的消煮如下：称取 0.50g 土壤样品于 25mL 比色管中，加水湿润，加入 10mL 硝酸盐酸混合液，摇匀，于沸水中分解约 2 小时，期间摇动一次，取下冷却后，过滤到 50mL 容量瓶，加入 1～2 滴的 5% $K_2Cr_2O_7$ 溶液，作为稳定剂防止 Hg 被玻璃吸附，用水定容至刻度，摇匀(Macleod et al.，1999)。

氢化物发生——原子荧光光谱法(AFS-2202)测定含量。消煮及分析过程中加入国家标准土壤样品(GSS-1、GSS-2)进行质量控制，结果符合要求；分析过程所用试剂均为优级纯，所用的水均为超纯水(亚沸水)。

土壤样品分析过程加入国家标准土壤样品(GSS-1)进行分析质量控制(郑袁明等，2003)，分析样品的重复数为 10%～15%，回收率符合分析质量控制要求，并且均优于国家标准参比物质 GSS-1 所给定的数值。

第4章 土地利用变化特征及预测

土地是人类生存与发展的基础，是人类与自然相互作用最强烈的要素之一，在土地利用变化的同时随着人类活动在全球变化中作用机制的探讨，近年来土地利用变化研究已经成为热点问题(鲁春阳等，2007；蒙晓等，2012；王秀兰和包玉海，1999)。当前，随着经济的迅速发展，城市化步伐加快，给区域生态、气候和人居环境带来诸多负面效应，区域土地利用变化的研究越来越受到关注(Roberto et al.，2002；Herold et al.，2002；刘纪远等，2003；卢远等，2006；杨晓晖等，2005；马玉峰等，2007)。相关研究的重点集中于土地利用时空变化、土地利用变化的动态模拟与预测、土地利用变化驱动因素等方面(刘俊和董平，2009；渠爱雪等，2009；Rao and Pant，2001)。而对于土地利用变化的驱动机制，学术界则更加趋向于对人文因素的研究(关伟和王雪，2009；Long et al.，2007；吴晓旭和邹学勇，2009)，包括定性探讨和计量方法应用。本书以研究区 1988 年、2001 年和 2011 年三期土地利用遥感资料，对这一区域的土地利用动态变化特征进行分析，对研究区未来土地利用变化进行预测，为研究区土地利用的可持续性评价提供科学依据和数据资料。

4.1 研 究 方 法

4.1.1 GIS 方法提取数据

采用 ArcGIS 9.3 作为分析平台，处理 1988 年、2001 年和 2011 年的土地利用数据，并从中提取各类用地的图斑作为分析土地利用变化的基础数据，同时利用分析平台进行相关空间分析。

4.1.2 土地利用矩阵分析

转移矩阵分析是根据不同两期遥感影像的分类结果，采用转移矩阵数学模型(朱会义和李秀彬，2003)，具体计算采用 ArcGIS 9.3 空间分析中 ArcToolbox→Spatial Analyst Tools→Zonal—Tabulate area 功能对 1988 年、2001 年和 2011 年土地利用遥感分类图进行矩阵运算，获得研究区 1988～2011 年的土地利用类型转换矩阵(表 4-1～表 4-3)。

土地利用类型转换矩阵的具体形式如下：

$$A_{ij} = \begin{bmatrix} A_{11} & A_{12} & \cdots & A_{1n} \\ A_{21} & A_{22} & \cdots & A_{2n} \\ \vdots & \vdots & & \vdots \\ A_{n1} & A_{n2} & \cdots & A_{nn} \end{bmatrix}. \tag{4-1}$$

式中，A_{ij} 为 K 时期的 i 种土地利用类型转变为 $K+1$ 时期 j 种土地利用类型的面积。

通过转移矩阵可以计算 K 时期 i 种土地利用类型转变为 $K+1$ 时期 j 种土地利用类型

的比例，公式为

$$B_{ij} = \frac{A_{ij} \times 100}{\sum\limits_{j=1}^{n} A_{ij}} \qquad (4\text{-}2)$$

也可计算 K+1 时期 j 种土地利用类型由 K 时期 i 种土地利用类型转化来的比例，公式为

$$C_{ij} = \frac{A_{ij} \times 100}{\sum\limits_{i=1}^{n} A_{ij}} \qquad (4\text{-}3)$$

而 K+1 时期各种土地利用类型相对于 K 时期的变化程度一般用相对变化率表示。其公式为

$$相对变化率 = \frac{\left(\sum\limits_{i=1}^{n} A_{ij} - \sum\limits_{j=1}^{n} A_{ij}\right) \times 100}{\sum\limits_{j=1}^{n} A_{ij}} \qquad (4\text{-}4)$$

表 4-1　1988～2001 年土地利用类型转移矩阵

	水域	滩涂	农村居民点	城镇建设用地	农用地	工矿用地	总计/km²	占有率/%
1988 年				2001 年				
水域	14.30km²	5.16km²	1.82km²	0.68km²	17.16km²	0.27km²	39.39	16.13
转出率(B)/%	36.30	13.09	4.62	1.73	43.55	0.71		
转入率(C)/%	61.55	44.09	3.94	3.46	12.31	6.95		
滩涂	3.68km²	2.84km²	0.73km²	0.07km²	7.93km²	0.14km²	15.39	6.30
转出率(B)/%	23.91	18.42	4.77	0.44	51.47	0.99		
转入率(C)/%	15.84	24.26	1.59	0.35	5.69	3.79		
农村居民点	1.61km²	0.48km²	19.06km²	7.44km²	28.05km²	0.71km²	57.35	23.48
转出率(B)/%	2.80	0.84	33.23	12.98	48.90	1.25		
转入率(C)/%	6.92	4.10	41.28	37.71	20.12	17.89		
城镇建设用地	0.16km²	0.03km²	0.29km²	4.12km²	1.06km²	0.14km²	5.80	2.40
转出率(B)/%	2.81	0.49	4.87	71.24	18.16	2.43		
转入率(C)/%	0.71	0.24	0.62	21.13	0.76	3.55		
农用地	3.48km²	3.19km²	24.27km²	7.37km²	85.18km²	2.72km²	126.21	51.69
转出率(B)/%	2.76	2.53	19.22	5.84	67.49	2.15		
转入率(C)/%	14.98	27.32	52.56	37.36	61.13	67.82		
总计/km²	23.23	11.70	46.17	19.69	139.38	3.98	244.15	
占有率/%	9.51	4.79	18.90	8.08	57.07	1.64		
变化率/%	−41.02	−24.05	−19.50	237.07	10.42			

表 4-2　2001～2011 年土地利用类型转移矩阵

	水域	滩涂	农村居民点	城镇建设用地	农用地	工矿用地	总计/km²	占有率/%
2001 年				2011 年				
水域	10.95km²	3.35km²	1.98km²	0.69km²	6.23km²	0.03km²	23.23	9.51
转出率(B)/%	47.15	14.44	8.51	2.91	26.86	0.13		
转入率(C)/%	39.08	24.74	4.04	2.21	5.31	0.51		
滩涂	3.68km²	1.98km²	1.35km²	0.04km²	4.40km²	0.25km²	11.70	4.79
转出率(B)/%	31.54	16.92	11.57	0.20	37.66	2.10		
转入率(C)/%	13.16	14.59	2.76	0.08	3.75	4.25		
农村居民点	1.24km²	0.55km²	16.54km²	4.35km²	23.02km²	0.46km²	46.17	18.91
转出率(B)/%	2.69	1.20	35.83	9.43	49.85	1.00		
转入率(C)/%	4.43	4.09	33.80	14.25	19.61	7.98		
城镇建设用地	0.18km²	0.04km²	2.75km²	13.43km²	3.28km²	0.02km²	19.69	8.08
转出率(B)/%	0.90	0.20	13.92	68.16	16.71	0.11		
转入率(C)/%	0.63	0.29	5.61	44.05	2.81	0.37		
农用地	11.73km²	7.46km²	25.44km²	11.93km²	79.36km²	3.47km²	139.38	57.09
转出率(B)/%	8.42	5.35	18.25	8.56	56.93	2.49		
转入率(C)/%	41.89	55.06	51.98	39.07	67.63	60.14		
工矿用地	0.23km²	0.17km²	0.89km²	0.10km²	1.05km²	1.55km²	3.98	1.63
转出率(B)/%	5.74	4.19	22.29	2.63	26.26	38.89		
转入率(C)/%	0.81	1.23	1.81	0.34	0.89	26.74		
总计/km²	28.01	13.55	48.93	30.54	117.34	5.78	244.15	
占有率/%	11.47	5.55	20.04	12.51	48.06	2.37		
变化率/%	20.65	16.00	6.02	54.74	−15.82	45.41		

表 4-3　1988～2011 年土地利用类型转移矩阵

	水域	滩涂	农村居民点	城镇建设用地	农用地	总计/km²	占有率/%
1988 年				2011 年			
水域	15.92km²	4.32km²	1.35km²	0.14km²	6.29km²	28.01	11.47
转出率(B)/%	56.82	15.42	4.82	0.49	22.45		
转入率(C)/%	40.41	28.06	2.36	2.36	4.98		
滩涂	7.18km²	2.55km²	0.17km²	0.03km²	3.63km²	13.56	5.55
转出率(B)/%	52.95	18.81	1.26	0.20	26.78		
转入率(C)/%	18.22	16.56	0.30	0.48	2.87		
农村居民点	3.76km²	1.01km²	19.80km²	0.26km²	24.11km²	48.93	20.04
转出率(B)/%	7.68	2.07	40.46	0.53	49.26		
转入率(C)/%	46.26	57.59	0.52	8.22	2.28		
城镇建设用地	1.27km²	0.01km²	12.27km²	4.84km²	12.14km²	30.54	12.51
转出率(B)/%	4.17	0.03	40.19	15.84	39.76		
转入率(C)/%	3.23	0.07	21.40	83.22	9.62		

续表

	水域	滩涂	农村居民点	城镇建设用地	农用地	总计/km²	占有率/%
1988 年				2011 年			
农用地	11.07km²	7.37km²	23.68km²	0.53km²	74.70km²	117.34	48.06
转出率(B)/%	9.43	6.28	20.18	0.45	63.66		
转入率(C)/%	28.11	47.89	41.29	9.10	59.18		
工矿用地	0.19km²	0.13km²	0.07km²	0.02km²	5.37km²	5.78	2.37
转出率(B)/%	3.25	2.29	1.24	0.37	92.86		
转入率(C)/%	0.48	0.86	0.12	0.37	4.25		
总计/km²	39.38	15.39	57.34	5.81	126.23	244.15	
占有率/%	16.13	6.30	23.49	2.38	51.70		
变化率/%	−42.41	13.57	−52.01	80.96	7.57		

从表 4-1～表 4-3 中可知,从 1988～2011 年 23 年间变化率最大的均为城镇建设用地,由 1988～2011 年一直保持增长;水域、滩涂和农村居民点面积呈下降再增长趋势,但较 1988 年均有所下降;工矿用地从无到有,到 2011 年有增加趋势;农用地面积先增长后降低,近 23 年间,农用地面积减少 22km²。

1. 水域转移分析

从水域的转出类型来看,1988～2001 年,其主要转变为滩涂,转出率为 23.91%,农村居民点、城镇建设用地和农用地转出率大致相同,分别为 2.80%、2.81% 和 2.76%;2001～2011 年,其主要转变为滩涂和农用地,转出率分别为 31.54%、8.42%。从水域的转入类型来看,1988～2001 年水域的转入主要来自于滩涂和农用地,转入率分别为 15.84%、14.98%。2001～2011 年水域的转入主要来自于滩涂和农用地,转入率分别为 13.16%、41.89%。研究区水域面积 1988 年为 39.39km²,占土地总面积的 16.13%;2001 年为 23.23km²,占土地总面积的 9.51%;2011 年为 28.01km²,占土地总面积的 11.47%。在 1988～2011 年研究区水域面积趋势呈 U 形,23 年间减少了 11.27km²。1988～2011 年,研究区水域面积减少 11.37km²,其减少部分,主要是转化为农用地和滩涂;由于转入的面积也主要来自于滩涂和农用地,经过对滩涂分析,滩涂、农用地和水域面积进行了转化。1988～2011 年滩涂面积从 13.55km² 增长到 15.39 km²。滩涂面积增幅不大,大部分水域面积转化为滩涂和农用地面积,滩涂面积又转化为水域面积和农用地面积。水域面积的减少,是由黄河沿岸滩涂转变成为农用地所引起的。由于黄河河水流量不稳定,河床为游荡型,致使大量滩涂和原有水域变成的裸露土地被开垦为农用地,种植农作物。现在开封市沿黄区域有大面积滩涂和水域面积成为耕地补充的后备资源。

2. 农用地转移分析

从农用地的转出类型来看,1988～2001 年,其主要转变为滩涂和农村居民点,分别为 51.47% 和 48.90%;2001～2011 年,其主要转变为农村居民点和滩涂,转出率分别为 49.85%、37.66%。从农用地的转入类型来看,1988～2001 年农用地的转入主要来自于农村居民点和水域, 转入率分别为 20.12%、12.31%。2001~2011 年水域的转入主要来自于农村居民点和水域, 转入率分别为 19.61%、5.31%。1988 年研究区农用地面积为 126.21km², 占土地总面积的 51.69%; 2001 年为 139.38km², 占土地总面积的 57.09%; 2011 年为 117.34km², 占土地总面积的 48.06%。农用地面积在研究区中占主体地位。在 1988~2011 年研究区农用地面积趋势呈倒 U 形, 减少了 8.89km²。其减少部分, 主要是转化为滩涂和农村居民点; 这也验证了在水域转移分析中的判断, 滩涂和农用地进行转化。在 1988~2001 年农村居民点面积呈下降趋势, 农用地面积呈上升趋势, 这与当时农村居民点分散、政府改造、整理农村居民点有关。还有当时研究区土壤质量不高, 农民选择搬出研究区进行生活。而到了 2011 年农用地面积骤减, 原因可能与工矿用地和城镇建设用地有关, 在 1988~2011 年土地利用类型转移矩阵中, 农用地主要转为城镇建设用地和工矿用地, 转出率为 39.76%和 92.86%。可以看出, 随着城市经济快速发展, 研究区农地非农化日趋明显, 城镇建设用地和工矿用地占据较大面积的农用地, 土地纠纷加剧, 随之带来的环境问题也日益增多。

3. 农村居民点转移分析

从农村居民点的转出类型来看, 1988~2001 年, 其主要转变为城镇建设用地和农用地, 转出率分别为 4.87%和 19.22%; 2001~2011 年, 其主要转变为工矿用地和农用地, 转出率分别为 22.29%、18.25%。从其转入类型来看, 1988~2001 年农村居民点的转入主要来自于水域和农用地, 转入率分别为 3.94%、52.56%; 2001~2011 年农村居民点的转入主要来自于城镇建设用地和农用地, 转入率分别为 5.61%、51.98%。农村居民点面积由 1988 年最高值 57.34km² 降低到 2001 年的 46.17km², 到 2011 年的平稳增长到 48.93km²。农村居民点面积占研究区总面积第二位, 说明在经过 2001 年的调整和整理农村居民点之后, 研究区农村居民点面积整体保持平稳, 研究区人口和经济增长平稳, 土地环境治理出现成果。在 1988~2011 年农村居民点主要转变为城镇建设用地和农用地, 转出率分别为 40.19%和 20.18%, 农村居民点的转入主要来自于城镇建设用地和农用地, 转入率分别为: 21.4%、41.29%, 说明农村居民点、农用地和城镇建设用地进行转化, 关系密切。近些年来, 城镇化发展快速, 三者的转化速度也在加快。

4. 城镇建设用地转移分析

从城镇建设用地的转出类型来看, 1988~2001 年, 其主要转变为农村居民点和农用地, 转出率分别为 12.98%和 5.84%; 2001~2011 年, 其主要转变为农村居民点和农用地, 转出率分别为 9.43%、8.56%。从其转入类型来看, 1988~2001 年城镇建设用地的转入主要来自于农村居民点和农用地, 转入率分别为 37.71%、37.36%; 2001~2011 年城镇建设用地的转入主要来自于农村居民点和农用地, 转入率分别为 14.25%、39.07%, 上述验证了对农村居民点面积转化的论述。研究区城镇建设用地面积逐年增加, 由 1988 年的 5.81km² 增长到 2011 年 30.54km², 说明研究区靠近城市边缘区的城镇建设用地加大, 随着城市化进程的加快, 能源、交通、水利、通信等基础设施用地、旅游用地等建设用地占地面积大幅增长, 尤其是郑汴一体化提出后, 趋势更加明显, 严格控制城镇建设用地的蔓延和增长, 是保障研究区土地利用可持续的关键。

5. 工矿用地转移分析

从工矿用地的转出类型来看，1988～2001 年，其主要转变为城镇建设用地和农用地，转出率分别为 2.43%和 2.15%；2001～2011 年，其主要转变为农用地和滩涂，转出率分别为 2.49%、2.10%。从其转入类型来看，1988～2001 年工矿用地的转入主要来自于农村居民点和农用地，转入率分别为 17.89%、67.82%；2001～2011 年，工矿用地的转入主要来自于农村居民点和农用地，转入率分别为 7.98%、60.14%。在 1988 年研究区由于其地理位置并未出现工矿用地，2001 年研究区工矿用地达到 3.98km²，到 2011 年增加到 5.78km²，研究区原本属于农业生产区域，临近黄河及其特殊的土壤质地，使得一些工矿企业在 20 世纪 90 年代末出现，原有的农用地大面积转为工矿用地，不但造成了农用地和滩涂面积的减少，同时对研究区造成水土污染等环境问题。

4.2　动态变化模型分析

4.2.1　土地资源数量变化模型

1) 单一土地利用动态度

单一土地利用动态度可定量描述区域一定时间范围内某种土地利用类型变化的速度，它对比较土地利用变化的区域变异和预测未来土地利用变化趋势都具有积极作用。其表达式为

$$K = \frac{U_b - U_a}{U_a} \times \frac{1}{T} \times 100\% \tag{4-5}$$

式中，K 为研究时段内某种土地利用类型动态度；U_a，U_b 分别为研究期初及研究期末某种土地利用类型的数量；T 为研究时段长。

2) 综合土地利用动态度

综合土地利用动态度用于表征区域土地利用变化的速度，其表达式为

$$L_c = \frac{\sum\limits_{i=1}^{n} \Delta LU_{ij}}{2 \times \sum\limits_{i=1}^{n} LU_i} \times \frac{1}{T} \times 100\% \tag{4-6}$$

式中，LU_i 为研究期初 i 类土地利用类型面积；ΔLU_{ij} 为研究时段内 i 类土地利用类型转化为 j 类土地利用类型的面积；T 为研究时段长。

3) 土地利用开发度

土地利用开发度表示单位时间内某一种土地利用类型实际新开发的程度。其表达式为

$$LUD = \frac{D_{ab}}{U_a} \times \frac{1}{T} \times 100\% \tag{4-7}$$

式中，LUD 为 a 时刻到 b 时刻某种土地利用类型开发度；D_{ab} 为 a 时刻到 b 时刻某一种土地利用类型的转入面积；U_a 为 a 时刻某一种土地利用类型的面积；T 为 a 时刻到 b 时刻的研究时段长。

4）土地利用耗减度

土地利用耗减度表示单位时间内某类型土地利用被实际消耗的程度。其表达式为

$$\mathrm{LUC} = \frac{C_{ab}}{U_a} \times \frac{1}{T} \times 100\% \tag{4-8}$$

式中，LUC 为 a 时刻到 b 时刻某一种土地利用类型耗减度；C_{ab} 为 a 时刻到 b 时刻某一种土地利用类型的转出面积；U_a 为 a 时刻某一种土地利用类型的面积；T 为 a 时刻到 b 时刻的研究时段长。

根据式(4-6)～式(4-8)，计算得到研究区三个研究时期(1988 年、2001 年、2011 年)各类型土地利用动态变化指数、开发度和耗减度(表 4-4～表 4-6)。

由表 4-4 可知，研究区土地利用总体变化特征：①1988～2011 年研究区主要土地利用类型是农用地，占研究区总面积的 51.69%～48.06%；其次是农村居民点，占研究区总面积的 23.48%～20.04%。②农用地和农村居民点面积减少，1988～2011 年农用地面积减少 8.89km²，虽然在 1988～2001 年增加了 13.15km²，但在 2001～2011 年减少了 22.08km²，总体趋势减少；农村居民点在 1988～2001 年就有减少，虽然在 2011 年小幅增长，但总的减少了 8.41km²。两者的变化趋势也相同，总体面积都在减少。③在 1988～2011 年水域

表 4-4　研究区 1988～2011 年土地利用动态度

土地利用/覆盖类型	1988 年面积/km²	2001 年面积/km²	2011 年面积/km²	1988～2001 年 K/%	2001～2011 年 K/%	1988～2011 年 K/%
水域	39.38	23.23	28.01	−3.15	2.06	−1.26
滩涂	15.39	11.7	13.55	−1.84	1.58	−0.52
农村居民点	57.34	46.17	48.93	−1.50	0.60	−0.64
城镇建设用地	5.81	19.69	30.54	18.38	5.51	18.51
农用地	126.23	139.38	117.34	0.80	−1.58	−0.31
工矿用地	0	3.98	5.78		4.52	
综合土地利用动态度				12.69	12.69	15.78

表 4-5　1988～2001 年各土地利用类型动态变化

土地利用类型	面积变化值/km²	动态度/%	开发度/%	耗减度/%
水域	−16.15	−3.15	1.74	4.90
滩涂	−3.69	−1.84	4.43	6.27
农村居民点	−11.17	−1.50	3.64	5.14
城镇建设用地	13.88	18.38	20.60	2.22
农用地	13.15	0.8	8.43	7.53
工矿用地	3.98	0		

表 4-6　2001～2011 年各土地利用类型动态变化

土地利用类型	面积变化值/km²	动态度/%	开发度/%	耗减度/%
水域	4.78	2.06	7.34	5.29
滩涂	1.85	1.58	9.89	8.31
农村居民点	2.76	0.60	7.02	6.42
城镇建设用地	10.85	5.51	8.69	3.18
农用地	−22.04	−1.58	2.72	4.32
工矿用地	1.80	4.52	10.63	6.13

和滩涂面积分别减少 11.27km² 和 1.84km²，虽然在 2001～2011 年有所增长，但总体趋于减少；④1988～2011 年，研究区城镇建设用地和工矿用地增加，分别增加 24.77km² 和 5.78km²，各土地利用类型变化趋势有一定的差别。农用地先增后减；农村居民点、水域和滩涂先减后增；城镇建设用地和工矿用地均持续增长。

由表 4-4～表 4-6 可得，研究区土地利用动态度变化特征：①1988～2001 年研究区内水域、滩涂和农村居民点均处于减少状态，水域面积减少最大，动态度为–3.15%；城镇建设用地增加最大，动态度达到 18.38%；②2001～2011 年只有农用地面积为减少，动态度为–1.58%，城镇建设用地的面积增加最大，为 10.85km²，动态度达到 5.51%，工矿用地增加了 1.80km²，动态度为 4.52%；③1988～2011 年农用地的变化速度最小，动态度为–0.31%，这与灌区对农业的重视是分不开的；城镇建设用地增加值最大，动态度为 18.51%，说明研究区的城镇化速度加快，对于各类土地转化为城镇建设用地的需求加大；④1988～2001 年和 2001～2011 年研究区土地利用综合动态度均为 12.69%，1988～2011 年土地利用综合动态度为 15.78%，说明研究区土地利用总体变化较大，1988～2011 年，城镇建设用地面积不断加大，说明研究区城镇化发展明显，社会经济发展速度较快。研究区土地利用动态度变化见图 4-1 和图 4-2。

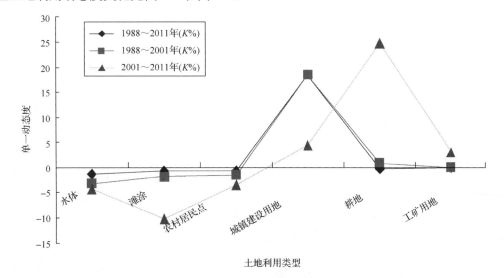

图 4-1　单一土地利用动态度

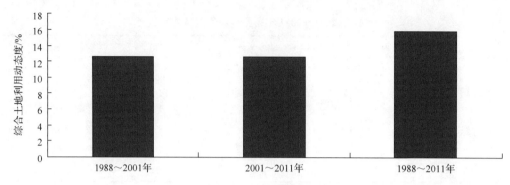

图 4-2　综合土地利用动态度

4.2.2　土地利用程度变化模型

土地利用程度不仅包含人类对土地的改造程度,还包含土地自身的变化程度,反映了土地利用中自然和人为的综合效应,因此,区域土地利用程度的变化可以定量表达该区域土地利用的综合水平和变化趋势。

对于土地利用程度变化的分析,采用刘纪远(1996)在中国资源环境数据库中提出的土地利用程度综合分析法。该方法将土地利用程度按照土地自然综合体在社会因素影响下的自然平衡状态进行分级,共分为 4 级,并赋予分级指数(表 4-7),从而可以给出土地利用程度的定量化表达公式。

表 4-7　土地利用类型分级及分级指数表

	未利用土地级	林、草、水用地级	农业用地	城镇聚落用地级
土地利用类型	未利用土地及难利用土地	林地、草地、水域	耕地、园地	城镇级工矿交通用地
分级指数	1	2	3	4

土地利用程度及其变化可分别用土地利用程度综合指数和土地利用程度变化模型来测量。具体公式如下:

(1)土地利用程度综合指数:

$$I_a = 100 \times \sum_{i=1}^{n} A_i \times C_i \tag{4-9}$$

(2)土地利用程度变化模型:

$$\Delta T_{b-a} = I_b - I_a = 100 \times \left[\sum_{i=1}^{n} \left(A_i \times C_{jb} \right) - \sum_{i=1}^{n} \left(A_i \times C_{ia} \right) \right] \tag{4-10}$$

$$R = 100 \times \frac{\left[\sum_{i=1}^{n} \left(A_i \times C_{ib} \right) - \sum_{i=1}^{n} \left(A_i \times C_{ia} \right) \right]}{\Delta T} \tag{4-11}$$

式中,ΔT_{b-a} 为土地利用程度变化量;R 为土地利用程度变化率;I_a,I_b 分别为 a 时段和 b 时段研究区土地利用程度综合指数;n 为土地利用程度等级;A_i 为第 i 级土地利用程度分级指数；C_{ia}、C_{ib} 分别为 a 时段和 b 时段第 i 级土地利用程度分级面积百分比；ΔT 为研究年限；如果 $\Delta I_{b-a} > 0$，则该研究区域土地利用处于发展期；如果 $\Delta I_{b-a} < 0$，则该区域土地利用处于衰退期或调整期。

根据式(4-6)～式(4-8)，基于前面从研究区三期遥感影像获取的土地利用/覆被分类数据，计算出土地利用程度综合指数和土地利用程度变化指数(表 4-8)。其中，研究区三期土地利用程度综合指数分别为：303.43(1988 年)、314.30(2001 年)、317.90(2011 年)；土地利用程度变化量分别为：10.87(1988～2001 年)、3.60(2001～2011 年)；土地利用程度变化率分别为：0.84(1988～2001 年)、0.36(2001～2011 年)。通过和土地利用程度综合指数最大值 400 进行比较，研究区土地利用程度综合指数属于中上等水平，说明该区域在研究期内经济发展水平较高。其中，土地利用程度变化量大于 0，说明近年研究区土地利用处于发展期，1988～2001 年的土地利用程度变化量比 2001～2011 年对应的变化量大，说明研究区近年来的土地保护工作落实较好，土地利用变化平稳；研究区土地利用程度变化率大于 0，但是其增长是相当缓慢的，所以这也只能说明研究区的土地利用处于缓慢发展期。究其原因，主要在于近些年来国家和政府出台的一系列保护和发展引黄灌区的相关政策起到了主导作用。

表 4-8　1988～2011 年研究区土地利用程度综合指数、土地利用程度变化指数表

年份	土地利用程度综合指数	土地利用程度变化量	土地利用程度变化率
1988	303.43	—	—
2001	314.30	10.87	0.84
2011	317.90	3.60	0.36

4.3　基于马尔可夫模型的土地利用变化预测

4.3.1　马尔可夫模型原理及概述

土地利用结构变化预测的目的(徐岚和赵羿，1993；牛星和欧名豪，2007)在于通过借助一定的数学模型，定量地说明土地利用结构变化的趋势和过程，从而为区域的土地利用规划和社会经济可持续发展提供决策依据。在土地利用变化模拟预测方面，复杂模型应用广泛，常见的有 CA 模型、灰色预测模型、Agent 模型、马尔可夫模型(Steven，2005；马媛等，2012；李黔湘和王华斌，2008；宋轩等，2009)等。马尔可夫链的方法在国内外许多领域都得到了应用(Muller and Middleton，1994；Boerner et al.，1996；王铮等，2002；肖翔等，2011；李忠锋等，2003；张海龙等，2005；Aaviksoo，1995；Cabral and Zamyatin，2009；Teugels，2008；Oleson et al.，2006；Chen et al.，2008；张健等，2007；赵翠薇和濮励杰，2006；黄贤金等，2008；郭笃发，2006)，本书拟运用该理论构建研究区土地利用结构预测模型。

马尔可夫理论根据状态之间的转移概率预测系统的发展趋势，适合对随机数据序列进行预测(赵小汛等，2007)。它利用马尔可夫过程在 t_0 时刻所处的状态为已知条件，根据过程在时刻 $t > t_0$ 所处状态的条件分布与过程在时刻 t_0 之前所处状态的无关的特性，来对事物的动态演变进行研究，其特点是"无后效性"。在一定条件下，土地利用/覆被变化等地理事件和地理现象是具有"无后效性"特征的随机运动过程，因此可以利用马尔可夫模型对其进行预测。

同时，在一定区域内，不同土地利用类型之间具有可转化性。因此，用马尔可夫模型对土地利用/土地覆被变化进行研究有一定的可行性。其基本方法就是利用状态之间的转移概率矩阵（土地利用类型对应马尔可夫理论中的"可能状态"），而土地利用类型之间相互转换的面积数量或比重即为状态转移概率预测事件发生的状态及其发展变化趋势（王思远等，2002；朱会义和李秀彬，2003）。

作为一种自然、社会、经济综合现象，土地利用变化表现为复杂的系统演变过程。其影响因素涉及自然因素和社会经济因素两大类。

由于土地利用变化受众多因素的影响，加上技术发展、灾害、价值取向等不确定性，建立土地利用变化系统模型是很困难的。因此，对土地利用变化的预测基本上都是基于随机过程。马尔可夫预测法，就是一种预测事件发生概率的方法。它是基于马尔可夫链，根据事件当前状况预测将来各个时期变动状况的一种预测方法，是地理预测中常用的方法之一。

马尔可夫过程是指在事件发生过程中，若每次状态的转移都只与前一时刻的状态有关，而与过去的状态无关，或者说状态转移过程是无后效性的。这比较适合于研究土地利用的动态变化，在一定条件下，土地利用的动态演变具有马尔可夫过程的性质：①一定区域内，不同的土地利用类型之间可以相互转化；②土地利用类型之间在转化过程中包含较多尚难用函数关系描述的事件。

由马尔可夫过程可知，系统所研究的事物在 n 时刻的状态概率向量 $P(n)$，可由 $n-1$ 时刻的状态概率向量 $P(n-1)$ 和转移概率矩阵 P_{ij} 来确定。公式为

$$P(n) = P(n-1)P_{ij} = P(0)P_{ij}^n \tag{4-12}$$

式中，$P(n)$ 为未来 n 时刻土地利用类型的状态概率向量；$P(0)$ 为研究初始时刻土地利用类型的状态概率向量，简称初始状态概率向量；P_{ij} 为土地利用类型 i 转变为土地利用类型 j 的转移概率向量。

初始状态概率向量 $P(0)$ 的确定。将土地利用系统按照土地利用类型划分为一系列相互演化的状态，各状态在系统中所占的份额——每一种土地利用类型的面积占全部土地利用类型面积的百分比作为各状态的初始概率，其构成的矩阵为初始状态矩阵。

转移向量 P_{ij} 的确定。转移概率为从一个状态到另一个状态的转化速率。转移概率可以通过一定时间段内某种土地利用类型的年平均转化率来获取，即某种土地利用类型转化为其他各类土地利用类型面积占未转化前该土地利用类型的年平均百分比。其公式为

$$P_{ij} = (U_{ij}/n)/U_{i0} * 100\% \tag{4-13}$$

式中，U_{ij} 为研究时段内土地利用类型 i 转化为土地利用类型 j 的数量；n 为研究时段，单位为年；U_{i0} 为初始时刻土地利用类型 i 的面积。

各转移概率向量构成转移概率矩阵：

$$P_{ij} = \begin{bmatrix} P_{11} & P_{12} & \cdots & P_{1n} \\ P_{21} & P_{22} & \cdots & P_{2n} \\ \vdots & \vdots & & \vdots \\ P_{n1} & P_{n2} & \cdots & P_{nn} \end{bmatrix}. \tag{4-14}$$

式中，n 为研究区土地利用类型的数目；P_{ij} 为土地利用类型 i 向土地利用类型 j 的转移概率，其中，P_{ij} 满足条件：

$$0 \leqslant P_{ij} \leqslant 1 \ (i, \ j=1, \ 2, \ 3, \ \cdots, \ n)$$

$$\sum_{j=1}^{n} P_{ij} = 1 \ (i=1, \ 2, \ 3, \ \cdots, \ n)$$

4.3.2　预测数据处理

本书在 ArcGIS 平台中利用格式转换模块将 2001 年、2011 年两期研究区土地利用矢量数据转换为 IDRISI 可以进行转换的数据格式，再在 IDRISI 平台中利用 Reformat 模块将其转换为进行马尔可夫链分析所需要的栅格格式。运行 GIS Analysis 菜单的 Database Query 子菜单中的交叉表模块（CROSSTAB）。经过处理得到的 2001 年、2011 年两期研究区土地利用分布栅格图像（图 4-3、图 4-4）。

需要注意的是，马尔可夫模型分析、处理的对象是土地利用类型在时空链上的变化，因此在格式转化的过程中，一定要注意处理的数据主子段应为土地利用类型代码。

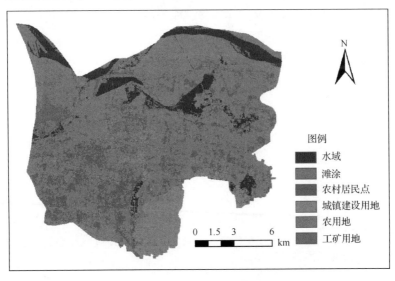

图 4-3　2001 年土地利用栅格图

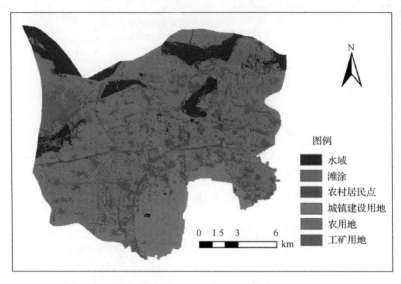

图 4-4　2011 年土地利用栅格图

4.3.3　初始状态矩阵及土地利用转移概率的确定

由马尔可夫原理可知：构建马尔可夫模型进行土地利用结构预测，应满足 3 个条件：①转移概率矩阵 P 应逐期保持不变。目前，中国的宏观调控进入中长期，国民经济在未来相当长的时间内将保持平稳发展；因此，2001～2011 年土地利用结构的年度转移概率比较稳定，符合构建马尔可夫模型的要求；②2001～2011 年土地利用类型有水域、滩涂、农村居民点、城镇建设用地、农用地和工矿用地，并且在未来很长时间内将继续保持这六种类型；③状态转移仅受前 1 年的影响，与之前其他时间状态无关，这一点用于土地利用结构变化中是合适的。

由表 4-2 数据提取初始状态矩阵：

$$p(0) = \begin{vmatrix} 9.51\% \\ 4.79\% \\ 18.91\% \\ 8.08\% \\ 57.09\% \\ 1.63\% \end{vmatrix} = \begin{vmatrix} 水域 \\ 滩涂 \\ 农村居民点 \\ 城镇建设用地 \\ 农用地 \\ 工矿用地 \end{vmatrix}$$

利用式(4-2)计算出各土地利用类型面积年平均转化，然后计算出 2001～2011 年各土地利用类型转移概率矩阵，即初始状态矩阵(表 4-9)。

表 4-9 初始状态各土地利用类型的转移概率矩阵（n=0）

	水域	滩涂	农村居民点	城镇建设用地	农用地	工矿用地
年代 k			年代 $k+1$			
水域	0.9471	0.0144	0.0085	0.0029	0.0269	0.0001
滩涂	0.0315	0.9169	0.0116	0.0002	0.0377	0.0021
农村居民点	0.0027	0.0012	0.9358	0.0094	0.0499	0.0010
城镇建设用地	0.0009	0.0002	0.0139	0.9682	0.0167	0.0001
农用地	0.0084	0.0054	0.0183	0.0086	0.9569	0.0025
工矿用地	0.0057	0.0042	0.0223	0.0026	0.0263	0.9389

由式（4-13），将初始状态矩阵和初始状态转移概率矩阵输入计算机，通过 MATLABR 2008a，计算 2001 年后任何一年的土地利用类型转移概率矩阵 P_{ij}^{n}，进而计算出各土地利用类型的面积比例。

从初始状态经 $n=10$ 输出转移到 2011 年的转移概率（表 4-10），由此可以预测 2011 年各土地利用类型所占比例。

农用地=（初始状态水域所占比例）× P_{11}^{10} +（初始状态滩涂所占比例）× p_{21}^{10} +（初始状态农村居民点所占比例）× p_{31}^{10} +（初始状态城镇建设用地所占比例）× P_{41}^{10} +（初始状态农用地所占比例）× P_{51}^{10} +（初始状态工矿用地所占比例）× P_{61}^{10} =9.51%*0.8959+4.79%*0.2329+18.91%*0.0258+8.08%*0.4841+57.09%*0.1902=49.41%。

依次类推，得出 2011 年的土地利用类型结构为：水域占 10.92%，滩涂占 8.25%，农村居民点占 19.58%，城镇建设用地占 11.71%，农用地占 49.41%，工矿用地占 2.13%。

表 4-10 2011 年各土地利用类型的转移概率矩阵（n=10）

2001 年	2011 年					
	水域	滩涂	农村居民点	城镇建设用地	农用地	工矿用地
水域	0.6022	0.0825	0.0723	0.0312	0.2077	0.0041
滩涂	0.1809	0.4382	0.0889	0.0186	0.2593	0.0142
农村居民点	0.0307	0.0152	0.5483	0.0756	0.3207	0.0095
城镇建设用地	0.0129	0.0053	0.1014	0.7336	0.1441	0.0027
农用地	0.0625	0.0353	0.1234	0.0686	0.6935	0.0167
工矿用地	0.0475	0.0293	0.1454	0.0327	0.2097	0.5354

4.3.4 模型的检验

为了验证马尔可夫模型转移概率矩阵的稳定性和合理性，将 2001 年研究区土地利用结构的初始状态矩阵和转移概率矩阵，通过马尔可夫模型对预测年 2011 年的研究区土地利用结构得出模拟值,与 2011 年研究区土地利用结构的实际值进行比较,结果见表 4-11。

表 4-11　马尔可夫模拟 2011 年土地利用结构检验　　　　　(单位:%)

土地利用类型	模拟值	实际值	偏差
水域	10.92	11.47	0.55
滩涂	6.25	5.55	−0.70
农村居民点	19.58	20.04	0.46
城镇建设用地	11.71	12.51	0.80
农用地	49.41	48.06	−1.35
工矿用地	2.13	2.37	0.24

从表 4-11 中可以发现 2011 年研究区土地利用结构的实际值与模拟值差别不大。因此,应用马尔可夫模型预测研究区土地利用结构变化是可行的。

4.3.5　模型预测

根据上述马尔可夫模型预测的基本理论和方法,结合 GIS 技术(史培军等,2000;韩春建等,2011),通过 2001 年、2011 年两期土地利用空间分布数据就可以直接进行马尔可夫链分析,从而得到 10 年间的初始状态转移概率矩阵文件和转换适宜性栅格数据集。

为了预测 2011 年以后土地利用变化趋势,进一步计算该区域 2021 年、2031 年、2051 年各土地利用类型占研究区土地总面积的比例(表 4-12)。可以看出 2011~2051 年,滩涂、农用地面积将减少,与之对应的是城镇建设用地、工矿用地和水域面积持续增加,农村居民点面积变化不大。从趋势预测可以看出,城镇化发展快速,土地利用发生了巨大的变化,且以城镇建设用地的增加、农用地的减少为特征,城市化、经济建设和耕地保护、粮食安全的矛盾将更加尖锐,对土地利用规划和宏观调控提出了更大的挑战。

表 4-12　马尔可夫模型预测的各土地利用类型的百分比($n = 10$,20,30,50)(单位:%)

年份	水域	滩涂	农村居民点	城镇建设用地	农用地	工矿用地
2011	10.92	6.25	19.58	11.71	49.41	2.13
2021	11.50	5.40	19.71	13.85	47.23	2.31
2031	11.75	5.42	19.69	15.42	45.35	2.37
2051	11.79	5.36	19.58	16.95	43.48	2.84

每个条件概率图像显示了转换为其他种类的可能性,在 IDRISI 环境中,运行随机选择 STCHOICE 模块,以条件概率图像作为输入文件,通过评价条件概率创建随机土地覆被图像(图 4-5)。

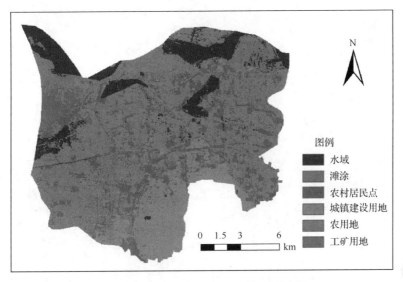

图 4-5 2021 年研究区土地利用变化图

从预测结果(表 4-12、图 4-5～图 4-7)可知,研究区农用地面积在未来 40 年内将持续减少,滩涂面积也将小幅减少;城镇建设用地面积将持续增加,且继续向研究区北部和西部扩展;水域和工矿用地有小幅度增加。从趋势预测可以看出,在城市化快速发展下,土地利用将发生巨大变化,以城镇建设用地的空间扩张、农用地的流失为特征,导致城市化、经济建设更为突出,农用地保护、粮食安全的矛盾将更加尖锐,对土地利用规划和宏观调控提出了更大的挑战。

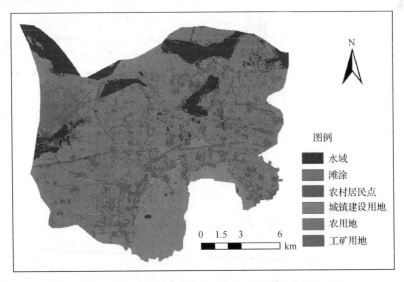

图 4-6 2031 年研究区土地利用变化图

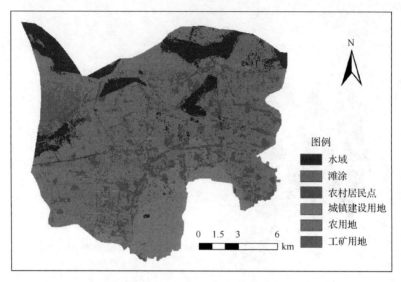

图 4-7　2051 年研究区土地利用变化图

马尔可夫模型的实质是将土地利用变化过程视为符合马尔可夫理论中时间和状态均为离散的马尔可夫链条件的完全随机过程，各个时刻状态的转变由一个状态转移的概率矩阵控制。由于土地变化是根据区域社会经济的发展而变化，在利用马尔可夫进行预测时，各地类转移概率在不同时期有差别。因此，马尔可夫预测有其局限性(Batabyal，2006；彭志行等，2009)，但它模拟了现有转换概率下的土地利用变化趋势，为今后土地利用规划的决策调控提供了参考和依据。

4.4　小　　结

(1)研究区土地利用变化在 1988～2011 年表现出城市化过程明显、人为影响显著的基本特征。城镇建设用地通过占用农用地而扩展，非城镇建设用地间结构变化明显。1988～2011 年研究区土地利用类型变化表现为农用地、滩涂、水域面积减少，城镇建设用地、工矿用地面积增加的态势。总量面积变化较大的土地利用类型有农用地、农村居民点用地；其次是城镇建设用地、水域和滩涂；工矿用地变化量相对较小。建设用地面积总量变化量绝对值较大，相对变化幅度较大，表明该 23 年间研究区内城市化过程明显，尤其是研究区南部靠近城市边缘区域，非农化程度很高，建设用地的增长速度明显高于距其较远的地区。对比农用地和建设用地的动态度可以发现，农用地流失快的地方基本上为建设用地增长快的地方，而农用地流失慢的地方建设用地增加速度也慢，二者空间上存在明显的相关性，体现了建设用地扩展的主要来源是对农用地的占用。

(2)从单一土地利用动态度来看，城镇建设用地动态度是我们最应该关注的，虽然基数不大，但是其动态度最大，变化较为明显。城镇建设用地的变化量和速度均较大。同时，区域土地利用综合程度指数有一定增长，这与研究区近年来经济快速发展，城市用地的急速扩张有密切的关系。

(3)随着经济的发展和城市化的推进，农用地减少已成为一个不可忽视的现实。从农用地转出和转入的总量来看，转出大于转入数量，在一定程度上表明农用地的非农化速度非常显著。从土地占有率分析，农用地占有率在 1988~2011 年达到 48.06%，其次是农村居民点用地，城镇建设用地占有率比例虽小，但呈现逐年增长的趋势，1988~2011 年，研究区城镇建设用地共增加 25km^2，主要来自农村居民点和农用地。

(4)在研究区各土地类型中，水域和滩涂的变化值得注意，从整体上看，二者面积是减少的，整体状况呈"U"形发展，在各个时段内的趋势也大致相同，尤其在 2001 年，水域和滩涂面积在三个时期内为最低，这与 2001 年水资源的短缺息息相关，一部分原因是由于气候的变化，造成水资源量的减少；另一部分是随着城市化进程加快，社会经济的迅速发展，工农业用水量的激增，以及对于水域和滩涂不合理的开发利用。

(5)本章应用马尔可夫模型对未来的土地利用变化进行预测，研究区农用地面积将在未来持续减少，滩涂面积也将小幅度减少；城镇建设用地的面积将持续增加，继续向研究区北部和西部扩展，水域和工矿用地有小幅度增加。从趋势预测可以看出，在城市化快速发展背景下，土地利用发生了巨大的变化，且以建设用地的空间扩张、农用地的流失为特征。马尔可夫模型预测有其局限性，但其转换概率是正确的，且能表达出土地利用变化的趋势。

第5章　研究区地表温度反演

5.1　地表温度反演的理论基础

5.1.1　地表温度概念

地表温度是控制陆面水分和能量平衡，研究地表与大气之间能量与物质交换的重要参数(赵英时，2003)，是地球资源监测和地表生态环境系统研究的一个重要指标，利用卫星遥感技术反演的大面积地表温度信息已被广泛应用于农作物估产、作物长势和农业旱情监测、农田耗水量估算等方面。而地表温度的反演精度直接影响到遥感技术在农业上应用的效果(白洁等，2008)，如地区的作物种类、种植制度、栽培方式和农业活动均与地表温度密切相关，对农业生产提供指导信息(徐霞，2008)。近些年来，想要获得地表温度大致有三种途径：通过城市和乡村的历年气候资料、通过布点观测，以及根据航片和卫片资料(张心怡等，2005)。

在遥感上，将地表温度定义为由辐射所测定的地球表面温度，即所有直接辐射的表面温度(杨青生和刘闯，2004)。遥感的本质是反演，而从其数学来源上讲，反演研究所针对的首先是数学模型。因此，遥感反演的主要基础是描述遥感信号或遥感数据与地表应用之间的关系模型。所有温度超过绝对零度的物质都会不断发射红外辐射。不同的地表物质因其表面形态、内部组成等不同，其发射的热红外能量也存在差异。热红外遥感数据常被用来进行地表温度反演(丁凤和徐涵秋，2008)，利用星载或机载传感器收集、记录地物的热红外信息，并且利用这种热红外信息进行识别地物和反演各类的地表参数。目前，用于热红外遥感的信息源主要有 NOAA 气象卫星 AVHRR 的第 4、第 5 通道数据，陆地卫星 Landsat TM/ETM 的第 6 波段数据和 TERRA 卫星搭载的 MODIS 传感器数据及 ASTER 数据等。由于 TM6 图像几何分辨率为 120m，远高于 AVHRR 和 MODIS 影像，对于研究热场的热力景观，描述热场的详细信息更为有效，且较易获得，因此本书选取的是 Landsat TM/ETM 数据。

5.1.2　Landsat 简介

美国 NASA 陆地卫星计划自 1972 年 7 月 23 日以来已发射 7 颗(第 6 颗发射失败)。目前 Landsat 1～4 相继失效，Landsat 5 仍在超期运行，Landsat 7 在役服务但曾因故障而一度中断数据采集。TM 影像在环境、地质、地表、大气遥感等方面得到了较为广泛的应用。TM 波谱是由七个波段组成，ETM 有八个波段，两者的第三波段和第四波段均分别为红外波段与近红外波段，一般可以计算植被指数；TM 的第六波段属于 TM6 热红外波段，主要用于探测地球表面物质的热辐射波段，而 ETM 的热红外波段有两个 ETM61 和 ETM62。该数据可用来反演地表温度以分析地球表面的热辐射与温度区域的差异。

5.1.3　温度反演算法的选择

温度反演的理论方法是基于热红外辐射传输方程，根据大气和地表对遥感器所接热辐射的影响，推导出一些反演地表温度的反演算法(秦益和田国良，1994)。目前，应用 TM/ETM 数据作地表温度反演比较常用的算法主要有：辐射传输方程法、普适性单通道算法和单窗算法等，本书对其做以下简要介绍：

1)辐射传输方程法

辐射传导方程法又名大气校正法，主要是依据卫星上的遥感器观测热辐射强度的构成来求解地表温度。其公式为

$$I = \left[\varepsilon B(T_s) + (1-\varepsilon) I^{\downarrow} \right] \tau + I^{\uparrow} \tag{5-1}$$

式中，I 为热辐射的强度，单位为 $(W/m^2)/(\mu m \cdot sr)$，可根据 TM6 的 DN 值进行计算；ε 为比辐射率；$B(T_s)$ 为以地表温度为变量的函数；大气下行与大气上行热辐射的强度可以根据实时大气剖面探测的数据来模拟计算；τ 为大气透过率。综上，如果已知地表比辐射率，可以进一步由以下公式近似求解地表温度(刘志丽等，2003)：

$$T_s = \frac{K_2}{\ln\left[1 + \dfrac{K_1}{B(T_s)}\right]} \tag{5-2}$$

式中，K_1 和 K_2 为常量，对于 TM6，$K_1 = 607.76\,(W/m^2)/(\mu m \cdot sr)$；$K_2 = 1260.56\text{K}$。

2)普适性单通道算法

Jiménez-Muñoz 和 Sobrino(2003)提出了比较普遍的单波段算法反演地表温度，即

$$T_s = \gamma \left[\varepsilon^{-1} \left(\varphi_1 L_{\text{sensor}} + \varphi_2 \right) + \varphi_3 \right] + \partial \tag{5-3}$$

其中：

$$\gamma = \left\{ \frac{c_2 L_{\text{sensor}}}{T_{\text{sensor}}^2} \left[\frac{\lambda^4}{c_1} L_{\text{sensor}} + \lambda^{-1} \right] \right\}^{-1} \tag{5-4}$$

$$\partial = -\gamma L_{\text{sensor}} + T_{\text{sensor}} \tag{5-5}$$

式中，L_{sensor} 为传感器所接收的热辐射强度，单位是 $(W/m^2)/(\mu m \cdot sr)$；T_{sensor} 为传感器的亮温，单位是 K；λ 为有效波长，单位为 μm。$c_1 = 1.19104 \times 10^8 W \cdot \mu m^4/(m^2 \cdot sr)$，$c_2 = 1.43877 \times 10^4 \mu m \cdot K$；$\varphi_1$、$\varphi_2$、$\varphi_3$ 为整层大气的水汽含量 ω 的函数，其公式为

$$\varphi_1 = 0.14714\omega^2 - 0.15583\omega + 1.1234 \tag{5-6}$$

$$\varphi_2 = -1.1836\omega^2 - 0.37607\omega - 0.52894 \qquad (5\text{-}7)$$

$$\varphi_3 = -0.04554\omega^2 + 1.8719\omega - 0.39071 \qquad (5\text{-}8)$$

3) 单窗算法

Qin 等 (2001) 根据地表热辐射传导方程，推导出了单窗算法，从热红外波段中反演地表温度，即

$$T_s = \left\{ a(1-C+D) + \left[b(1-C+D) + C+D \right] T_{sensor} - DT_a \right\} / C \qquad (5\text{-}9)$$

其中，

$$C = \varepsilon\tau \qquad (5\text{-}10)$$

$$D = (1-\tau)\left[1 + (1-\varepsilon)\tau \right] \qquad (5\text{-}11)$$

$$a = -67.355351$$

$$b = 0.458606$$

式中，T_s 为地表温度，单位为 K；a 和 b 为常数；ε 为地表的比辐射率；τ 为整层大气透射率；T_{sensor} 为传感器的亮度温度；T_a 为大气平均作用温度。

TM 影像可以用式 (5-12) 求算卫星高度的像元亮度温度；ETM 影像选用 band61，用式 (5-13) 求算卫星高度的像元亮度温度。

$$T_{sensor} = 1260.56 / \ln\left[1 + 607.76 / (1.238 + 0.055158 DN_{TM6}) \right] \qquad (5\text{-}12)$$

$$T_{sensor} = 1260.56 / \ln\left[1 + 9967.98 / DN_{ETM61} \right] \qquad (5\text{-}13)$$

式中，DN_{TM6} 和 DN_{ETM61} 分别为 TM6 和 ETM61 像元的 DN 值，值域是 [0, 255]；T_{sensor} 为亮度温度值，单位 K。

上述三种算法，理论上可以算出辐射传输方程算法的最高精度，但是该方法所需要的大气实时探空数据较难获取，因此限制了此方法的应用范围。普适性单通道算法与单窗算法把大气影响引入方程进行推导，因此不需要进行大气模拟，在算法上与大气校正法相比更加简单，所需参数较少且易于获得。覃志豪等 (2001) 提出的单窗方法在具体实现过程中又充分考虑了多种地物地表比辐射率的影响，当大气水汽含量较高时，反演结果精度略高于普适性单通道方法，故本书选择了单窗算法作为 Landsat TM/ETM 数据的地表温度反演算法。

5.2　地表温度反演过程

通过分析本书所采用的单窗算法过程发现,只要知道参数 τ_6(大气透射率)、T_a(大气平均作用温度)和 ε_6(地表比辐射率),即可在图像亮度温度的基础上推算出任何像元的地表温度,具体求算流程见图 5-1。以下将对上述三个参数的获取过程和方法进行详细的阐述。

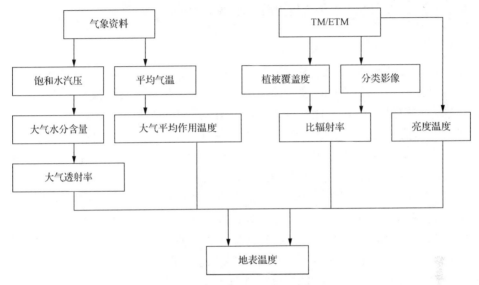

图 5-1　地表温度反演技术流程图

5.2.1　大气平均作用温度

大气平均作用温度受大气剖面气温分布和大气状态影响较大。由于卫星经过研究区上空的时间较短,通常情况下进行实时大气剖面数据与大气状态的观测是有很大难度的。但有研究表明,大气平均作用温度和地面附近的气温(一般为距地面 2m 处)存在如表 5-1 所述的线性关系(李召良和张仁华,2000)。其中 T_a 表示大气平均作用温度,T_0 表示地面附近温度,二者的单位均为 K。

表 5-1　大气平均作用温度和地面附近气温的关系

大气剖面的类型	线性关系
美国 1976 年的平均大气	$T_a = 25.9396 + 0.88045T_0$
热带的平均大气(15°N,年平均)	$T_a = 17.9769 + 0.91715T_0$
中纬度夏季的平均大气(45°N,7 月)	$T_a = 16.0110 + 0.92621T_0$
中纬度冬季的平均大气(45°N,1 月)	$T_a = 19.2704 + 0.91118T_0$

注:地面附近(一般为 2m 处)的气温(T_0)可以用卫星过境当天的平均气温来进行替代。

根据气象资料：

1988 年 5 月 14 日研究区的平均气温是 22.8℃；

2001 年 5 月 10 日研究区的平均气温是 22.1℃；

2011 年 5 月 18 日研究区的平均气温是 27.1℃。

根据以上公式可计算得知：

1988 年 5 月 14 日的大气平均作用温度是 290.1228K；

2001 年 5 月 10 日的大气平均作用温度是 289.4745K；

2011 年 5 月 18 日的大气平均作用温度是 297.8103K。

5.2.2　大气透射率计算

大气透射率是反演地表温度时的一个重要参数，其在地表热辐射的传导中有非常重要的影响。影响大气透射率的因素较多，如大气压强、气温、气溶胶的含量、大气水分含量，此外 O_3、CO_2、CO、NH_4 等对热辐射传导均有不同程度的影响，因此，精确的大气透射率求算过程是比较复杂的。但是有研究表明，大气透射率主要取决于大气水分含量的变化，其他因素对大气透射率的变化并无显著的影响，因此水分含量就成为估计大气透射率重要的考虑因素(覃志豪等，2003)。

水汽是天气变化的一个动力因素，因此对水汽的监测是大气遥感的主要目的，同时大气中水汽含量影响着遥感应用，特别是在地表温度反演，遥感影像大气校正中的水汽影响不能忽略。一般可以通过 MODTRAN、6S 与 OWTRAN 等大气模型软件做模拟代替，但是 TM 影像数据由于波段较少，没有专门的大气水汽吸收与大气窗口通道，故利用 TM 数据来反演地表温度时，大气中的水分含量是又一个难点，但是可利用实时的高空探测资料来进行求解，具体公式如下：

$$\omega = 0.1 \sum_{0}^{m} \omega(i) z(i, i+1) \tag{5-14}$$

式中，m 为剖面层数；$\omega(i)$ 为第 i 层大气的水汽密度；$z(i, i+1)$ 为该层的高度，$i = 0$ 时地面海拔是 $z(0)$，$\omega(0)$ 为地面层的大气中水汽含量(胡华浪，2005)。

当研究范围相对较小时，可根据卫星过境时的天气状况来估计大气水分含量。

本书采用地面水汽压来计算大气的水分含量。

大气的水分主要集中在对流层，对流层空气柱的水汽总量称为可降水量，可降水量和地面水汽压存在着一个线性关系(刘含海，2007)：

$$W = 1.74e \tag{5-15}$$

式中，W 为大气的可降水量；e 为地面水汽压力。

依据研究区的气象资料知：

1988 年 5 月 14 日研究区的地面水汽压是 10.6hPa，计算可得降水量为 18.444mm 水柱厚度，因此大气水分含量是 1.8444 g/cm^2；

2001 年 5 月 10 日研究区的地面水汽压是 12.1hPa，计算得可降水量为 21.054mm 水柱厚度，因此大气水分含量是 2.1054 g/cm²；

2011 年 5 月 18 日研究区的地面水汽压是 21.0hPa，计算得可降水量为 36.54mm 水柱厚度，因此大气水分含量是 3.654g/cm²。

大气透射率的方程如表 5-2 所示。

表 5-2　TM6 大气透射率的估计方程

大气剖面	水分含量 $\omega/(g/cm^2)$	大气透射率估计方程
高气温(35℃)	0.4～1.6	$\tau = 0.974290 - 0.08007\omega$
	1.6～4.0	$\tau = 1.031412 - 0.11536\omega$
低气温(18℃)	0.4～1.6	$\tau = 0.982007 - 0.09611\omega$
	1.6～4.0	$\tau = 1.053710 - 0.14142\omega$

5.2.3　地表比辐射率计算

单窗算法另外一个关键的参数是地表比辐射率，对于只有一个热红外通道的 Landsat TM/ETM 数据，一般借助可见光和近红外光谱信息，利用经验和半经验公式估算比辐射率(Snyder et al.，1998)。这种方法的典型算法有 Valor 和 Caseles(1996)的植被指数混合模型算法、Van(1993)的 NDVI 估算法、Sobrino 等(2000)提出的 NDVI 阈值法。本书根据研究区的实际情况，结合已有的研究成果对 Valor 的植被指数混合模型算法进行了一些改进用来计算研究区的地表比辐射率。

地表比辐射率(Sobrinoa et al.，2004；胡嘉骢，2006)即地表辐射电磁波的能力表征，不仅依赖地表物体，而且与其表面的状态和物理性质有关。大尺度上比辐射率测量难度很大，通常可以通过假设来获取比辐射率的相对值。

地球表面不同区域的地表结构虽然复杂，但是从卫星像元的尺度来看，可以大体视作由 3 种类型构成：水面、自然表面和城镇。水面结构最简单；自然表面主要是指各种天然陆地表面、林地和农田等；城镇包括城市和村庄，主要由道路、各种建筑和房屋等组成。由于本研究区为引黄灌区，故把少量的城镇景观并入到占比例最大的自然表面来进行计算。

1) 水面的比辐射率估计

水面在热波段范围内比辐射率很高，接近于黑体，可以直接用 $\varepsilon_m = 0.995$ 进行估计。在温度反演中，可使用较简便的混合像元构成比例的估计方法，即利用 TM 图像的可见光波段和近红外波段来估计植被覆盖度并确定水面比例。本书利用 NDVI 阈值法提取水体。在 1988 年数据中当 NDVI 小于−0.05 时，可以把水体从影像中提取出来；在 2001 年数据中当 NDVI 小于−0.3 时，可把水体从影像中提取出来；2011 年影像中 NDVI 小于 0.01 时，把水体提取出来。水体直接估计为 0.995，自然表面则用下面算法来处理。

2) 自然表面的比辐射率估计

组成自然表面的像元能看作由不同比例的植被叶冠与裸土所组成的混合像元。因为不同生长季节,植被叶冠构成的比例差别比较大。面积比较大的 100%的植被、裸土表面,可以直接以这两种类型的地表比辐射率来表示其比辐射率,因此,当 $P_v = 1$ 时,$\varepsilon = \varepsilon_s$;当 $P_v = 0$ 时,$\varepsilon = \varepsilon_s$。但是,一般 100%的植被覆盖和裸土表面的情况都很少,所以通常是用下式来估算混合像元的地表比辐射率:

$$\varepsilon = P_v R_v \varepsilon_v + (1 - P_v) R_s \varepsilon_s + \mathrm{d}\varepsilon \tag{5-16}$$

$$当 P_v < 0.5 \text{ 时,} \mathrm{d}\varepsilon = 0.0038 P_v \tag{5-17}$$

$$当 P_v > 0.5 \text{ 时,} \mathrm{d}\varepsilon = 0.0038 (1 - P_v) \tag{5-18}$$

$$当 P_v = 0.5 \text{ 时,} \mathrm{d}\varepsilon = 0.0019 \tag{5-19}$$

式中,R_v 和 R_s 分别为植被与裸土的温度比率。植被的比辐射率 ε_v 为 0.98~0.99;由于地表物质的热辐射强度在 10.5~12.5μm 时比在 8~10μm 时高,故能用灌木叶冠的比辐射率值来进行初步的估计,$\varepsilon_v = 0.986$。而在地面相对较平整时,$\mathrm{d}\varepsilon = 0$。

图 5-2 是一些土壤比辐射率的变化曲线。依据这些曲线,算出一些土壤在 TM6 波段内的平均比辐射率:棕壤砂土 0.96866、黏质土 0.97953、砂质土 0.97047 和砂壤土 0.96993。这些土壤的比辐射率虽有一定的差异,但在特定情况下,这些土壤的平均比辐射率可进行简单替代,$\varepsilon_s = 0.97215$。

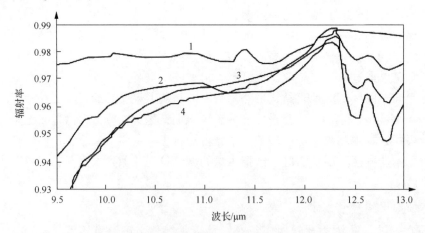

图 5-2 几种土壤辐射率随波长变化情况(冯文锋,2008)
1. 棕壤砂土;2. 黏质土;3. 砂质土;4. 砂壤土

综上所知,对于自然表面得到:

$$当 P_v < 0.5 \text{ 时,} \varepsilon = 0.96262293 + 0.06513789 P_v - 0.04614462 P_v^2 \tag{5-20}$$

$$当 P_v > 0.5 \text{ 时,} \varepsilon = 0.96642293 + 0.05753789 P_v - 0.04614462 P_v^2 \tag{5-21}$$

$$当 P_v = 0.5 \text{ 时,} \varepsilon = 0.96452293 + 0.06513789 P_v - 0.04614462 P_v^2 \tag{5-22}$$

　　植被指数主要反映的是植被的生长状况。在所有的植被指数中，人们广泛采用的是归一化植被指数，对于 Landsat5 与 Landsat7 影像其计算公式如下：

$$NDVI = \frac{R_4 - R_3}{R_4 + R_3} \tag{5-23}$$

式中，R_4、R_3 分别为 TM4、TM3 的波段反射率。

　　受大气的反射和散射的影响，用 TM3 和 TM4 的灰度值计算 NDVI 前，通常先做大气校正，但是因为 NDVI 是经归一化处理了的指数，所以大气影响对 NDVI 的计算误差不大(冯文峰，2008)，因此，可直接利用 TM3 和 TM4 的 DN 值来计算 NDVI，并且不必进行大气校正。

　　利用归一化植被指数 NDVI 可以求出植被覆盖度 P_v，P_v 是植被占混合像元的比例。

$$P_v = \left(I_{NDV} - I_{NDVs}\right) / \left(I_{NDVv} - I_{NDVs}\right) \tag{5-24}$$

式中，I_{NDV} 为归一化植被指数；I_{NDVv} 为影像中 I_{NDV} 的最大值；I_{NDVs} 为影像中 I_{NDV} 的最小值。

5.2.4　Landsat TM 影像地表温度反演结果

　　通过上述的地表参数估计，采用单窗算法，在 ArcGIS 软件中分别反演出研究区 1988 年、2001 年和 2011 年研究区的地表温度，结果如图 5-3～图 5-5 所示。

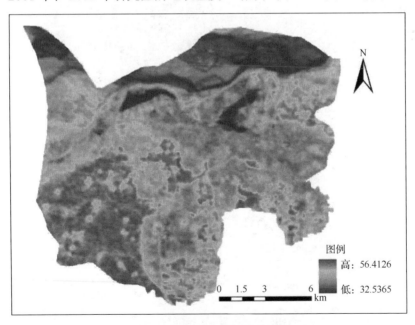

图 5-3　1988 年研究区地表温度

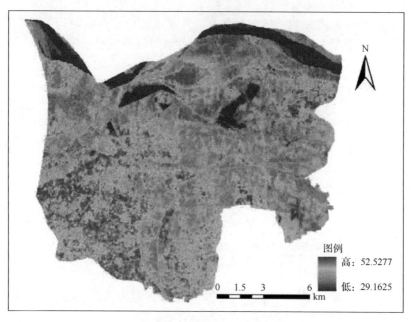

图 5-4　2001 年研究区地表温度

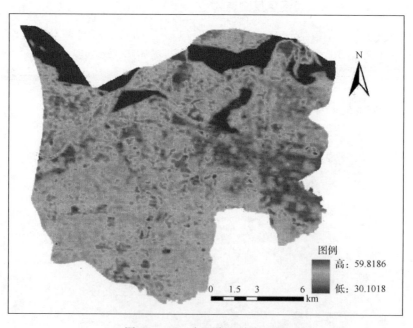

图 5-5　2011 年研究区地表温度

5.3　地表温度反演的结果检验

　　将 5.2 节计算所得研究区地表比辐射率、大气平均作用温度及大气透射率 3 个参数代入单窗算法的相关公式，反演出研究区三个时间段的地表温度(图 5-3～图 5-5)。通过对前文反演出的地表温度的最大值、最小值、均值和标准差进行统计，得到研究区三期地表温度的基本统计信息(表 5-3)。

表 5-3　1988 年、2001 年和 2011 年研究区地表温度基本统计信息　　(单位：℃)

日期	最小值	最大值	平均值	标准差
1988 年 5 月 14 日	32.5365	56.4126	46.4375	3.5438
2001 年 5 月 10 日	29.1625	52.5277	44.4512	3.2453
2011 年 5 月 18 日	30.1018	59.8186	42.6284	2.9614

地表温度反演结果表明(表 5-3)：1988 年 5 月 14 日研究区的地表温度最大值为 56.4126℃，最小值为 32.5365℃，而 2001 年 5 月 10 日研究区地表温度最大值为 52.5277℃，最小值为 29.1625℃；2011 年 5 月 18 日研究区的地表温度最大值为 59.8186℃，最小值为 30.1018℃。1988 年、2001 年和 2011 年三个时期的研究区地表温度最大值和最小值走势较为相似，最大值和最小值均为 1988 年先下降，至 2001 年为最低，2011 年再上升，研究区从 1988~2001 年温度最小值下降约 3℃，从 2001~2011 年温度最小值上升约 1℃；温度最大值由 1988~2001 年下降约 4℃，2001~2011 年上升约 7℃。总体来看，研究区地表温度平均值从 1988~2011 年呈下降趋势，1988~2001 年下降约 2℃，从 2001~2011 年后下降 2℃。标准差反映的是总体样本偏离均值的情况，研究区标准差的下降也说明地表温度空间分布更为均衡，并未反映其热岛效应。

为了研究土地利用变化对地表温度的影响，必须研究各种土地类型的热辐射特性(钱乐祥等，2004)。通过研究区土地利用类型矢量图与反演地表温度栅格图的叠加，在 ArcGIS 中利用分区统计获得各种土地利用类型的平均温度值(岳文泽和徐丽华，2007)。

从研究区 1988 年、2001 年和 2011 年三期地表温度与土地利用类型叠加的数据中可知(表 5-4)，平均温度最低的土地利用类型是水域，而滩涂、农村居民点和城镇建设用地平均温度较高。由于 2001 年水域面积和滩涂面积减少，农用地面积增加，导致 2001 年地表温度的平均值低于其他两个年份，1988~2011 年土地利用类型中工矿用地的变化差异比较明显，也是导致 2011 年地表温度较高的一个因素。各土地利用类型在 1988 年和 2001 年地表温度较低，而到 2011 年地表温度明显升高，尤其是滩涂。相关研究表明，

表 5-4　研究区不同土地类型的地表平均温度统计值　　(单位：℃)

土地类型	1988 年地表温度		2001 年地表温度		2011 年地表温度	
	平均值	标准差	平均值	标准差	平均值	标准差
水域	32.7389	2.5781	34.7284	2.7341	37.2537	2.9162
滩涂	43.9377	1.5125	48.7368	1.8240	52.2646	1.8631
农村居民点	45.6810	1.4378	42.6819	1.7535	47.6328	1.6513
城镇建设用地	43.3372	2.1202	44.6223	2.1809	46.2342	2.6231
农用地	38.3275	2.6732	41.4371	2.3417	42.6344	2.2311
工矿用地			42.4537	2.7456	45.2361	2.1375

河南省沿黄地区湿地分布面积呈显著减小趋势(丁圣彦和梁国付，2004)，植被覆盖率剧减，老滩逐步形成，裸露的土地导致滩涂温度升高。农用地在 1988～2011 年表现出对应地表温度较低的现象，主要原因可能是研究区多为沙岗、盐碱地，经改良土壤，土地灌淤，植被条件得以改善，农用地促使生物量逐渐成长，植被增多，土地受到保护。

从结果看，研究区地表温度的分布具有明显的时空异质性。从空间差异性来看，1988年地表温度的高值区主要位于研究区西南地区和南部城市边缘区，此地区大多分布着农村居民点和城镇建设用地，而研究区北部水域地区温度较低。到 2001 年和 2011 年地表温度高值区在北部滩涂突显，水域和农用地区域温度较低。从地表温度反演结果的热力景观异质性来看，基本符合热力学规律和研究区的自然社会特征。地表温度反演精度的定量检验因历史实测数据的缺乏而受限，一直是遥感反演的难点，从另一个角度来看，也是地表温度反演技术的价值所在。

5.4　小　　结

本书以 Landsat TM/ETM 数据、气象资料和其他地面野外调查资料为数据源，在遥感和地理信息系统软件支持下，采用单窗算法反演研究区地表温度。以引黄灌区土地利用类型系统为研究对象，选取 1988 年 5 月 14 日的 Landsat TM 影像、2001 年 5 月 19 日的 Landsat ETM 影像和 2011 年 5 月 18 日的 Landsat TM 影像为主要数据源，结合研究区其他自然和人文基础资料，在遥感和地理信息系统技术的支持下进行了研究区的土地类型解译和地表温度反演并对其土地类型和地表温度的变化规律进行比较分析。反演结果证明水域和植被覆盖较多的地区地表温度较低，而裸露建设用地聚集区地表温度较高。从整体结果来看，利用该方法进行研究是可行的。

本书探索了研究区土地类型对地表温度分布的影响，得出各土地利用类型对应的地表温度有明显的差异，且各土地利用类型组成比例和分布的变化会改变区域地表温度的高低。在得到研究区土地利用类型和地表温度数据的基础上，本书从植被覆盖、水域类型等方面进行了分析。结果表明，研究区的热环境格局与植被覆盖呈正相关，水域对研究区有明显的降温效应。水域类型自身的温度与其连接度呈负相关，随着水域类型的减温，地表有明显升温趋势，且在 90m 范围内地表温度显著偏低。以上充分说明农用地和水域在缓解地表热场效应方面具有非常重要的作用。

第6章　土地变化造成的土壤质量变化

　　土地利用变化对土壤的影响首先表现为不同的土地利用方式和土地覆盖类型的空间组合影响土壤养分的迁移，不同土地单元对土壤养分的滞留和转化有不同的作用(蔡为民，2004)，从而可以引起土地质量的变化。本书从土壤重金属含量、空间分布和预测来研究土地变化的可持续性。土地变化可以最大限度地控制或者减弱重金属在土壤中的积累和分布，从而影响区域可持续性程度，明确土地变化、土壤质量变化(土壤重金属)和土地变化可持续性之间的关系，理清土壤重金属和土地变化的依存关系，达到对重金属污染防治、风险预测、修复污染土壤的目的，有助于对土地变化的可持续性进行评价。

　　土壤污染是我国面临的重要环境问题之一，土壤重金属含量和农田土壤环境质量评价研究已成为环境科学的一个重要研究领域(陈玉娟等，2005；黄国锋等，1999；陈翠华等，2007)。大量研究证实，土壤重金属污染不但影响作物产量与品质，而且影响大气和水环境质量，土壤污染与大气污染、水污染不同(Riviere，2000)，具有不可逆性、长期性、隐蔽性和滞后性，其污染物不易在生物物质循环和能量交换中得到分解(Li and Wu，1991)，可通过食物链危害人类的健康和生命(Mueller，1994；Younas et al.，1998；Mclalaghlin et al.，1999)。土壤并非一个匀质体，而是一个具有空间连续性的变异体，具有高度的空间异质性(李菊梅和李生秀，1998)，这种空间异质性包括土壤的水分特征、物理性质、化学性质、土壤重金属及其他元素的性质随空间位置不同而发生变异(Goovaerts，1999)。

　　随着人口和经济的迅速增长，污染日益严重，近年来土壤重金属污染已引起社会高度关注，是农业环境研究和保护的重点和难点(王纪华等，2008)。除此之外，人类活动也同时影响着土壤重金属的空间变化，从而导致其时空属性数据的复杂化(Wei and Yang，2010)。GIS 和地统计分析在处理土壤重金属问题上优势明显(Li et al.，2004；Delgado et al.，2010)。随着 GIS 软件的飞快发展，GIS 中的地统计模块有效地将 GIS 和地统计学结合在一起(Lee et al.，2006；Acosta et al.，2011)。国内外学者一般将 GIS 与地统计结合在一起对土壤重金属问题进行分析(郭旭东等，2000；Goovaerts and Webster，1994；Ndiaye and Isabel，1999)。地统计分析能够利用稀疏或无规律的空间数据，较精确地描述地质变量的随机性和结构性变化(Goovaerts，1999；Zhang，2006)。克里格法是地统计插值中最常用的一种空间插值方法，广泛用于土壤污染物调查、空间预测和制图，提供最佳的线性无偏预测，也可以分析土壤重金属的空间分布结构和特征，为土壤重金属含量空间分布和污染空间迁移规律研究提供依据。本书中，均采用地统计分析方法和克里格法，对研究区土壤 Cr、Ni、Cu、Zn、Cd、Pb、Hg、As 元素含量、空间分布特征、污染趋势、污染面积进行了分析。

6.1　地统计分析介绍

地统计学起源于地质学(Journel，1977)，由南非矿山地质工程师 Krige 于 1951 年提出，法国著名地质学家 Matheron 于 1962 年创立(Webster and Oliver，1989；杨玉玲等，2001)，是以区域化变量理论为基础，以半方差函数为基本工具的一种数学方法，研究在空间上既有随机性又有结构性，或具有空间相关性和依赖性的自然现象的科学(侯景儒和黄竞先，1990；李艳和史舟，2003；黄勇等，2004)。地统计学在土壤学中的广泛应用始于 20 世纪 70 年代后期(沈思渊，1989)。

地统计学处理的对象为区域化变量，所谓区域化变量是指以空间点 x 的三个直角坐标(x_u, x_v, x_z) 为自变量的随机场 $Z(x_u, x_v, x_z) = Z(x)$。当对其进行了一次观测后，就得到了它的一个实现 $Z(x)$，它是一个普通的三元实值函数。区域化变量的两重性表现在：观测前可将其看成是随机场[依赖于坐标(x_u, x_v, x_z)]，观测后又可将其看成一个点函数(即在具体的坐标上有一个具体数值)(杨玉玲等，2001)。

通常一个区域化变量具有两个性质(冯锦霞，2007)：

(1)在局部的某一点，区域化变量的取值是随机的；

(2)对整个区域而言，存在一个总体或平均的结构，相邻区域化变量的取值具有该结构所表达的相关关系。

区域化变量的两大特点是随机性和结构性。因此，地统计学引入随机函数及其概率分布模型为理论基础，对区域化变量加以研究。区域化变量可以看作是随机变量的一个实现(realization)。对随机变量而言，必须在已知多个实现的前提下，才可总结出其随机函数的概率分布。而对地学数据来讲，往往只有一些采样点可看作随机变量的一个现实，所以也没有办法来推断整个概率分布情况。为此，必须制定一些假设，即平稳性假设，假定在某个局部范围内空间分布是均匀的。

1)平稳性假设

当区域化变量满足下列两个条件时，称该区域化变量满足二阶平稳。

(1)在整个研究区内，区域化变量 $Z(x)$ 的数学期望对任意 x 存在且等于常数，即

$$E\left[Z(x)\right] = m \qquad (常数) \, \forall_x \qquad (6\text{-}1)$$

(2)在整个研究区内，区域化变量的空间协方差函数对任意 x 和 h 存在且平稳，即

$$\mathrm{cov}\left\{Z(x), Z(x+h)\right\} = E\left[Z(x)Z(x+h)\right] - m^2 = C(h), \forall_x \forall_h \qquad (6\text{-}2)$$

当 $h = 0$ 时，公式可写为

$$\mathrm{var}\left[Z(x)\right] = C(0) \qquad \forall_x \qquad (6\text{-}3)$$

上述各式中 $\mathrm{cov}(\cdot)$ 为协方差；$\mathrm{var}(\cdot)$ 为方差。协方差平稳意味着方差及半变异函数平稳，从而有关系式：

$$C(h) = C(0) - \gamma(h) \tag{6-4}$$

2) 固有假设

在实际工作中，有时协方差函数不存在，即不能满足上述的二阶平稳假设，即二阶平稳包含了固有假设，但反过来却不成立。固有假设条件比平稳假设要松，应用也更广泛。例如，一些自然现象和随机函数，具有无限离散性，即无协方差及先验方差，但有半变异函数，这时区域化变量 $Z(x)$ 的增量 $[Z(x) - Z(x+h)]$ 满足下列两个条件时，则称该区域化变量满足固有假设：

(1) 在整个研究区内，随机函数 $Z(x)$ 增量 $[Z(x) - Z(x+h)]$ 的数学期望为 0，即

$$E[Z(x) - Z(x+h)] = 0 \qquad \forall_x, \forall_h \tag{6-5}$$

(2) 对于所有矢量的增量 $[Z(x) - Z(x+h)]$ 的方差函数存在且平稳，公式为

$$\mathrm{var}[Z(x) - Z(x+h)] = E[Z(x) - Z(x+h)]^2 = 2\gamma(x,h) = 2\gamma(h) \quad \forall_x, \forall_h \tag{6-6}$$

即要求 $Z(x)$ 的半变异函数 $\gamma(h)$ 存在且平稳(张仁铎，2005)。

如果随机函数只在有限大小的邻域(如 a 为半径的范围)内是平稳的(或固有的)，则称该随机函数服从准平稳(或准固有)假设，准平稳或准固有假设是一种折中方案，它既考虑到某现象相似性的尺度，也顾及有效数据的质量。

3) 变异函数

由于区域化变量能够同时反映变量空间分布的结构性与随机性，因此，无论是用完全确定的数学方法还是用经典统计学的方法来研究、描述此类变量均较困难。而地统计学中的一个基本工具——变异函数，能够较好地描述区域化变量的上述特征，使针对区域化变量的空间变异性分析得以实现(张仁铎，2005)。

变异函数或变差函数是空间统计学的基本理论，在一维条件下，当空间点 x 在一维 x 轴上变化时，区域化变量 $Z(x)$ 在点 x 和 $x+h$ 处的值 $Z(x)$ 与 $Z(x+h)$ 差的方差一半定义为区域化变量 $Z(x)$ 在 x 轴方向上的半变异函数(又称变异函数)，记作 $\gamma(x,h)$，即

$$\gamma(x,h) = \frac{1}{2}\mathrm{var}[Z(x) - Z(x+h)] \tag{6-7}$$

上式是较为严格的数学定义，同时适用于空间上连续分布的变量。但在实际工作中，采样点常常是离散的，需要对区域化变量 $Z(x)$ 做变异性分析，通常是先求出实验半变异函数，然后再用理论模型拟合，得到最终的半变异函数公式。对于离散点的情况，由于有了(准)二阶平稳假设或(准)本征假设，因此，可把在 x 轴上相隔为 h 的 $N(h)$ 对点 x_i 和 $x_i + h[i = 1, 2, \cdots, N(h)]$ 处的 $N(h)$ 对观测值 $Z(x_i)$ 和 $Z(x_i + h)[i = 1, 2, \cdots, N(h)]$ 看成是 $Z(x_i)$ 和 $Z(x_i + h)$ 的 $N(h)$ 对实现。

其中，实验半变异函数的基本公式为

$$\gamma^*(h) = \frac{1}{2N(h)} \sum_{i=1}^{N(h)} \left[Z(x_i) - Z(x_i + h) \right]^2 \tag{6-8}$$

对于不同的空间分隔距离 h，根据式(6-8)可计算出相应的 $\gamma^*(h)$ 值来。这就是计算实验半变异函数的最基本公式。经计算后，得出诸对$[h, \gamma^*(h)]$值，在 $h - \gamma^*(h)$ 直角坐标上标出诸点$[h, \gamma^*(h)]$，再将相邻各点用线段连接起来，即可得到实验半变异函数图，或称实验变差图。该图可以直接展示区域化变量 $Z(x)$ 的空间变异特点，是空间变异分析和结构分析的有效工具。

由式(6-6)～式(6-8)所得的实验半变异函数值，只是不同方法上的一些非连续点，必须经过理论模型拟合得出理论模型，才能较好地分析区域化变量 $Z(x)$ 的空间变异性。地统计学中半变异函数理论模型基本分为三大类：一类是有基台值模型，包括球状模型、指数模型、高斯模型、线性有基台值模型和纯块金效应模型；另一类是无基台值模型，包括幂函数模型、线性无基台值模型、抛物线模型；最后一类是孔穴效应模型。其中，最常用的是球状模型，其一般公式为

$$\gamma(h) = \begin{cases} 0 & h = 0 \\ C_0 + C\left(\frac{3}{2} \cdot \frac{h}{a} - \frac{1}{2} \cdot \frac{h^3}{a^3}\right) & 0 < h \leqslant a \\ C_0 + C & h > a \end{cases} \tag{6-9}$$

式中，C_0 为块金常数；C_0+C 为基台值；C 为拱高；a 为变程。当 $C=0$，$C=1$ 时，称为标准球状模型。在原点处的切线斜率为 $3c/2a$，与基台值线交点的横坐标为 $2a/3$。球状模型是地统计学应用最广泛的理论模型，许多区域化变量的理论模型均可应用球状模型来拟合(侯景儒和黄竞先，1990)。

半变异函数是地统计学的主要工具，有了半变异函数，就可以应用地统计学的理论和方法对参数的空间分布进行研究。研究主要有两方面的内容：一方面是应用半变异函数对参数的空间分布进行结构分析和变异性分析；另一方面是应用结构分析的结果和克里格法进行估值和模拟。

6.2　克里格法介绍

6.2.1　克里格理论基础

法国著名统计学家 Matheron(1973，1975a，b)将地统计分析方法理论化、系统化，研究了无偏非线性估计的算法，并命名为 Kriging，即克里格方法。克里格插值法，又称空间局部估计或空间局部插值法，是地统计学的主要内容之一(Trangmar et al.，1985；王政权，1999)，近些年，应用克里格法对土壤重金属含量进行空间插值和土壤环境质量评价做了大量工作(王学军和席爽，1997；McGrath et al.，2004；Korre，1999；Goovaerts et al.，1997；Chang et al.，1999)。克里格法是建立在变异函数理论及结构分析基础之上，

在有限的区域内对区域化变量取值进行无偏最优估计的一种方法，是对污染物分布进行最优无偏估计的最佳插值预测方法(Mcgrath et al.，2004)。其实质是利用区域化变量的原始数据和变异函数的结构特点，对未采样点区域化变量的取值进行线性无偏、最优估计(李海滨等，2001)。

对于任何一种估计方法，均不能要求计算值和其实际值完全一样，即偏差是不可避免的。但可以要求一种估计方法满足这样的条件(吴宇哲和吴次芳，2001)：

(1)实际值与估计值偏差的平均数为 0，或者估计误差的期望等于零，即无偏：

$$\sum\left(\left[\left(Z_v - Z_v^*\right)\right]\right) = 0 \tag{6-10}$$

(2)估计值与实际值之间的单个偏差尽可能的小，即误差平方的期望值(估计方差)应最小，即

$$\sigma_E^2 = \mathrm{var}\left(Z_v - Z_v^*\right) = E\left[\left(Z_v - Z_v^*\right)\right] = \min \tag{6-11}$$

最合理的估计方法应当提供一个无偏估计且估计方差为最小的估计量。最常用的方法是用样品的加权平均求估计值，即

$$Z_v^* = \sum_{a=1}^{n} \lambda_a \lambda_a \tag{6-12}$$

式中，λ_a 为加权因子，是各样品在估计时的影响大小，估计方法的优劣取决于如何计算或选择加权因子。

以最小估计方差得到待估单元平均值无偏线性估计量的方法，即所谓克里格法，其是一种最佳的局部估计方法。因此，本书的克里格插值(Kriging interpolation)以空间分布特征为研究基础，直接利用分析所得半变异函数的理论模型进行普通克里格插值。

6.2.2　普通克里格原理

克里格插值是根据变异函数模型发展起来的一系列地统计空间插值方法，包括：普通克里格法(ordinary Kriging)、泛克里格法(universal Kriging)、指示克里格法(indicator Kriging)、析取克里格法(disjunctive Kriging)、协同克里格法(CoKriging)等。在地统计学中，普通克里格法是最基本、应用最广泛，也是研究最为透彻的一种空间插值方法(张润杰等，2003)。在我国应用于土壤空间变异研究的方法多为普通克里格法(李亮亮等，2005)，普通克里格法对土壤化学性质的插值精度和表示每种土壤属性都是最好的方法(Panagopoulos et al.，2006；Yasrebi et al.，2009)。

设 $Z(x)$ 为区域化变量，满足二阶平稳和本征假设，其数学期望为 m，协方差函数 $c(h)$ 及变异函数 $\lambda(h)$ 存在，即

$$E\left[Z(x)\right] = m \tag{6-13}$$

$$c(h) = E\left[Z(x)Z(x+h)\right] - m^2 \tag{6-14}$$

$$Z_v(x_o) = \frac{1}{v}\int_v Z(x)\mathrm{d}x \tag{6-15}$$

对于中心位于 x_o 的块段为 v，其平均值为 $Z_v(x_o)$ 的估计值以 $Z_v(x_o) = \frac{1}{v}\int_v Z(x)\mathrm{d}x$ 进行估计。在待估区段 v 的邻域内，有一组 n 个已知样本 $v(x_i)(i=1,2,\cdots,n)$，其实测值为 $Z(x_i)(i=1,2,\cdots,n)$。克里格方法的目标是求一组权重系数 $\lambda_i(i=1,2,\cdots,n)$，使加权平均值为

$$Z_v^{\bullet} = \sum_{i-1}^{n}\lambda_i Z(x_i) \tag{6-16}$$

成为待估块段 v 的平均值 $Z_v(x_o)$ 的线性、无偏最优估计量，即克里格估计量。为此，要满足以下两个条件。

(1)无偏性。要使 $Z_v^{\bullet}(x)$ 成为 $Z_v(x)$ 的无偏估计量，即 $E\left[Z_v^*\right] = E[Z_v]$，当 $E\left[Z_v^*\right] = m$ 时，即当 $E\left[\sum_{i-1}^{x}\lambda_i Z(x_i)\right] = \sum_{i-1}^{x}\lambda_i E\left[Z(x_i)\right] = m$ 时，则有：$\sum_{i-1}^{x}\lambda_i = 1$，此时，$Z_v^{\bullet}$ 是 Z_v 的无偏估计量。

(2)最优性。在满足无偏性条件下，估计方差 δ_E^2 为

$$\delta_E^2 = E\left[Z_v - Z_v^{\bullet}\right]^2 = E\left[Z_v - \sum_{i-1}^{n}\lambda_i Z(x_i)\right]^2 \tag{6-17}$$

由方差估计可知：

$$\delta_E^2 = \bar{c}(V,V) + \sum_{i-1}^{n}\sum_{j-1}^{n}\lambda_i\lambda_j\bar{c}(v_i,v_j) - 2\sum_{i-1}^{n}\lambda_i\bar{c}(v_i,V) \tag{6-18}$$

为使估计方差 δ_E^2 最小，根据拉格朗日乘数原理，令估计方差的公式为

$$F = \delta_E^2 - 2\mu\left(\sum_{i-1}^{n}\lambda_i - 1\right) \tag{6-19}$$

求以上公式对和的偏导数，并令其为 0，得克里格方程组：

$$\begin{cases} \dfrac{\partial F}{\partial \lambda_i} = 2\sum_{j-1}^{n}\lambda_i\bar{c}(v_i,v_j) - 2\bar{c}(v_i,V) - 2\mu = 0 \\ \dfrac{\partial F}{\partial \mu} = -2\left(\sum_{i-1}^{x}\lambda_i - 1\right) = 0 \end{cases} \tag{6-20}$$

整理后，得

$$\begin{cases} \sum\limits_{j-1}^{n} \lambda_i \bar{c}(v_i, v_j) - \mu = \bar{c}(v_i, V) \\ \sum\limits_{i-1}^{n} \lambda_i = 1 \end{cases} \tag{6-21}$$

解上述 $n+1$ 阶线性方程组，求出权重系数 λ_i 和拉格朗日乘数 μ，并代入公式，经计算可得克里格估计方差 δ_E^2，即

$$\delta_E^2 = \bar{c}(V, V) - \sum\limits_{i-1}^{n} \lambda_i \bar{c}(v_i, V) + \mu \tag{6-22}$$

以上三个公式都是用协方差函数表示的普通克里格方程组和普通克里格方差。

6.2.3　土壤重金属克里格法应用

克里格法实质上是利用区域化变量的原始数据和半方差函数的结构特点，对未采样点区域化变量的取值进行线性无偏最优估计的一种方法。具体而言，是根据待估测样点有限邻域内若干已测定的样点数据，认真考虑其样点的形状、大小和空间相互位置关系，及其与待估测样点间的空间位置关系，以及半方差函数提供的结构信息，对待估测样点进行的一种线性无偏最优估计，既考虑了采样表面的总趋势变化(统计特征)，又考虑采样表面特征的相关变化和随机变化。克里格法将上述三项分别称为采样表面的结构项、相关项和随机噪声。克里格法和以往各种内插法的不同还在于其最大限度地利用了空间采样所提供的各种信息。在估计未知样点数值时，不仅考虑落在该样点的数据，还考虑了邻近样点的数据；不仅考虑待估测样点与邻近已知样点的空间位置，还考虑了各邻近样点彼此之间的位置关系。此外克里格法还利用已有观测空间分布的结构特征，较其他传统方法更精确、更符合实际。但克里格内插法是根据无偏估计和方差最小两项要求来确定的加权系数，其关键的函数是半方差函数，如果半方差函数和相关分析结果表明区域化变量的空间相关性并不存在，则此方法不适用。以下是对半方差函数的详细介绍：

1) 半方差函数

半方差函数定义为：区域化变量 $Z(x_i)$ 和 $Z(x_i+h)$ 增量平方的数学期望，即区域化变量增量的方差。半方差函数既是距离 h 的函数，又是方向 a 的函数(马孝义等，2001；吴宇哲和吴次芳，2001；路鹏等，2005)，其计算公式如下：

$$r(h) = \frac{1}{2N(h)} \sum\limits_{r=1}^{N(h)} \left[z(x_i) - z(x_i + h) \right]^2 \tag{6-23}$$

式中，$r(h)$ 为半方差函数值，半方差函数曲线图是半方差函数 $r(h)$ 对距离 h 的坐标图形；$N(h)$ 为被分隔的数据对的数量；$z(x_i)$ 和 $z(x_i+h)$ 分别为点在 x_i 和 x_i+h 处样本的测量值；

h 为两分隔样点的距离。

2) 半方差图与半方差函数模型

半方差值与对应距离共同组成半方差图(图 6-1)。图中 C_0 是块金方差,反映了最小取样距离内由于样点变异性和测量误差所引起的方差,$C_0 + C_1$ 是基台值,是半方差随距离增加到一定程度后出现的平稳值,C_1 是结构方差,是基台值和块金系数之间的差值,a 是变程,当 $h>a$ 时,可认为样点完全独立,不受空间影响,当 $h<a$ 时,则要考虑一定的空间相关关系。

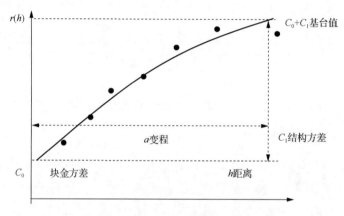

图 6-1　半变异图

由于土壤采样点各属性值取值受误差影响,因此,研究其空间变异的半方差函数模型应是有基台值的函数模型,主要有以下模型:

球状模型(spherical model):

$$r(h) = \begin{cases} 0 & h = 0 \\ C_0 + C\left(\dfrac{3h}{2a} - \dfrac{1h^3}{2a^3}\right) & 0 < h \leqslant a \\ C_0 + C & h > a \end{cases} \tag{6-24}$$

高斯模型(Gaussian model):

$$r(h) = \begin{cases} 0 & h = 0 \\ C_0 + C\left(1 - e^{\frac{h^2}{a^2}}\right) & h > 0 \end{cases} \tag{6-25}$$

指数模型(exponential model):

$$r(h) = \begin{cases} 0 & h=0 \\ C_0 + C\left(1 - e^{4/a}\right) & h>0 \end{cases} \tag{6-26}$$

3) 半方差函数的最优拟合

为了使理论模型能充分描述所研究区域变量的变化规律,在建立模型的过程中要对模型进行最优拟合(刘付程等,2003;黄平等,2009)。通常情况下,根据半方差函数分布图初步选择几种合适的模型进行拟合,通过比较平均误差、均方根预测误差、平均标准差、标准化误差和平均标准化误差等参数和预测误差图来选择最优模型。

6.3 重金属含量与空间分布特征研究

6.3.1 土壤重金属含量统计分析

研究区土壤重金属含量统计结果见表 6-1,各元素有效样本量为 107 个。从变异系数看,Hg 的变异系数最大为 49.5%,Zn 的变异系数最小为 21.4%。研究区土壤重金属元素变异系数排序为:Hg>Cr>Cd>Cu>Ni>As>Pb>Zn。利用 Kolmogorov-Smirnov 进行土壤重金属含量正态分布检验,$P>0.05$ 表示数据符合正态分布。检验结果显示,各元素均符合正态分布(图 6-2)。

表 6-1 研究区土壤重金属含量统计结果表 （单位：mg/kg）

项目	Cr	Ni	Cu	Zn	Cd	Pb	As	Hg
N	107	107	107	107	107	107	107	107
全距	189.78	58.90	55.75	154.30	0.87	45.86	11.42	0.27
极小值	27.97	17.65	12.23	68.93	0.21	17.87	5.30	0.02
极大值	217.75	76.54	67.98	223.22	1.07	63.72	16.72	0.29
均值	79.42	36.05	32.01	117.76	0.46	32.10	11.15	0.14
标准差	35.58	11.48	11.62	25.25	0.17	8.06	3.28	0.07
方差	1265.94	131.78	135.10	637.60	0.03	64.94	10.74	0.01
SD 变异系数	0.45	0.32	0.36	0.21	0.37	0.25	0.29	0.50
25%	52.64	27.77	23.87	102.14	0.35	26.72	8.02	0.09
50%	77.21	34.04	30.34	113.72	0.42	31.05	11.60	0.14
75%	93.92	41.39	35.76	132.49	0.51	35.97	13.60	0.20
偏度	1.33	1.26	1.19	1.00	1.72	1.40	−0.12	0.28
峰度	2.59	1.80	1.20	2.01	3.35	3.15	−1.18	−0.93
K-S 检验	0.10	0.13	0.14	0.11	0.17	0.10	0.11	0.10

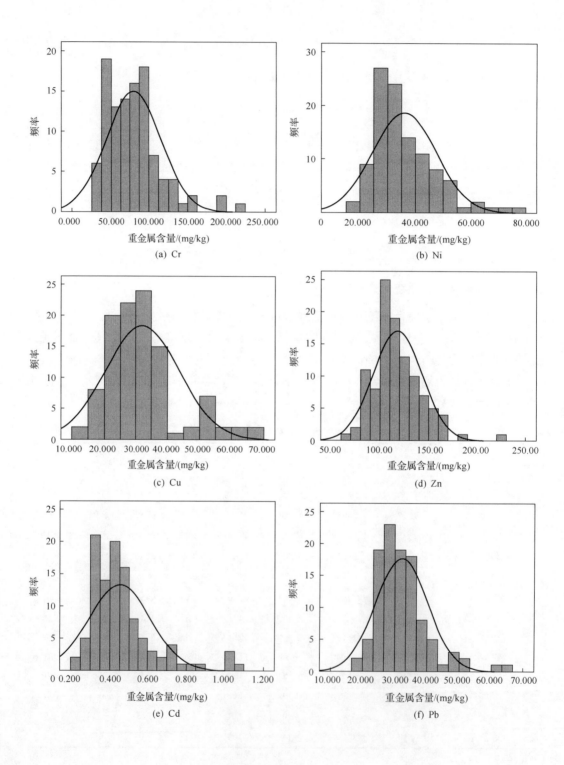

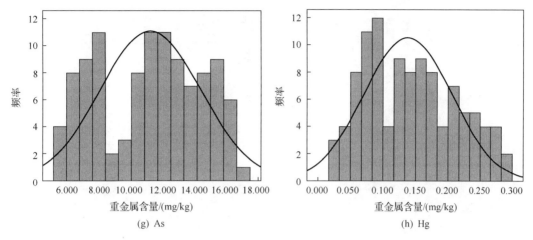

(g) As

(h) Hg

图 6-2 土壤重金属含量直方图

6.3.2 离群值(异常值)识别

数据离群值分为全局离群值和局部离群值。全局离群值是指对整个数据集来讲，具有很高或很低的值的观测样本。局部离群值是对整个数据集来讲，观测样点的值处于正常范围内，但与其他相邻测量点比较，它偏高或偏低。离群点的出现可能是真实的值，也可能是由于不正确的测量或记录引起。在污染调查中的离群值往往是研究和诊断污染的重点。对于单个变量、样本量较小的情况下，较好的检验方法有：t-检验、Dixon 检验、Grubbs 检验、Nair 检测和 Walsh 检验等(陶澍，1994；赵慧等，2003)。

本书利用 Boxplot 进行离群值识别，BoxPlot(图 6-3)中间的黑粗线为中位数，方框为四分位数间距的范围，上下两个细线之间的距离是 1.5 倍四分位数间距，之外的点为离群值(outlier)或极值(extreme value)。其中离方框上/下界的距离超过四分位数间距 1.5 倍的为离群值，超过 3 倍的为极值(张文彤等，2004；张文彤和董伟，2004)。离群值的分析结果(图 6-3)表明，Cd 存在 4 个极大值和 2 个离群值，其中最大值分别为 7 号点、86 号点、87 号点和 100 号点；Cr 有 5 个离群值；Ni 有 5 个离群值；Cu 有 6 个离群值；Zn 有 2 个离群值；Pb 有 4 个离群值。

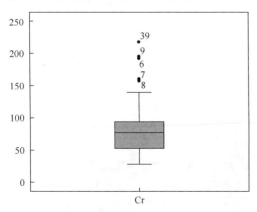

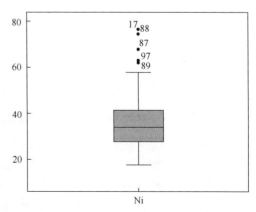

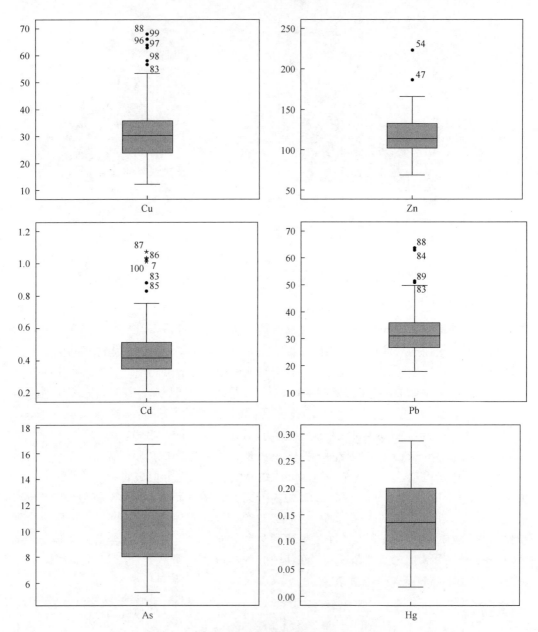

图 6-3　土壤重金属含量箱线图（单位：mg/kg）

图中"●"表示离群值；"*"表示极大值

6.3.3　土壤重金属变异函数拟合

本书采用 GS+（geostatistics for the environment science）软件进行数据统计分析，半变异函数的计算及其拟合。步长的选择采用距离组方法，即用一定距离范围内所有样点距离的平均值作为步长分组，本书步长（h）划分以 8.784km 为间距。本书选取拟合度最好的模型类型[最适合模型决定系数较大，残差平方和较小（李晓燕等，2004）]，计算了研究区土壤中 Cr、Ni、Cu、Zn、Cd、Pb、Hg、As 8 种重金属含量的实验变异函数，并根据实验变异函数特点进行理论变异函数的拟合，拟合计算采用加权回归法，以距离倒数作为权重，得出各重金属相应参数结果见表 6-2，变异函数图见图 6-4。

表 6-2　研究区土壤重金属理论变异函数模拟参数

元素	块金值 C_0	基台值 (C_0+C)	变程 /km	块金值/基台值 $C_0/(C_0+C)$	模型	R^2 系数	残差平方和 (RSS)
Cr	0.076	0.210	5.980	0.364	球型	0.818	5.42E−03
Ni	0.044	0.151	12.349	0.292	高斯	0.881	1.54E−03
Cu	0.063	0.181	11.570	0.348	高斯	0.895	1.83E−03
Zn	0.002	0.042	4.320	0.055	球型	0.486	5.73E−04
Cd	0.042	0.186	12.210	0.226	高斯	0.913	2.01E−03
Pb	0.028	0.158	19.728	0.177	高斯	0.921	4.20E−04
As	0.055	0.110	4.430	0.495	球型	0.499	2.73E−03
Hg	0.225	0.450	7.846	0.499	高斯	0.805	1.76E−02

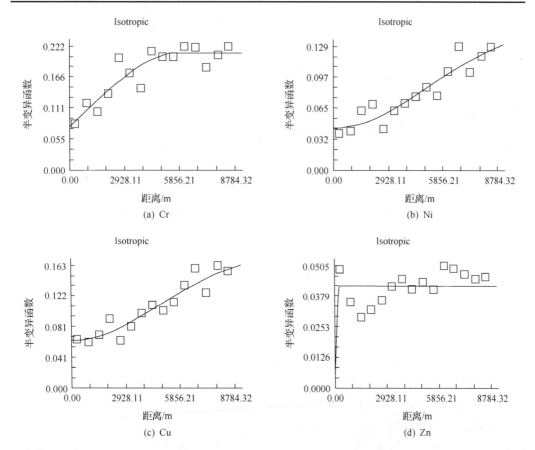

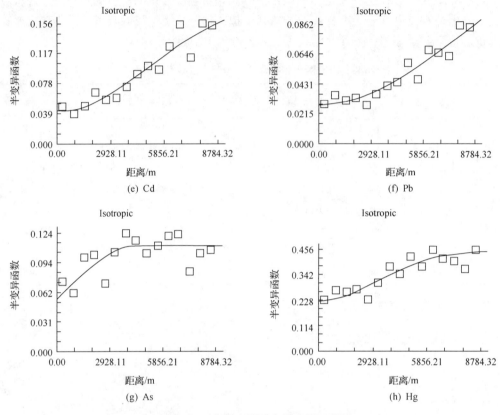

图 6-4　研究区土壤重金属变异函数图

6.3.4　土壤重金属空间分布趋势分析

土壤重金属含量的趋势分析是从不同视角对采样数据集的全局进行趋势分析,在利用克里格进行插值时,去除空间趋势的影响有助于改善插值的效果(Panagopoulos et al.,2006)。对区域土壤重金属进行多项式内插时,趋势面的分析结果可以辅助多项式拟合系数的选择,提高拟合精度。多种元素的空间分布趋势进行对比,可以识别不同元素累积特征的主导因素。将趋势分析的结果与其他自然要素(地质、土壤)和人类活动要素(土地利用、交通、工业活动)进行叠加分析,从而有利于识别土壤重金属污染成因。趋势分析的基本原理是将研究区采样点转换为以要素值为高度的三维透视图,在趋势分析图中,所有采样点被投影到东西向和南北向的正交平面上。通过投影点做出一条最佳的拟合曲线,并用它来模拟特定方向上的趋势。如果曲线是平直的,则表明没有趋势存在。本书的趋势分析工具为 ArcGIS Geostatistical Analyst 中的 Trend Analysis Tool。

重金属含量空间分布趋势图中 X 轴表示东西方向,Y 轴表示南北方向,Z 为土壤重金属含量值(图 6-5)。趋势分析结果表明,研究区土壤重金属在空间上存在一定的空间分布趋势。Cr 含量在空间上分布趋势为自西向东，含量逐渐降低；自北向南，Cr 含量自中部向南逐渐升高。Ni、Cu、Cd、Pb 含量在空间上分布趋势大致相似，自西向东表现为

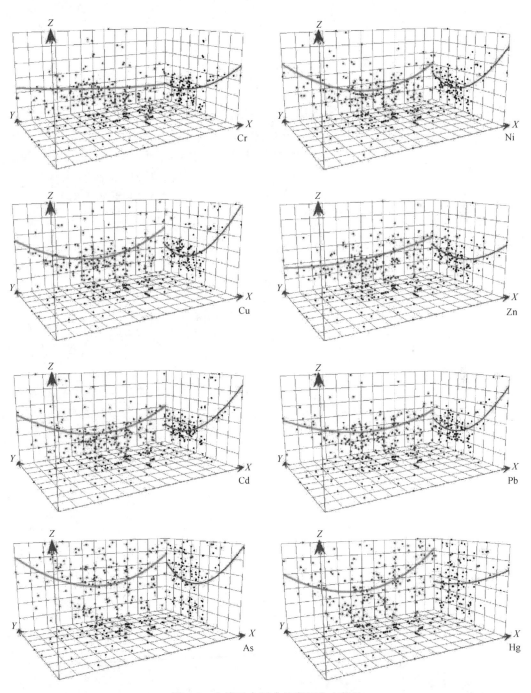

图 6-5　土壤重金属含量空间分布趋势

两端高，中部较低；南北方向上，自中部向南逐渐升高。Zn 含量自西向东逐渐升高；南北方向上，自中部向南逐渐升高。As 含量在东西方向和南北方向上均呈 U 形变化，两端较高，中部低。Hg 含量自西向东呈 U 形变化，两端较高，自西向东先降低后升高，中部低；南北方向上，趋势线近似为直线，自北向南逐渐升高。

6.3.5　土壤重金属空间自相关性分析

利用 Rookcase 软件计算土壤重金属的空间自相关系数 Moran's I，并以近似正态分布为前提进行 Moran 系数标准化，标准化值 $Z(I)$ 越大，空间自相关性越显著（李建豹等，2011）。土壤重金属空间自相关计算的距离范围为 1～8.7km，间隔为 1km。从标准化空间自相关图可以描述区域化变量的空间自相关特征，判断变量在研究范围内是否存在空间聚集和空间孤立区。同时也可获得变量的空间自相关尺度。标准化的空间自相关图，通常会有多个正相关，较近的正相关距离为变量的空间自相关距离（张朝生等，1998）。正的空间自相关表示元素在空间上存在聚集现象，负的空间自相关表示元素在空间上存在孤立现象（图 6-6）。

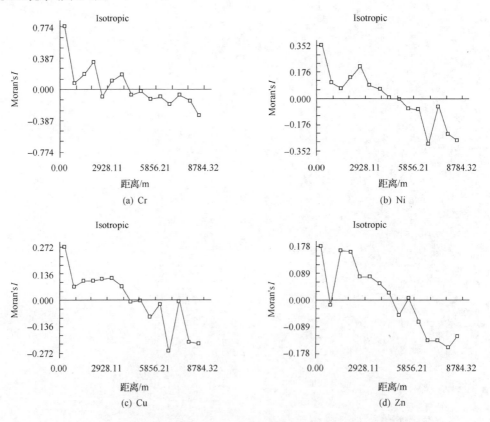

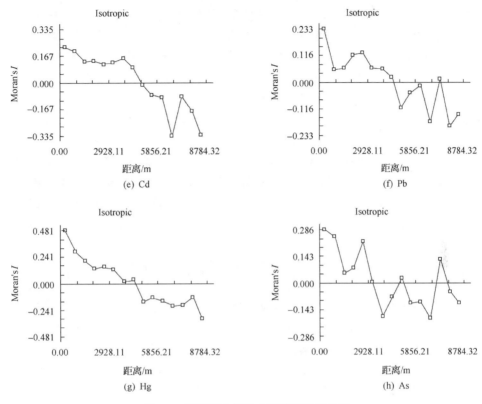

图 6-6　研究区土壤重金属空间自相关图

6.3.6　土壤重金属空间分布影响因素分析

用半方差函数的最佳拟合模型及其参数(块金值 C_0、基台值 $C + C_0$、基台效应 $C_0/C + C_0$ 和变程),应用结构方差(C)和基台值($C + C_0$)的比值,结合空间相关距离评价各属性的空间相关性,分析其空间分布规律、空间变异程度及产生变异的原因。利用变程的大小分析变量的空间依赖程度,在空间自相关距离以内,变量有相关性,空间非独立;空间自相关距离以外,变量无相关性,空间独立;块金值与基台值之比是反映区域化变量空间异质性程度的重要指标,表示随机部分引起的空间异质性占系统总变异的比例,可作为衡量变量空间相关程度的尺度,进而判断变量空间变异的原因,即影响土壤重金属空间分布的原因。

根据区域化变量空间相关程度的分级标准(Cambardella et al.,1994),如果块金值和基台值之比($C_0/C + C_0$)小于 0.25,表明变量的空间变异以结构性变异为主,具有较高的空间相关性,即变量受自然和区域因素影响较大;0.25~0.75 为中等程度空间相关,表明人为因素的影响和区域自然因素的影响程度相当;大于 0.75 时,以随机变量为主,则为空间弱相关,表明受人为影响因素较大,如施肥因素、管理水平和小于采样尺度内的测量误差等(李哈滨等,1998;李晓燕等,2004;曹尧东等,2005)。Cr、Ni、Cu、Zn、Cd、As、Hg 重金属的块金值和基台值之比在 0.25~0.75,空间相关程度为中等;Pb 重金属的块金值和基台值之比小于 0.25，空间相关程度强，其空间变异主要由空间自相关引起，表明其分布在自相关范围内主要受内在因子(气候、母质、地形、土壤类型等)的影响。Cr、Ni、Cu、Zn、Cd、As、Hg 7 种重金属的块金值与基台值之比均小于等于 0.5，由随机部分引起的空间变异均小于空间自相关部分引起的空间变异，表明研究区土壤重金属 Cr、Ni、Cu、Zn、Cd、As、Hg 除受内在因子影响外，一些外在因子(耕作、施肥、人为污染等)也起一定作用，使其空间相关性减弱，逐渐向均一化方向发展，由此进一步说明土壤重金属的空间变异是由随机因素和区域因素共同作用的结果。其中，由随机因素引起的变异性主要体现在小尺度上(相当于数据最小分辨率，即样点最小距离)，而由空间自相关引起的空间变异性主要体现在中尺度范围内(相当于样点间最小距离到最大相关距离范围)，表明小尺度上该 7 种重金属无明显变化规律，其空间变异受农用化肥、固体废弃物和污水灌溉等人为因素的影响较大，而中尺度具有一定的渐变性分布规律。

6.4　土壤重金属含量空间插值

空间插值研究的本质即通过空间建模来拟合生成充分逼近要素空间分布特征的函数方程(朱会义等,2004)，插值模型的选择是土壤重金属污染评价的基础(谢云峰等,2010)。本书结合 ArcGIS，应用普通克里格法进行最优内插，绘制了各重金属元素含量的空间分布趋势图(图 6-7)。

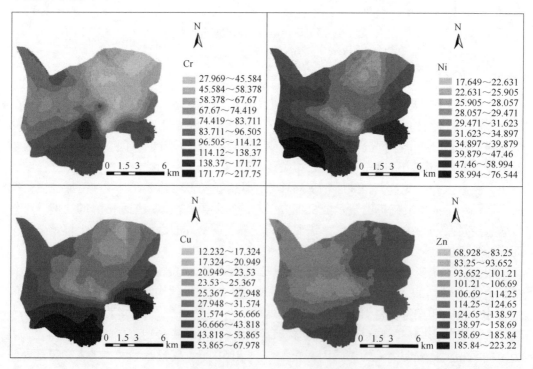

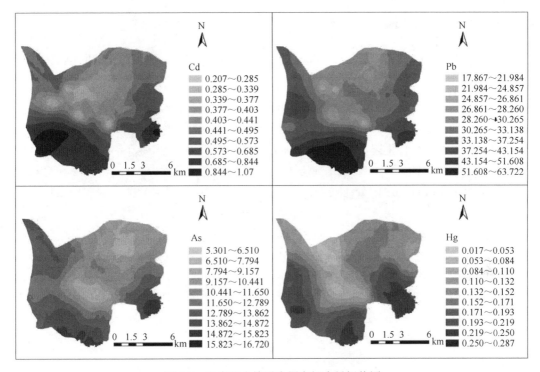

图 6-7　研究区土壤重金属空间含量插值图

由图 6-7 可知：土壤 Cr 富集区域主要分布在研究区南部，该区域属于城镇建设用地区域，其中 6 号、7 号、8 号、9 号和 39 号点出现较高值，与离群值分析相一致。整个研究区 Cr 含量由西向东略有降低趋势，位于研究区东北部地区 Cr 的含量均较低。

土壤 Ni 和 Cu 分布相似，富集区域主要分布在研究区的西南部和东南部，该区域属于城镇建设用地区域，其中土壤 Ni 离群值识别分析中的 17 号、87 号、88 号、89 号、97 号点出现较高值与富集程度最高相一致；土壤 Cu 离群值识别分析中的 83 号、88 号、96 号、97 号、98 号、99 号点出现较高值与富集程度最高也相一致。整个研究区 Ni 和 Cu 的含量由东北向西南有升高趋势，位于研究区东北部地区 Ni 和 Cu 的含量较低。

土壤 Zn 含量在研究区西北部较低，浓度较高区域集中在研究区南部和东北部，此区域城镇建设用地和农村居民点分布较多，有污染富集趋势。

土壤 Cd 富集区域主要分布在研究区的西南部和东南部，此区域属于农村居民点和城镇建设用地区域，其中 7 号、86 号、87 号和 100 号样点出现超标。整个研究区自东北向中心地带 Cd 含量较低，研究区局部向整体扩散污染。

土壤 Pb 含量在整个中心区域偏北地区含量较低，研究区东南部和西南部较高，与 Zn 分布相似，此区域属于城镇建设用地和农村居民点。

土壤 As 含量在研究区东北部和中部及部分西南部含量较低，研究区西南部底部、东南部和西北角有富集趋势，研究区整体没有较高值，整体保持相对清洁。

土壤 Hg 含量在研究区中部及北部区域较低，较高富集区域主要分布在研究区的南部、西南部和东南部，此区域属于农村居民点和城镇建设用地区域，其中各样点出现超标值和离群值，表明研究区出现整体污染。

6.5 小 结

本章由土壤重金属含量统计分析得出，研究区土壤重金属元素变异系数排序为：Hg>Cr>Cd>Cu>Ni>As>Pb>Zn。利用 Kolmogorov-Smirnov 进行土壤重金属含量正态分布检验，各元素均符合正态分布。利用 Boxplot 进行离群值识别，发现 Cd 存在极大值和离群值，Cr、Cu、Ni、Pb、Zn 存在离群值，As 和 Hg 不存在。在 ArcGIS 平台上分析了研究区土壤重金属含量空间分布趋势，并计算土壤重金属空间自相关系数 Moran's I。

应用地统计方法计算区域土壤重金属的半变异函数，掌握了研究区土壤重金属含量的空间分布特征。研究区域内 8 种重金属的理论变异函数拟合效果均较好，其中 Cr、Zn、As 符合球状模型，Ni、Cu、Cd、Pb、Hg 符合高斯模型。研究区域内重金属受人为活动与区域因素的共同影响，其中人为活动对 Hg、Cd 的空间分布结构影响较为突出，其余重金属元素的空间分布结构在自相关范围内主要受土壤母质影响，变程范围以外也受人类活动的干扰，但各重金属具体的影响方式和大小还需进一步深入研究和探讨。此外，本书结合 ArcGIS，应用普通克里格法进行最优内插，绘制了各重金属元素含量的空间分布特征图，对其分布趋势和特征进行了分析。

第7章　土壤重金属污染评价与影响因素分析

重金属难降解、易积累、毒性大,对作物的生长、产量和品质都有影响(Mclaughlin et al.,1999),尤其是它还能被作物吸收进入食物链,成为危害人体健康的潜在威胁(Gorell et al.,1999)。长期以来,由于对土壤污染的危害缺乏充足的认识,造成土壤污染日益加重,近年来针对土壤重金属污染和由此带来的土壤安全和作物健康问题,国内外学者进行了深入的研究,提出一系列土壤重金属污染评价的相关标准、手段和方法(李朝奎等,2011;Langley,1996;Iemarkus and Mcbratney,2007;滕彦国等,2002;Brus et al.,2005;夏家淇,1986;朱青等,2004;王学军等,1997;王海燕等,2005;朱剑东等,2002;王伟杰和柯涌潮,1986)。很多新方法的提出正是为了弥补前面某种方法的不足和缺陷,因而每种方法都有自己的优点,可以较好地反映土壤环境质量的某个或多个方面(林艳,2011)。本书拟采用多种指数评价方法结合潜在风险评估法对研究区土壤重金属污染进行全面评价。

7.1　评价标准

土壤对人类健康的影响有多大,如何进行评价,首先需要解决的就是污染评价标准问题。土壤重金属污染评价标准采用土壤环境质量中的评价标准即土壤背景值,其一直是各方面关注的热点(陈怀满等,2004;李志博等,2006;王国庆等,2005)。国家土壤环境质量标准(GB15618—1995)将土壤环境质量分为 3 个等级:一级标准为保护区域自然生态、维持自然背景的土壤环境质量限制值;二级标准为保障农业生产、维护人体健康的土壤限制值;三级标准为保障农林业生产和植物正常生长的土壤临界值(叶琛等,2010)。

对具体研究区的应用而言,国家土壤环境质量标准有一定的局限性,存在着规定太严或规定太宽等问题(王国庆等,2005)。依据不同地区、不同类型土壤背景值的统计量定出一个全国通行的土壤环境质量标准,在实际应用中必然会出现偏差。河南省潮土背景值高于国家标准值,降低了土壤受到污染的风险。因此,本书采用河南省潮土背景值(国家环境监测总站,1990)(表 7-1)为评价基准,该方法目前得到了广泛的应用。

表 7-1　中国土壤(河南省潮土类)元素背景值　　(单位:mg/kg)

元素	Cr	Ni	Cu	Zn	Cd	Pb	As	Hg
背景值	66.60	29.6	24.10	71.10	0.10	21.9	9.70	0.047

7.2　土壤重金属污染指数评价

土壤重金属污染的指数评价在国内外已广泛应用，但各种指数系统形式繁多，计算公式各样。目前，国内外土壤重金属污染指数评价的方法很多，常用的方法有污染指数评价法、模糊数学法、聚类法、因子分析法等多种评价方法（朱青，2004；罗厚枚和王宏康，1994；孟宪林等，1994）。以上方法均能对研究区污染程度进行较为全面的评价，但无法从自然异常中分离人为因素，判断重金属的人为污染情况。

为了解人类活动对研究区土壤的影响，本书对土壤重金属污染状况评价首先采用内梅罗指数法评定各采样点相对于环境质量标准的超标情况；再应用地累积指数法和污染负荷指数法判断人类活动对研究区重金属含量的影响程度。地累积指数法和污染负荷指数法均引入背景值作为标准对土壤重金属含量进行归一化处理，其结果不仅有助于了解重金属分布的自然变化特征，而且可以判别人类活动对环境的影响，使土壤中的重金属污染得到更好的评价，同时，对人类污染过程的评价提供了更为可靠、有效的评价方法（李娟娟和马金涛，2006）。

7.2.1　内梅罗指数法

内梅罗指数法是当前国内外进行综合污染指数计算最常用的方法之一。该方法先求出各因子的分指数（超标倍数），然后求出各分指数的平均值，取最大分指数和平均值计算。

1）单因子指数法

通过单因子评价，可以确定主要重金属污染物及其危害程度（郑国璋，2007；宁晓波等，2009）。一般以污染指数表示，以重金属含量实测值和评价标准相比除去量纲来计算污染指数：

$$P_i = \frac{C_i}{S_i} \tag{7-1}$$

式中，P_i 为 i 重金属元素的污染指数；C_i 为重金属含量实测值；S_i 为土壤环境质量标准值（河南省潮土背景值）。

应用 ArcGIS 的地统计扩展模块，对重金属元素的污染指数进行普通克里格空间插值，将单因子指数污染分级划分为非污染区、轻度污染区、中度污染区和重度污染区（表 7-2）（钟晓兰等，2007b）。

表 7-2　土壤重金属单项污染程度分级标准

P_i	$P_i \leqslant 1$	$1 < P_i \leqslant 2$	$2 < P_i \leqslant 3$	$P_i > 3$
污染水平	非污染	轻污染	中污染	重污染

2)综合指数法

单因子指数仅反映各重金属元素的污染程度,未能全面反映土壤的污染状况,而综合污染指数兼顾了单因子污染指数平均值和最高值,可突出污染较重的重金属污染物的作用(廖晓勇等,2006;郭朝晖等,2008)。综合污染指数计算方法如下:

$$P_{综}=\sqrt{\frac{\left(\bar{P}\right)^2 + P_{i\max}{}^2}{2}}$$
(7-2)

式中,$P_{综}$ 为采样点的综合污染指数;$P_{i\max}$ 为 i 采样点重金属污染物单项污染指数中的最大值;$\bar{P} = \frac{1}{n}\sum_{i=1}^{n} p_1$ 为单因子指数平均值。

但由于不同重金属对土壤环境、生态环境的影响不同,采用加权计算法来求平均值比较合适(周广柱等,2005;吴春发,2008),改进公式如下:

$$\bar{P} = \frac{\sum_{i=1}^{n}\left(w_i p_i\right)}{\sum_{i=1}^{n} w_i}$$
(7-3)

对权重 w 的确立,按重金属对环境的影响程度,将环境研究中比较关注的微量元素分为三类,因一类、二类、三类微量元素环境重要性逐渐下降,分别赋值为 3、2、1 作为权重(Swaine,2000)。本书涉及的几种重金属其类别和权重分配见表 7-3,综合污染指数分级标准见表 7-4。

表 7-3　土壤重金属污染物对环境的重要性分类和权重值

项目	Cd	Ni	Cu	Zn	Cd	Pb	As	Hg
类别	II	II	II	II	I	I	I	I
权重	3	3	3	3	2	2	2	2

表 7-4　土壤综合污染程度分级标准

土壤综合污染等级	土壤综合污染指数	污染程度	污染水平
1	$P_{综} \leqslant 0.7$	安全	清洁
2	$0.7 < P_{综} \leqslant 1$	警戒限	尚清洁
3	$1 < P_{综} \leqslant 2$	轻污染	污染物超过起污染值,植物开始污染
4	$2 < P_{综} \leqslant 3$	中污染	土壤和作物污染明显
5	$P_{综} > 3$	重污染	土壤和作物污染严重

从以上计算公式可以看出，内梅罗综合指数过分突出污染指数最大的重金属污染物对环境质量的影响和作用，在评价时可能会人为夸大或缩小一些因子的影响作用，使其对环境质量评价的灵敏性不高，在某些情况下，其计算结果难以区分土壤环境污染程度的差别。

7.2.2　地累积指数法

地累积指数也叫 Muller 指数，是德国学者 Muller(1969)提出的，广泛用于研究沉积物及其他物质中重金属污染程度的定量指标，其不仅考虑了沉积成岩作用等自然地质过程对背景值造成的影响，同时充分注意了人为活动对重金属污染的影响(Forstner and Muller, 1981)。因此，该指数不仅反映重金属分布的自然变化特征，而且可以判别人为活动对环境的影响，是区分人为活动影响的重要参数(柴世伟等, 2006; 黄忠臣等, 2008)。近年来，国内将地累积指数用于土壤环境质量评价，取得了较好的成果(唐将等, 2008; 腾彦国等, 2002; 李绍生, 2011; 刘衍君等, 2009)，其计算式如下:

$$I_{geo} = \log_2 \left[C_n / (K \times B_n) \right] \tag{7-4}$$

式中，I_{geo} 值为地累积指数; C_n 为元素 n 在土壤中的含量; B_n 为黏质沉积岩(即普通页岩)中该元素的地球化学背景值，有时也采用当地无污染区该重金属含量作为背景值; K 为考虑各地岩石差异可能会引起背景值的变动而取的系数(一般取值为 1.5)。根据 I_{geo} 值将污染等级分为 6 级，对应污染程度为无污染至极强污染(表 7-5)。

表 7-5　地累积指数与污染程度分级

I_{geo}	<0	0~1	1~2	2~3	3~4	4~5	>5
级数	0	1	2	3	4	5	6
累积污染程度	无	无-中	中	中-强	强	强-极强	极强

7.2.3　污染负荷指数法

污染负荷指数法是 Tomlinson 等从重金属污染水平的分级研究中提出来的一种评价方法。该指数由评价区域所包含的多种重金属成分共同构成，并使用了求积的统计法，通过这种方法能对整个区域各点位各种重金属进行定量评价，并对各点的污染程度进行分级，不仅能直观反映对环境污染最严重的元素和各种元素对环境污染的贡献程度，以及重金属在时间、空间上的变化趋势，应用比较方便(范拴喜等, 2010)，而且能避免污染指数加和关系造成的对评价结果歪曲的现象，并对任意给定的区域进行定量判断(徐争启等, 2004)。首先根据某点的实测重金属含量，进行最高污染系数(CF)的计算:

$$CF_i = \frac{C_i}{C_{oi}} \tag{7-5}$$

式中，CF_i 为元素的最高污染系数；C_i 为元素 i 的实测含量；C_{oi} 为元素 i 的评价标准，即背景值。

某点的污染负荷指数(PLI)为

$$PLI = \sqrt[n]{CF_1 \times CF_2 \times CF_3 \cdots CF_n} \qquad (7\text{-}6)$$

式中，PLI 为某点的污染负荷指数；n 为评价元素的个数。

某区域的污染负荷指数(PLI_{zone})为

$$PLI_{zone} = \sqrt[m]{PLI_1 \times PLI_2 \times PLI_3 \cdots PLI_m} \qquad (7\text{-}7)$$

式中，PLI_{zone} 为区域污染负荷指数；m 为评价点的个数(采样点的个数)。污染负荷指数与污染程度之间的关系见表 7-6。

表 7-6 污染负荷指数与污染程度之间的关系

PLI 值	<1	1~2	2~3	≥3
级数	0	1	2	3
累积污染程度	无污染	中等污染	强污染	极强污染

7.3 研究区土壤重金属污染指数评价结果

利用上述内梅罗指数法、地累积指数法和污染负荷指数法分别对研究区土壤中 Cr、Ni、Cu、Zn、Cd、Pb、Hg、As 八种重金属进行污染评价。

7.3.1 内梅罗指数评价结果

单因子指数法实质上是计算各样点的超标率，其评价结果见表 7-7。从评价结果可以看出，研究区土壤重金属污染主要以 Hg 和 Cd 重污染为主，Cr、Ni、Cu、Zn、Pb 和 As 属于轻污染。研究区土壤重金属综合污染程度为中等污染，表明土壤已受到污染。

表 7-7 研究区土壤重金属内梅罗指数评价结果

项目	Cr	Ni	Cu	Zn	Cd	Pb	As	Hg
单因子污染指数(平均值)	1.20	1.22	1.33	1.66	4.64	1.47	1.15	3.06
综合污染指数				2.87				

7.3.2 地累积指数评价结果

从地累积指数的计算公式可以看出，地累积指数法实际是从现有金属含量除去相应的天然含量或背景含量，从而得到因人为活动造成的金属总富集程度。考虑到不同的地球化学背景可能造成所获得的重金属污染信息差异，本书选取河南省潮土背景值作为基准。八种土壤重金属地累积指数评价结果的平均值见表 7-8。

表 7-8　研究区土壤重金属地累积指数评价结果　　　（单位：mg/kg）

项目	Cr	Ni	Cu	Zn	Cd	Pb	As	Hg
评价结果(均值)	−0.462	−0.365	−0.260	0.112	1.549	−0.074	−0.453	0.811
累积污染程度	无	无	无	无-中	中	无	无	无-中

从评价结果的平均值可以看出，Cd 的累积污染程度较高，Hg 接近中等积累污染程度，Zn 刚刚出现积累，其余重金属没有出现积累污染程度。其中，Cd 的累积污染程度较高，这与化肥、农药的使用有关。

7.3.3　污染负荷指数法评价结果

区域污染负荷指数(PLI_{zone})的计算结果能够从整体上反映出该地区土壤中重金属的污染状况。采用河南省潮土背景值作为评价标准，将 Cr、Ni、Cu、Zn、Cd、Pb、As、Hg 八种重金属进行评价，得到结果：$PLI_{zone}=1.62$。经计算表明，研究区土壤重金属的污染状况整体属于中等污染。

7.3.4　污染评价结果的克里格插值

单因子指数法实质上是计算各样点的超标率，其评价结果见表 4-7，从评价结果可以看出，研究区土壤重金属污染主要以 Hg 和 Cd 重污染为主，Cr、Ni、Cu、Zn、Pb 和 As 属于轻污染。研究区土壤重金属综合污染程度为中等污染，表明土壤已受到污染。

从以上三种评价方法的结果，可大致了解研究区土壤重金属污染状况。单因子评价方法得出了 Hg、Cd 是整个研究区的主要重金属污染元素，且均在一定程度上超过河南省潮土背景值，其人为污染程度较高。综合评价方法得出了研究区土壤存在中等重金属污染。为了研究区内土壤环境质量的空间分布特征和分布规律，而不仅仅是采样点的污染评价状况，本书采用克里格法对采样点土壤环境质量分类评价结果进行了空间插值，并根据克里格插值结果结合 ArcGIS 绘制重金属含量等级空间分布图，对不同污染等级区域面积进行统计(王波等，2006)。该方法的精度可能低于将采样点重金属含量插值后得到的各个点的含量值进行污染评价计算后得到的评价结果，由于本书最终需要的是各污染评价的分级结果图，因此，只要误差在允许范围内，其结果还是能符合实际情况的。本书以各重金属元素为例，以含量插值结果的污染评价结果为真值，以采样点评价结果进行插值得到各个点的评价结果为估计值，分别计算了内梅罗单因子与地累积指数法的误差，均在 0.05 内，因此，对于以 1 为单位的分级结果来说，这种方法是可行的。

将研究区单因子污染指数、研究区土壤重金属地累积指数评价、研究区土壤重金属污染负荷指数综合评价结果和等级，进行数据变换，变异函数计算与拟合等地统计分析后，得到插值需要的数值，进行克里格插值。分级结果如图 7-1～图 7-4 所示，面积统计表见表 7-9～表 7-11。从图中可以看出尽管各种评价结果导出的土壤环境质量不一致，但其整体趋势基本一致。

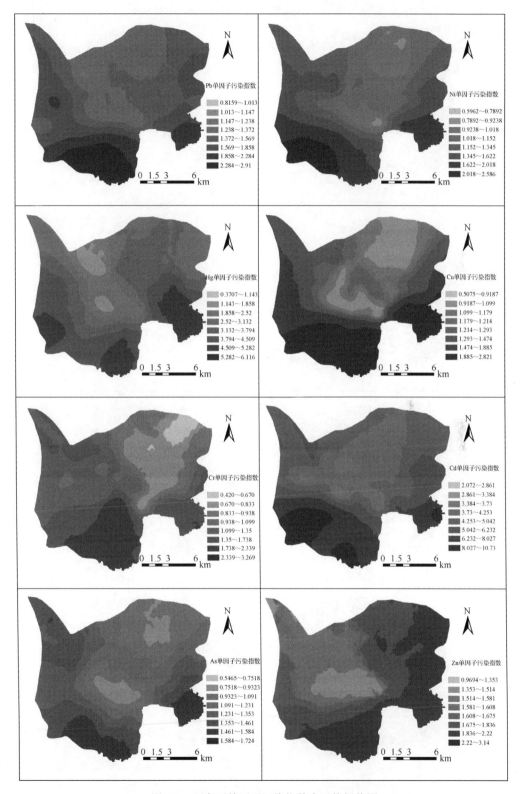

图 7-1 研究区单因子污染指数克里格插值图

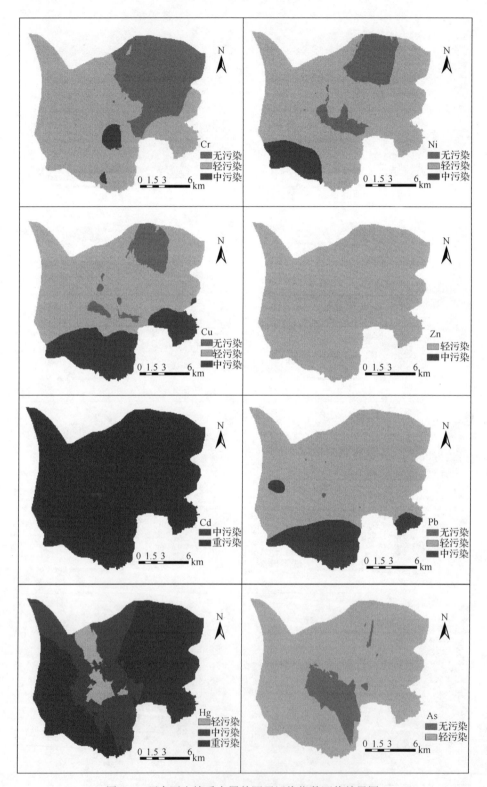

图 7-2　研究区土壤重金属单因子污染指数评价结果图

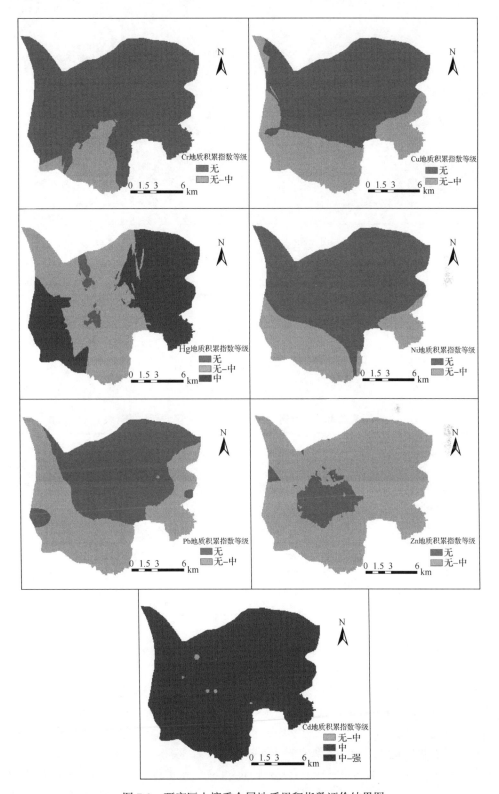

图 7-3 研究区土壤重金属地质累积指数评价结果图

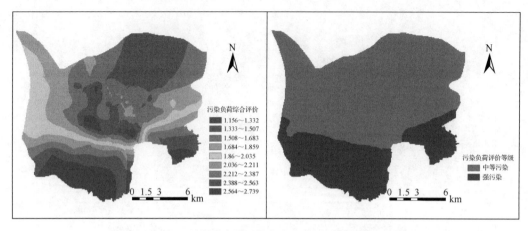

图 7-4　研究区土壤重金属污染负荷指数综合评价结果和等级

表 7-9　研究区内梅罗指数评价区域面积统计　　　（单位：km²）

项目	Cr	Ni	Cu	Zn	Cd	Pb	As	Hg
无污染	74.63	35.17	23.35	0	0	0.26	27.55	0
轻污染	163.57	189.72	163.73	244.13	0	200.13	216.6	16.06
中污染	5.95	19.26	57.07	0.02	0.78	43.76	0	77.96
重污染	0	0	0	0	243.37	0	0	150.13

表 7-10　研究区地质累积指数评价区域面积统计表　　　（单位：km²）

项目	Cr	Ni	Cu	Zn	Cd	Pb	As	Hg
无污染区面积	210.11	179.04	158.65	28.84	0.00	128.13	244.15	5.63
无-中污染区面积	34.04	65.11	85.50	215.31	0.26	116.02	0	120.39
中污染区面积	0	0	0	0	189.46	0	0	118.12
中-强污染区面积	0	0	0	0	54.43	0	0	0

表 7-11　研究区污染负荷指数评价区域面积统计表　　　（单位：km²）

级别	无污染区	中污染区	强污染区	极强污染区
综合评价	0	169.97	74.18	0

7.4　土壤环境生态风险评估

重金属因其持久性、累积性等特征及其对生态环境存在的潜在风险，受到国内外学者的高度关注（Bernhard et al.，2004；丛源等，2008；Mapanda et al.，2007；李雪梅等，2005；贾琳等，2009）。重金属在土壤中的积累、迁移不仅影响植物、动物的生长发育，而且会通过食物链进入人体，导致一些慢性病、畸形、癌症等发生（邓继福等，1996；许学宏和纪从亮，2005；Kaiser，1998；Markus and Mcbranthey，2001；Abrabams，2002；James et al.，2000），因此，全面评价土壤重金属的污染状况，还要考虑污染对环境造成的风险。本书选用 Hakanson 潜在生态危害指数法对研究区重金属污染进行研究。

7.4.1　潜在生态危害指数法

潜在生态危害指数法是瑞典学者 Lars Hakanson 于 1980 年提出的(Hakanson, 1980)，其综合考虑重金属毒性、在土壤和沉积物中普遍的迁移转化规律和评价区域对重金属污染的敏感性，以及重金属区域背景值的差异，消除了区域差异影响，体现了生物有效性和相对贡献及地理空间差异等特点，是综合反映重金属对生态环境影响潜力的指标，适合对大区域范围沉积物和土壤进行评价比较(马建华等，2011；Qiu，2010；陈迪云等，2010；贾琳等，2008；林啸等，2007；楚纯洁等，2010；汤洁等，2011；Wang et al.，2006；樊文华等，2011；Peng et al.，2007)，计算公式为

$$RI = \sum_{i=1}^{m} E_r^i = \sum_{i=1}^{m} T_r^i \frac{C^i}{C_n^i} \tag{7-8}$$

$$E_r^i = T_r^i C_f^i \tag{7-9}$$

式中，T_r^i 为第 i 种重金属的毒性系数(表 7-12)，反映重金属的毒性水平和生物对重金属污染的敏感程度；C_f^i 为第 i 种重金属的污染系数；C^i 为重金属含量的实测值；C_n^i 为参比值。重金属含量越大，重金属污染物的种类越多，重金属的毒性水平越高，潜在生态危害指数 RI 值越大，表明其潜在危害也越大，具体分级标准见表 7-13。

表 7-12　重金属的毒性系数

项目	Cr	Ni	Cu	Zn	Cd	Pb	As	Hg
毒性系数	2	5	5	1	30	5	10	40

表 7-13　潜在生态危害分级表

危害程度	轻微	中等	强	很强	极强
E_r^i	<40	40~80	80~160	160~320	>320
RI	<150	150~300	300~600	600~1200	>1200

7.4.2　评价结果

各国学者对参比值的选择差异较大，采用不同的参比值会影响潜在生态风险评价的结果(Chapman，1995)。部分以当地的土壤重金属背景值为参比值(杜平等，2009；李泽琴等，2008；徐欣和马建华，2009；崔刑涛等，2011)；也以中国土壤环境质量的标准为参比值(刘坤等，2008；方晰等，2010)；同时还有以全球土壤重金属的平均背景值为参比值(易秀，2007；李名升和佟连军，2008；郭平等，2005)。以当地土壤的重金属背景值或以全球土壤重金属的平均值为参比值，可以相对定量地反映污染程度；而以工业化以前全球土壤重金属最高背景值为参比值，能更确切反映出土壤的实际污染程度。滕彦国等(2002)对选择不同地球化学背景值对地累积指数评价结果做了对比，研究指出不同

参比值对评价结果的影响比较明显。为反映特定区域的分异性，本书选取河南省潮土背景值作为基准。利用上述公式及划分标准，对整个研究区土壤中的八种重金属潜在生态危害性进行评价(表 7-14)。

表 7-14　研究区土壤重金属潜在生态危害评价结果

元素	Cr	Ni	Cu	Zn	Cd	Pb	As	Hg
毒性系数	2	1	5	1	30	5	10	40
评价结果 EI	2.39	6.09	6.64	1.66	139.07	7.33	11.50	122.33
危害程度 EI	轻微	轻微	轻微	轻微	强	轻微	轻微	强
评价结果 RI				296.9951				
危害程度 RI				中等				

研究区土壤中 8 种重金属的潜在生态危害性从大到小依次排列为：Cd＞Hg＞As＞Pb＞Cu＞Ni＞Cr＞Zn。其中 Cd 和 Hg 是最主要的生态风险的贡献因子，在大多数采样点中，其生物毒性影响因子均超过中等水平。单从含量的角度考虑，Hg、Cd 污染程度较为严重，主要是由于这两种金属的毒性系数很高，极少的含量也能对土壤、植物和人体造成严重危害。

对潜在生态危害指数评价结果进行克里格空间插值及分级后，经计算，Cr、Ni、Cu、Zn、Cd、Pb、As、Hg 评价插值结果与含量插值后结果之间的误差在 0.5 以内，这对于以 70 为单位的评价等级来说，其精度较高。经计算分析，得到 Cr、Ni、Cu、Zn、Pb、As 六种重金属均属于无危害区域(表 7-15)，Cd、Hg 两种重金属属于污染区域，分别对 Cd、Hg 两种重金属进行统计学分析后进行插值，得出 Cd 的强危害面积和很强危害面积分别达到 138.18km² 和 107.31km²，且出现了极强危害区域；Hg 的强危害区域和很强危害区域分别达到 185.64km² 和 44.08km²，Hg 的生态风险主要处于强危害区域(图 7-5)。

潜在生态危害指数评价结果提供了前面几种污染评价法所未能提供的土壤环境风险信息。评价结果表明 Hg 和 Cd 是研究区土壤中主要的危害元素，特别是从生物毒性的角度来看，这两种重金属的危害是相当大的。对比前面的污染评价法，四种重金属的潜在生态危害程度区域与污染区域存在不一致性，表明只有把重金属的污染程度与其对生态系统的潜在生态危害程度相结合，才能全面反映重金属的污染状况。

表 7-15　研究区潜在生态危害评价区域面积统计表　　(单位：km²)

危害等级	Cr	Ni	Cu	Zn	Cd	Pb	As	Hg	综合
轻微危害	244.15	244.15	244.15	244.15	0	244.15	244.15	0	0
中等危害	0	0	0	0	0.36	0	0	16.38	113.47
强危害	0	0	0	0	138.18	0	0	185.64	132.14
很强危害	0	0	0	0	107.31	0	0	44.08	0
极强危害	0	0	0	0	0.25	0	0	0	0

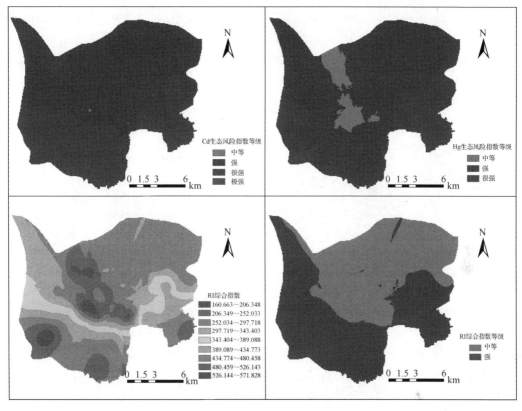

图 7-5　研究区潜在生态风险危害指数等级插值图

7.5　基于 GIS 的土壤重金属污染影响因素分析

　　土壤中各种污染物的影响因素是研究土壤重金属污染的重点，主要指产生重金属污染物的设备、位置、场所等污染源（翟航，2005），这些污染源直接或间接产生的重金属污染部分直接进入土壤，部分则通过大气和水体再进入土壤。开封市郊区农田转变为城市用地后，土壤重金属污染程度有加重趋势，进而导致研究区土壤的重金属污染（马建华等，2011）。

7.5.1　土壤重金属污染的主要来源

　　土壤中重金属来源有多种途径。根据人类的生产活动方式可将重金属污染土壤的主要途径划分为工矿业生产、大气沉降、交通运输、污水灌溉、固体废弃物排放、农业生产等（Facchinelli et al.，2001；李锐，2008；张清海等，2011）。按照重金属污染土壤的途径归纳为点源和非点源两种（曹伟等，2010；Birch et al.，1996；Davutluoglu et al.，2010）。相关学者对我国土壤重金属污染的主要来源进行总结（陈怀满，1996）（表 7-16），表明我国工矿生产、农业活动、污灌等人为活动均是造成土壤重金属污染的重要来源。一般来讲，土壤中的重金属可能来源于工业污染物的排放（邵学新等，2006；胡克林等，2004；

王友保等，2006；阎伍玖，2008；刘玉燕等，2007；杨忠平等，2009)、污水灌溉(Qadir et al.，2000；郑喜坤等，2002)、农用化学品的施用(Wager，1993；曾希柏等，2007；孙超等，2009)等。成土母质本身含有重金属，不同的母质、成土条件导致土壤重金属含量差异明显(陆安祥等，2007)；人类工农业生产活动是造成重金属污染的重要原因。

表 7-16　中国土壤重金属的污染来源

来源	重金属
矿产开采、冶炼、加工排放的废气、废水和废渣	Cr、Hg、As、Pb、Ni、Mo
煤和石油燃烧过程中的排放的飘尘	Cr、Hg、As、Pb
电镀工业废水	Cr、Cd、Ni、Pb、Cu、Zn
塑料、电池、电子工业排放的废水	Hg、Cd、Pb、Ni、Zn
Hg 工业排放的废水	Hg
染料、化工制革工业排放的废水	Cr、Cd
汽车尾气	Pb
农药、化肥	As、Cu、Cd

按重金属污染物产生的部门，土壤重金属污染源主要分为工业污染源、交通污染源、生活污染源、农药和肥料等。交通运输也是土壤重金属的重要来源。其中最主要的是汽车尾气排放，以及油料泄漏、机件磨损、汽车散热器、货运物料散落、旅客丢弃物等。通过多种途径被传播或者沉降到环境中(如大气扩散、干湿沉降等方式)，通过径流排放到路沟或者农田里(Chow，1970；白义等，2011；方晰等，2010；Hamamci et al.，1997)；农村居民点在研究区内排放大量生活废水、废物，导致重金属最终沉积在土壤中，造成污染。水域作为污染传播的一个载体，其分布广、范围大，对区域内重金属污染构成的影响不可忽视。

7.5.2　基于统计分析法的土壤重金属污染物影响因素解析

同一人为活动可以产生许多污染物，同一种污染物的来源也不尽相同(吴春发，2008)。相关分析和主成分分析等常规统计方法常被用于污染物来源解析中。为更准确地分析研究区表层土壤中重金属污染物的来源和类别，本书综合运用以下统计分析方法来分析研究区各种重金属污染物的来源。

1)相关分析

相关分析可检验成对数据之间的近似性和元素来源差异，已被广泛应用于土壤重金属元素数据关系的分析(Luo et al.，2007；杨军等，2005)。Pearson 相关系数检验两个数据集合是否在一条线上，以衡量定距变量间的线性关系。当两个变量都是正态连续变量，且二者间呈线性相关时，用积差相关系数表示这两个变量之间的相关程度(陶澍，1994)。

相关分析法有多种，环境研究中最常用的是 Pearson 相关分析法，其所计算出的 Pearson 相关系数取值为 0～1。当 Pearson 相关系数为正时，表示两变量呈正相关，取值越大相关性越强；而当 Pearson 相关系数为负时，则表示两变量呈负相关，值越小相关性越强；当 Pearson 相关系数为 0 或接近 0，表示两个变量之间不相关或几乎不相关。在重金属污染源解析中，当两种重金属含量呈正相关关系，且相关性强，表明该两种重金属具有较强的同源性。基于此，为分析研究区各土壤重金属的来源，采用 Pearson 相关分析对研究区八种重金属含量进行研究(表 7-17、图 7-6)。从相关性分析结果可以发现，土壤中 Ni、Cu、Zn、Cd、Pb、As、Hg 呈现显著正相关，且 Ni、Cu、Cd、Pb 相关性较强；Cr 与 Ni、Cu、Cd、Pb 间也呈现显著的正相关。

表 7-17　研究区土壤重金属 Pearson 相关性结果

元素	Cr	Ni	Cu	Zn	Cd	Pb	As	Hg
Cr	1	0.36**	0.51**	-0.01	0.41**	0.32**	0.14	0.04
Ni		1	0.82**	0.37**	0.67**	0.67**	0.73**	0.49**
Cu			1	0.43**	0.66**	0.74**	0.67**	0.56**
Zn				1	0.31**	0.40**	0.38**	0.46**
Cd					1	0.58**	0.48**	0.47**
Pb						1	0.59**	0.56**
As							1	0.58**
Hg								1

注："**"表示在 0.01 水平(双侧)上显著相关。

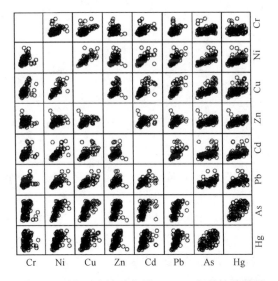

图 7-6　研究区土壤重金属 Pearson 相关性结果图

2) 主成分分析

多变量研究中，由于变量的个数很多，且彼此之间往往存在一定的相关性，从而使得观察数据反映的信息在一定程度上重叠。主成分分析则是通过一种降维方法进行简化得到综合指标，综合指标之间既互不相关，又能反映原观察指标的信息(马挺军等，2010；Johnson and Wichern 2001；张衍广等，2007；冯长春和侯玉亭，2007；赵彦锋等，2008)。

因此，本书采用主成分分析法解析污染源（表 7-18、表 7-19），对研究区 107 个土壤样品中八种重金属进行主成分分析，提取的 2 个因子可解释总方差的 71.65%，其中，因子 1 解释了总方差的 56.54%，因子 2 解释了总方差的 15.10%。

表 7-18　土壤重金属含量主成分分析解释方差

成分	初始特征值			提取平方和载入			旋转平方和载入		
	特征值	解释方差/%	积累方差/%	特征值	解释方差/%	积累方差/%	特征值	解释方差/%	积累方差/%
1	4.52	56.54	56.54	4.52	56.54	56.54	3.10	38.71	38.71
2	1.21	15.10	71.66	1.21	15.10	71.65	2.64	32.94	71.65
3	0.64	8	79.65						
4	0.48	5.98	85.63						
5	0.43	5.36	90.98						
6	0.37	4.60	95.58						
7	0.22	2.70	98.29						
8	0.14	1.72	100						

表 7-19　土壤重金属含量主成分分析成分矩阵

	成分矩阵		旋转成分矩阵	
	成分 1	成分 2	成分 1	成分 2
Cr	0.43	0.80	0.20	0.88
Ni	0.88	0.10	0.60	0.65
Cu	0.92	0.16	0.59	0.72
Zn	0.54	−0.52	0.75	−0.04
Cd	0.78	0.22	0.44	0.68
Pb	0.83	0.00	0.63	0.55
As	0.79	−0.21	0.74	0.36
Hg	0.71	−0.41	0.81	0.15

因子分析的主要目的是将具有相近的因子载荷变量置于一个公因子之下，变量与某因子的相关系数绝对值（荷载）越大，表明该因子与变量间的关系越接近。根据因子载荷矩阵，主成分 1 为 Ni、Cu、Zn、Cd、Pb、As、Hg 的组合，说明其可能是同一来源或相似来源。主成分 2 为 Cr，表明其与主成分 1 的来源不同。

通过因子分析结果参照土壤重金属的主要来源，认为研究区土壤重金属污染物可能来源于研究区农村居民点和城镇建设用地、农业活动过程中施用的农药、化肥，以及汽车尾气。Pearson 相关分析和主成分分析结果均表明研究区土壤重金属元素 Cr 可能来自于自然源，所有采样点中重金属元素 Cr 含量与背景值相当，污染区域小，不是区域内的主要污染元素。在研究区土壤重金属元素 Ni、Cu、Zn、Cd、Pb、As、Hg 变异函数的分析中块金值与基台值的比值均在 0.25～0.75，仅 Zn 低于 0.25，进而推测出该组元素主要来源于区域因素，局部高含量区可能来源于当地农村居民点和城镇建设用地排放的废气、废水和废渣及农业活动，且可能来自同一污染源。

7.5.3　重金属污染影响因素的定量分析

由土壤地累积指数评价结果可知 Cr、Ni、Cu、Zn、Cd、Pb、Hg 是区内污染元素，Cd 和 Hg 为主要污染物，且人为累积污染严重；As 元素没有累积污染，鉴于此，本书对重金属累积污染影响因素的定量分析研究以重金属元素 Cr、Ni、Cu、Zn、Cd、Pb、Hg 为主。上述统计分析，仅初步确定几种重金属污染的可能来源，未能在空间上定量确定造成土壤重金属污染的贡献因子。基于研究区实际情况，本书选取交通、农村居民点，以及水域作为污染的主要影响因素。其中，交通主要选取高速公路、省道、国道及铁路干线；农村居民点涉及研究区内的 4 个乡；水域则分布广泛。为检验其是否造成 Cr、Ni、Cu、Zn、Cd、Pb、Hg 的污染，选取部分典型样点进行检验，由于采样点距离各影响因素的远近不同，分别选取靠近影响因素和远离影响因素两种不同类型的点，用独立样本 t 检验进行差异显著性分析，最终得出该 4 种重金属的两组样本点检验均达到显著水平，表明距离的远近对影响因素的影响有一定差异，因此，水域、农村居民点和交通影响因素均为研究区土壤中 Cr、Ni、Cu、Zn、Cd、Pb、Hg 污染的主要来源。为定量确定研究区土壤污染 3 种影响因素的大小，本书将土壤重金属污染的空间分布图（包括能分离人为因素与自然因素的地累积指数和污染负荷指数评价图）与可能造成污染的各项影响因素进行叠加分析，从而确定污染原因。考虑到不同影响因素的影响程度和范围不同，故在进行缓冲区分析时对不同影响因素选用不同的缓冲半径，采用的标准见表 7-20，所有分布图中一级以上的区域均考虑为污染区域，对其进行面积统计（表 7-21）。

表 7-20　不同影响因素的缓冲半径及缓冲区面积　　　　（单位：km²）

影响因素	农村居民点	交通	水域
缓冲区半径	0.50	0.50	0.50
缓冲区面积 $S_缓$	65.31	91.32	106.21

表 7-21　研究区土壤中重金属污染区域面积　　　　（单位：km²）

元素	Cr	Ni	Cu	Zn	Cd	Pb	Hg
地质累计评价图污染区面积	34.04	65.11	85.50	215.31	244.15	116.02	238.52
污染负荷评价图污染区面积				244.15			

影响因素定量分析的具体方法是（祁轶宏，2006）：首先利用 ArcGIS 对不同影响因素缓冲区与污染评价图中污染区域的重合面积进行统计计算，再根据重合面积所占缓冲区及污染区域的百分比判别影响因素与污染之间的关系，主要从两个方面分析：①重合面积占影响因素缓冲区面积的百分比，该指标可反映影响因素与污染的密切程度，其百分比越高，表明与污染越密切，即只要有该因素存在的地方就一定有污染，同时也是本书确定影响因素大小的主要依据；②重合面积占污染区域面积的百分比，该指标反映了影响因素对区域污染的贡献率，其百分比越高，表明对污染的贡献率越大，因此，该指标对影响因素大小的确定具有一定的参考价值，叠加结果见表 7-22。

表 7-22　不同影响因素缓冲区与重金属地累积评价污染区域叠加分析结果统计表

元素	数值解释	影响因素		
		交通	水域	农村居民点
Cr	S_1/km^2	18.03	8.39	6.23
	$S_1/S_{缓}$ /%	19.75	7.90	9.54
	S_1/S_2/%	52.97	24.65	18.31
Ni	S_1/km^2	29.27	18.50	17.83
	$S_1/S_{缓}$ /%	32.05	17.42	27.30
	S_1/S_2/%	44.95	28.42	27.38
Cu	S_1/km^2	38.39	25.31	21.17
	$S_1/S_{缓}$ /%	42.04	23.83	32.41
	S_1/S_2/%	44.90	29.61	24.76
Zn	S_1/km^2	79.95	96.13	55.63
	$S_1/S_{缓}$ /%	87.56	90.51	85.18
	S_1/S_2/%	37.14	44.65	25.84
Cd	S_1/km^2	91.32	106.21	65.31
	$S_1/S_{缓}$ /%	100.00	100.00	100.00
	S_1/S_2/%	37.40	43.50	26.75
Pb	S_1/km^2	46.70	34.06	27.25
	$S_1/S_{缓}$ /%	51.14	32.07	41.73
	S_1/S_2/%	40.25	29.36	23.49
Hg	S_1/km^2	89.32	101.70	63.56
	$S_1/S_{缓}$ /%	97.82	95.75	97.32
	S_1/S_2/%	37.45	42.64	26.65

注：表中 S_1 表示影响因素缓冲区与各元素地累积评价污染区重合面积；$S_1/S_{缓}$ 表示 S_1 占缓冲区面积的百分比；S_1/S_2 表示 S_1 占地累积评价图污染面积的百分比；由于 As 没有污染，因此在叠加分析中并未对其进行分析。

　　由 Cr 影响因素的叠加分析结果可知，重合面积占缓冲区百分比最大的是交通，其次是水域和农村居民点；在地累积评价图中与 Cr 污染关系较大的是交通，其次是农村居民点和水域；由重合面积占污染区域面积的百分比可知，最大的是交通，其次是水域，最小的是农村居民点。经比较分析可确定 Cr 污染影响因素由大到小的顺序为：交通＞水域＞农村居民点。

　　由 Ni 的影响因素叠加分析结果可知，重合面积占缓冲区百分比最大的是交通，其次是水域和农村居民点，两者相差不大；在地累积评价图中与 Ni 污染关系较大的是交通，其次是农村居民点和水域；由重合面积占污染区域面积的百分比可知，最大的是交通，其次是水域和农村居民点。经比较分析可确定 Ni 污染影响因素由大到小的顺序为：交通＞水域＞农村居民点。

　　由 Cu 的影响因素叠加分析结果可知，重合面积占缓冲区百分比最大的是交通，其次是水域，最小的是农村居民点；在地累积评价图中与 Cu 污染关系最大的是交通，其次是水域和农村居民点；由重合面积占污染区域面积的百分比可知，最大的是交通，其次是水域，最小的是农村居民点。经比较分析可确定 Cu 污染影响因素由大到小的顺序为：交通＞水域＞农村居民点。

由 Zn 的影响因素叠加分析结果可知，重合面积占缓冲区百分比最大的是水域，其次是交通，最小的是农村居民点；在地累积评价图中这三种影响因素与 Zn 污染关系较为密切，均达 85%以上，其中水域最大，占 90%；由重合面积占污染区域面积的百分比可知，最大的是水域，其次是交通，最小的是农村居民点。经比较分析可确定 Cd 污染影响因素由大到小的顺序为：水域＞交通＞农村居民点。

由 Cd 的影响因素叠加分析结果可知，重合面积占缓冲区百分比最大的是水域，其次是交通，最小的是农村居民点；在地累积指数评价分布图中，这三种影响因素均达到 100%，表明该三种因素对 Cd 污染的影响均较大；由重合面积占污染区域面积的百分比可知，最大的是水域，其次是交通，最小的是农村居民点。经比较分析可确定 Cd 污染影响因素由大到小的顺序为：水域＞交通＞农村居民点。

由 Pb 的影响因素叠加分析结果可知，在重合面积占影响因素缓冲区百分比中，交通最大，其次是水域，最小的是农村居民点。在地累积指数评价分布图中，交通达到 50%，可见交通因素 Pb 的污染影响最大；由重合面积占污染区域面积的百分比可知，最大的是交通，其次是水域，最小的是农村居民点。经比较分析可确定 Pb 污染影响因素由大到小的顺序为：交通＞水域＞农村居民点。

由 Hg 的影响因素叠加分析结果可知，重合面积占缓冲区百分比最大的是水域，其次是交通；地累积评价图中交通、水域和农村居民点三种因素与 Hg 污染的关系较密切，达 90%以上，其中，交通和农村居民点对 Hg 的污染影响均达 97%以上，对水域的污染影响也达到 95%。由重合面积占污染区域面积的百分比可知，最大的是水域，其次是交通，最小的是农村居民点。经比较分析可确定 Hg 污染影响因素由大到小的顺序为：交通＞水域＞农村居民点。

由以上 Cr、Ni、Cu、Zn、Cd、Pb、Hg 重金属污染的影响因素叠加分析结果可知，在重合面积占影响因素缓冲区面积的百分比中，交通因素影响最大，表明其对以上七种重金属的综合污染影响较大，其次是水域，最小的是农村居民点。由重合面积占污染区域面积的百分比可知，最大的是交通，交通路面径流作为一种具有较大污染潜力的污染源已引起各国的广泛关注。研究区内有连霍高速、黄河大堤和一些县道、乡道和村道，公路路面径流中污染物的来源较多，包括机动车辆产生的污染物、雨水本身的污染物和大气降尘污染物等，其中由于公路交通活动而形成的路面沉积物是公路路面径流最主要的污染源；其次为水域，水域作为一种污染传播载体，分布广、范围大，研究区内用于城市和农村生产、生活的水系较多，因此，其对区域内重金属的综合污染影响不可忽视。综上，可确定七种重金属综合污染影响因素由大到小的顺序为：交通＞水系＞农村居民点。

7.5.4　影响因素分析结果

　　不同影响因素所导致的污染程度不同,不同影响因素与不同重金属污染的关系不同。通过对研究区土壤中各重金属污染影响因素大小的排序可知,对于上述七种重金属来说,交通是造成污染的主要原因;水域、农村居民点虽有影响,但其造成的污染区域小、程度低,其中 Cr、Ni、Cu、Zn、Pb 受交通的影响最大,表明交通是造成其污染的主要贡献因子。Cd 与 Hg 受水域影响较大,与前面的因子分析中两者可能来源于相同因素的结果一致。在重金属污染中,农村居民点与前两种因素相比,也存在一定的影响,表明农村居民点生活废水、废物的排放,以及生产过程中农药、化肥的施用均对研究区内重金属污染有一定的影响。本书基于交通、水域和农村居民点三种影响因素,针对区域内重金属缓冲区与地累积评价进行叠加分析。但仅考虑以上几种影响因素缺乏全面性,特别是对于不同重金属,其污染来源、污染途径不完全相同,受资料所限,本书未考虑诸多其他因素。同时,为定量地获取各重金属影响因素的贡献程度,本书将地累积指数评价图与缓冲区重合面积所占影响因素缓冲区面积的百分比综合取平均后得到各自的百分比(图 7-7)。

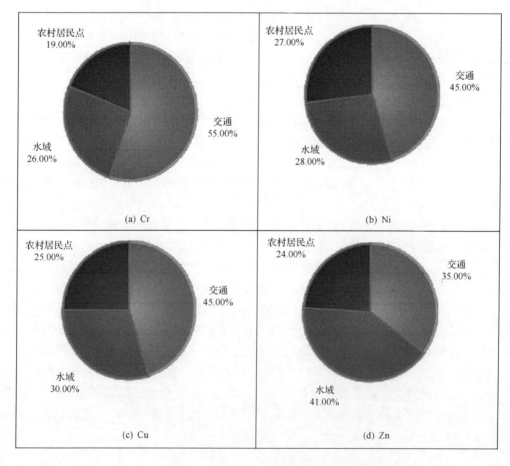

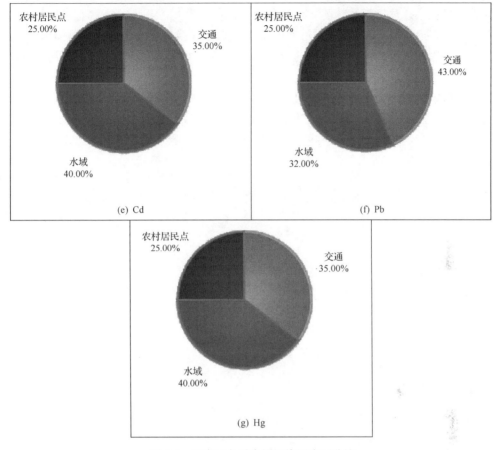

图 7-7 研究区各重金属污染因素百分比

7.6 小 结

本章由内梅罗指数、地累积指数和污染负荷指数评价得到 Hg、Cd 是整个研究区主要的重金属污染元素。单因子评价方法得出 Hg 和 Cd 在一定程度超过河南省潮土背景值；地累积指数法得出研究区土壤 8 种重金属均有一定程度的累积污染。污染负荷指数评价得出研究区土壤重金属污染状况整体属于中等污染。由潜在生态风险评价得出研究区 Hg、Pb、As、Cd 均存在生态危害，以 Hg 和 Cd 尤为严重。

GIS 软件绘制的空间分布插值图能够直观反映不同污染区域所处的位置及范围，同时 GIS 软件提供了强大的分析功能，能够对污染区域的面积进行精确统计。三种污染评价结果显示出相似污染分布，单因子污染指数面积所显示的污染区域明显大于地累积指数和潜在生态危害指数的结果，导致该情况的原因可能与污染评价的参照标准有关，本书选取的研究区土壤重金属背景值为河南省潮土背景值。以上三种评价结果分别从不同角度反映土壤重金属污染的数个方面，地积累指数法是区分自然与人类活动所产生的重金属对环境的影响，可较准确地判断人类活动对土壤污染的贡献，从自然异常中分离人为异常；潜在生态危害指数法能体现各种重金属的相对贡献程度、生物有效性和地理空间差异。研究表明使用地累积指数法和污染负荷指数法能更准确地描述土壤的污染状况，而结合潜在生态危害指数法能提供前两者未能提供的土壤环境风险信息，以达到全面反映土壤污染状况的目的。

在土壤重金属人为污染评价结果的基础上进行污染的影响因素分析，结果表明，对于 Cr、Ni、Cu、Zn、Cd、Pb、Hg 七种重金属污染来说，交通是造成污染的主要原因，同时，水域作为污染传播的一个载体也是造成大面积连续污染的原因之一。

第8章　土壤重金属含量和分布预测

　　土壤是环境的重要组成部分，是人类赖以生存的自然环境和农业生产的重要资源(顾继光等，2003)，土壤利用方式的改变可能会造成重金属的累积(刘静等，2011)。随着研究区灌溉年限的增加，人类活动的加强，城市化和经济的发展，以及工农业生产活动的加剧，尤其是大量施用化肥、农药以及大面积推广农业先进设施，导致多种有害物质进入土壤系统，土壤中污染物种类和数量日渐增多(Bolan，2004；王济和王世杰，2005；吴晓丽，2005；Nicholson et al.，2003；易秀和李佩成，2004；陈丽莉和俄胜哲，2009)，造成土壤结构和功能恶化，土壤质量下降，直接对人类的健康生活和发展造成影响(Arshad and Martin，2002；李晓秀等，2006)。研究灌区土壤重金属的累积趋势和重金属的现存容量，可为灌区农业生产提供合理、有效的管理措施，对保证灌区土壤环境质量具有重要的理论价值和实际意义(易秀等，2010)。

　　因此，有必要了解未来一段时间内土壤中各种重金属污染物的含量及变化趋势，以采取措施防止或减轻其所造成的负面影响。首先，需要对研究区土壤中各种重金属含量进行时间尺度上的预测，判断其在未来一定时间段内各时刻土壤中各种重金属的含量，解析区内土壤中各种重金属污染物的主要来源，分析影响重金属含量时间变化的主要影响因子；其次，在此基础上建立各种土壤重金属含量的时间预测模型；最后，调查分析预测模型中各变量最可能的变化速率和取值范围并利用这些模型对土壤中各重金属含量进行时间预测(即趋势预测)(林艳，2011)。

8.1　土壤重金属含量预测方法与模型

　　目前，有多种土壤重金属时间预测方法和预测模型，但其均有一定的适用范围，受数据限制和研究区各土壤重金属污染主要影响因子的差异，有必要选择或寻找适合本研究区土壤重金属含量趋势预测的方法和模型。

　　当重金属污染物进入土壤后，通过土体对污染物质的物理吸附、过滤阻留、胶体的物理化学吸附、化学沉淀、生物吸收等过程，使其不断在土壤中积累。此外，土壤重金属污染物质可通过稀释、扩散、分解，以及植物吸收等作用净化。因此，土壤重金属污染物的累积和净化是同时进行的，是两种相反作用的对立统一过程，两者处于相对动态平衡的状态。从动力学平衡角度来看，要想预测土壤中重金属污染物的含量，必须知道该时段内土壤重金属污染物的输入量和输出量。土壤重金属污染物的累积和净化过程较为复杂，很难应用动力平衡模型对其预测。此外，由于缺乏研究区内土壤重金属含量的历史数据，因此，无法采用常用的回归预测方法和模型。

8.1.1　土壤重金属预测模型

本书选择对数据要求不是很严格的土壤重金属累积预测模型进行预测，其是根据土壤环境容量模型推导出的土壤环境质量预测模式（祁轶宏，2006；林艳，2011）。具体公式如下：

$$Q_t = Q_0 K^t + QK\left(1-K^t\right)/(1-K) \tag{8-1}$$

式中，Q_t 为土壤中某重金属在 t 年后的含量(mg/kg)；Q_0 为土壤中某重金属的初始含量(mg/kg)；Q 为每年外界重金属进入土壤的量(mg/kg)；K 为土壤重金属的年残留率，取 0.95（陈江等，2011）；t 为预测年限。

本书中，Q_0 为 2011 年 10 月(采样时间)土壤中某种重金属的含量；K 根据试验或经验确定；Q 值，由于未能准确获得研究区水域、农村居民点、交通因子等污染源所排放污染物的具体含量，且无法对其进行预测，因此很难确定，但可借助研究过去土壤污染增长的过程通过设置情景，利用情景预测法对其进行预测。情景预测法虽然针对特定情景，但若设置的情景与实际情况一致或接近，其预测结果均具有现实研究意义。若能找到"零污染"历史时间，再结合现在的土壤调查分析数据，建立时间与土壤重金属含量之间预测性的数学关系，结合各种情景，即可达到预测的目的（廖国礼等，2004；林艳，2011）。

通过前文对土壤重金属污染的物质来源、影响因素的研究，发现人类活动(交通、水域和农村居民点等)是土壤重金属污染的主要影响因素，其中，交通因素影响最大。"零污染"的历史时间通过分析我国工业发展历史进程和发展规律确定。人类活动常随时间变化而增强或减弱，土壤中各种重金属含量也随人类活动而呈现动态变化的趋势。人类活动程度越高，发展速度越快，对土壤污染的"贡献"就越大。由上述分析可知：交通是研究区重金属元素污染的主要影响因素，水域和农村居民点是污染的重要影响因素。由于各级政府和环保组织对区内土壤污染的重视，区内主要重金属污染源包括交通运输污染、水域污染及农村居民的排污等均得到有效控制。因此，环境保护意识强的地区，其人类活动对土壤质量影响是等速或者减速的，反之则为加速。

基于上述分析，将预测分为三种情景：第一，乐观情景，即主要污染源排污企业被关闭，交通运输及城镇居民的重金属输入量为零；第二，无突变情景，即不会出现新排污企业也不会关闭现有的排污企业，交通运输及城镇活动的排污状况保持不变；第三，悲观情景，即新的排污企业不断涌现，交通运输与城镇居民活动的排污增加。本书中：对于乐观情景，假定未来一定时段内土壤重金属污染物的输入量为零，各重金属污染物受净化作用的影响而不断降低；对于无突变情景，假定研究区保留现有状况，重金属污染物在土壤中以匀速累积，土壤在不断净化且土壤累积速率与净化速率保持不变；对于悲观情景，假设土壤重金属污染加速累积，同时净化率保持不变。通过调查当地政府的规划纲要，可以初步判断现实最有可能的情况是介于乐观情景与无突变情景之间（吴春发，2008）。

8.1.2　土壤重金属累积预测

研究区各种重金属污染主要是由近 30 年的人类活动引起。根据有关资料考究，研究区曾是一个农业区域。但在改革开放后，受城市化和经济快速发展的影响，研究区内人口增多，通向黄河大堤和浮桥的道路也逐渐增多，交通量逐年上升，南部边缘区工业企业增多，致使环境污染问题逐渐加重。

综合现有研究与前文分析得知研究区土壤污染的主要来源是工业、城镇与交通污染排放物，因此，土壤污染与工业、城镇等污染排放的增长趋势一致。将包含工业活动的人类活动对土壤的影响追溯到 20 世纪 70 年代中期，这样，即可将土壤"零污染"年设为 1981 年。截至 2011 年，土壤中重金属污染积累的历史约为 30 年，由此假定 30 年前为研究区的"零污染"时间，即 30 年前，研究区各土壤重金属含量等于该种重金属在当地背景值的平均值，并假定 30 年来土壤污染以加速度累积增长，而计算得到研究区土壤重金属积累的速度。当某点处的含量值低于或等于背景值时，将其定义为近 30 年未受人为污染的点，即假设其既不净化也不积累，进而计算得出近 30 年土壤污染的加速度与任意一年的污染速度。

(1) 单位质量土壤重金属积累：

$$S = C_0 - C_n \tag{8-2}$$

式中，S 为研究区近 30 年单位质量土壤重金属积累量(mg/kg)；C_0 为 2011 年(采样时间)土壤中该种重金属污染物的含量；C_n 为该种土壤重金属在研究区的背景值。

(2) 土壤重金属积累加速度：

$$a = 2S/T^2 \tag{8-3}$$

式中，a 为研究区近 30 年土壤重金属积累速度[mg/(kg·a)]；T 为积累时间，即 30 年。

(3) 土壤重金属积累速度：

$$V = aT \tag{8-4}$$

式中，V 为 2005 年土壤重金属积累速度[mg/(kg·a)]。

根据前面的土壤重金属累积预测公式，结合式(8-2)~式(8-4)得出乐观情景、无突变情景和悲观情景下未来 t 年后各处土壤中各种重金属污染物含量的计算公式：

(1) 乐观情景下土壤重金属累积预测公式：

$$Q_t = \begin{cases} C_0 K^t & \text{当} C_0 > C_n \\ C_0 & \text{当} C_0 < C_n \end{cases} \tag{8-5}$$

(2) 无突变情景下土壤重金属累积预测公式：

$$Q_t = \begin{cases} C_0 K^t + VK\dfrac{(1-K^t)}{1-K} & \text{当} C_0 > C_n \\ C_0 & \text{当} C_0 \leqslant C_n \end{cases} \tag{8-6}$$

(3) 悲观情景下土壤重金属累积预测公式：

$$Q_t = \begin{cases} C_0 K^t + VK\dfrac{\left(1-K^t\right)}{1-K} + aK\displaystyle\sum_{m=t}^{n} mk^{N-M} & \text{当}\, C_0 > C_n \\ C_0 & \text{当}\, C_0 \leqslant C_n \end{cases} \tag{8-7}$$

8.2　研究区 2021 年土壤重金属含量预测结果

利用上述重金属积累模拟方法和污染评价分析结果，对不同情景下重金属 Cr、Ni、Cu、Zn、Cd、Pb、Hg、As 的积累和污染情况进行时空预测，预测 2021 年研究区 Cr、Ni、Cu、Zn、Cd、Pb、Hg、As 八种重金属的含量与空间分布状况(表 8-1～表 8-3)。之后，分别对其进行地统计分析，将其参数应用于克里格插值，遵循单因子污染指数安全分区原则，得到 2021 年三种情景下的空间污染分布状况图(图 8-1～图 8-3)。

表 8-1　2021 年乐观情景下土壤重金属含量预测结果　　　　(单位：mg/kg)

元素	全距	极小值	极大值	均值	标准差
Cr	113.63	16.75	130.37	47.55	21.30
Ni	35.26	10.57	45.83	21.58	6.87
Cu	33.38	7.32	40.70	19.17	6.96
Zn	92.38	41.27	133.65	70.51	15.12
Cd	0.52	0.12	0.64	0.28	0.10
Pb	27.45	10.70	38.15	19.22	4.82
As	6.84	3.17	10.01	6.68	1.96
Hg	0.16	0.01	0.17	0.09	0.04

表 8-2　2021 年无突变情景下土壤重金属含量预测结果　　　　(单位：mg/kg)

元素	全距	极小值	极大值	均值	标准差
Cr	113.63	75.40	189.02	106.20	21.30
Ni	35.26	40.06	75.32	51.07	6.87
Cu	33.38	43.52	76.89	55.36	6.96
Zn	92.38	254.71	347.09	283.95	15.12
Cd	0.52	1.79	2.31	1.94	0.10
Pb	27.45	57.34	84.80	65.86	4.82
As	6.84	9.81	16.65	13.31	1.96
Hg	0.16	0.45	0.61	0.53	0.04

表 8-3　2021 年悲观情景下土壤重金属含量预测结果　　　　(单位：mg/kg)

元素	全距	极小值	极大值	均值	标准差
Cr	227.25	94.58	321.83	156.19	42.61
Ni	70.53	51.85	122.38	73.88	13.75
Cu	66.75	52.34	119.10	76.03	13.92
Zn	184.77	304.85	489.61	363.32	30.24

续表

元素	全距	极小值	极大值	均值	标准差
Cd	1.04	1.98	3.02	2.29	0.20
Pb	54.91	69.98	124.89	87.02	9.65
As	13.67	13.26	26.93	20.26	3.93
Hg	0.32	0.48	0.81	0.63	0.09

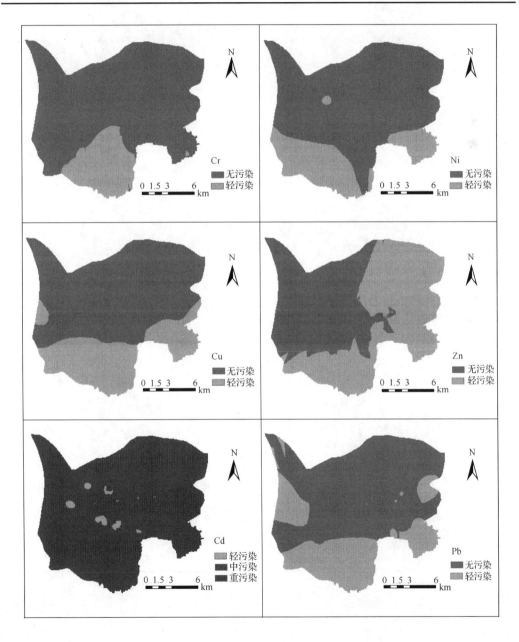

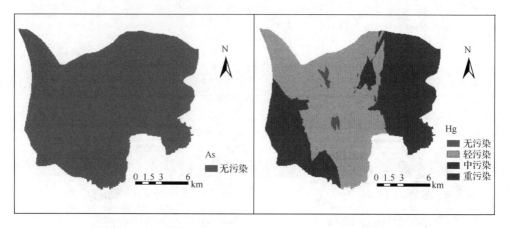

图 8-1　乐观背景下研究区 2021 年土壤重金属含量预测分区图

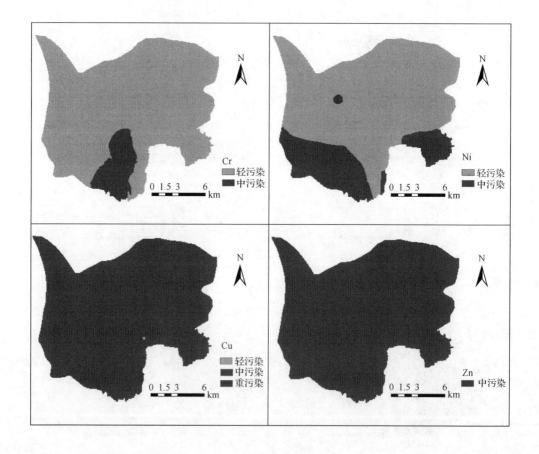

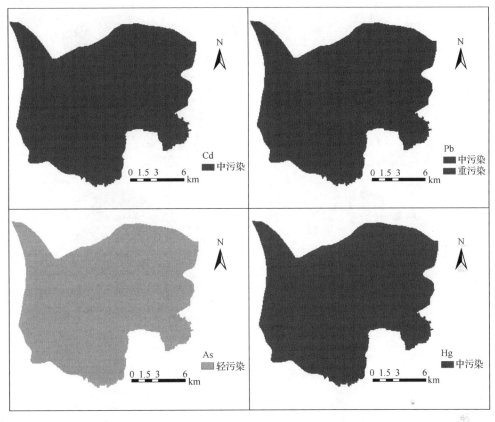

图 8-2　无突变背景下研究区 2021 年土壤重金属含量预测分区图

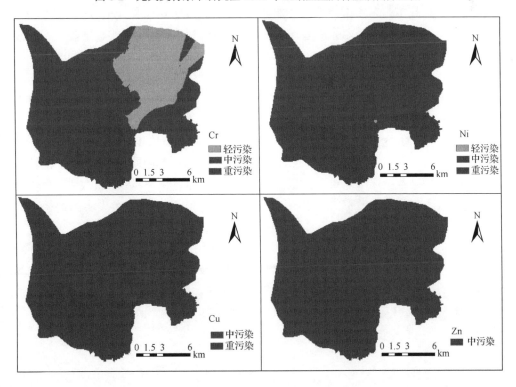

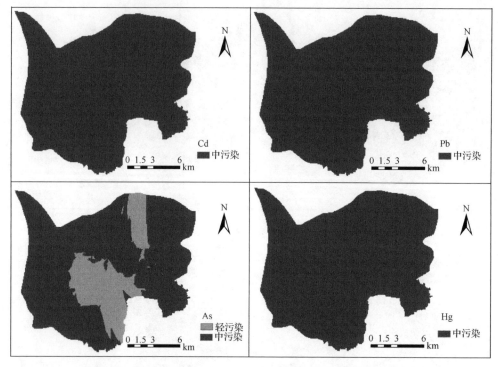

图 8-3　悲观背景下研究区 2021 年土壤重金属含量预测分区图

　　通过对研究区 2021 年土壤重金属预测结果的统计（表 8-1、表 8-4），对比 2011 年土壤重金属含量统计（表 6-1）可得：若在环境保护意识很高的情景下，停止一切污染物的排放，即在乐观情景下，各重金属含量有明显下降，到 2021 年研究区土壤中重金属 Cr 污染平均含量由 2011 年的 79.42mg/kg 下降到 47.55mg/kg，污染面积明显下降。在乐观情景下，到 2021 年 Cr 污染区域轻污染范围逐渐缩小，由 2011 年实测面积 89.9km² 到乐观预测面积的 42.72km²；中污染范围转化为轻污染、无污染的范围将增加，由 2011 年实测面积 74.63km² 增加到乐观预测面积 201.43km²，无污染面积约占整个研究区面积的 80%（表 8-4～表 8-6）。

　　到 2021 年研究区土壤重金属 Ni 污染平均含量由 2011 年的 36.05mg/kg 下降到 21.58mg/kg。2021 年污染范围主要表现为 Ni 污染区域中污染范围逐渐消失，全部转为轻污染面积；轻污染范围逐渐缩小，面积由 2011 年实测面积的 155.52km² 到乐观预测的 56.78km²；无污染范围逐渐扩大，达 187.37km²，较 2011 年的无污染实测面积增加了 152.2km²。

　　到 2021 年研究区土壤重金属 Cu 污染平均含量由 2011 年的 32.01mg/kg 下降到 19.17mg/kg。2021 年污染范围主要表现为 Cu 污染区域轻、污染范围缩小，面积由 2011 年实测面积的 141.35km² 减少到乐观预测的 74.32km²，中污染范围全部转变为轻污染，无污染范围将增加，由 2011 年实测面积 23.35km² 增加到乐观预测面积的 169.83km²，约增长 5 倍之多。

表 8-4　2021 年乐观情景下土壤重金属污染面积预测　　（单位：km²）

乐观	无污染	轻污染	中污染	重污染
Cr	201.43	42.72	0	0
Ni	187.37	56.78	0	0
Cu	169.83	74.32	0	0
Zn	115.08	129.07	0	0
Cd	0	3.73	120.09	120.33
Pb	164.59	79.55	0	0
As	244.15	0	0	0
Hg	2.49	124.84	116.81	0.01

表 8-5　2021 年无突变情景下土壤重金属污染面积预测　　（单位：km²）

无突变	无污染	轻污染	中污染	重污染
Cr	0	220.05	24.10	0
Ni	0	187.98	56.17	0
Cu	0	0.09	232.77	11.29
Zn	0	0	0	244.15
Cd	0	0	0	244.15
Pb	0	0	92.79	151.36
As	0	244.15	0	0
Hg	0	0	0	244.15

表 8-6　2021 年悲观情景下土壤重金属污染面积预测　　（单位：km²）

悲观	无污染	轻污染	中污染	重污染
Cr	0	60.58	146.67	36.91
Ni	0	0.11	184.09	59.95
Cu	0	0	69.66	174.49
Zn	0	0	0	244.15
Cd	0	0	0	244.15
Pb	0	0	0	244.15
As	0	52.82	191.36	0
Hg	0	0	0	245.15

　　到 2021 年研究区土壤重金属 Zn 污染平均含量由 2011 年的 117.76mg/kg 下降到 70.51mg/kg。2021 年污染范围主要表现为 Zn 污染区域中轻、污染范围缩小，由 2011 年实测面积 244.13km² 减少到乐观预测的 129.07km²；中污染范围全部转变为轻污染，无污染范围将增加为 115.08km²。

　　到 2021 年研究区土壤重金属 Cd 污染平均含量由 2011 年的 0.46mg/kg 下降到 0.28mg/kg。2011 年 Cd 的实测污染比较严重，重污染区域面积达到 243.37km²。经过乐观情景预测，2021 年污染范围表现为 Cd 污染区域中重污染范围缩小，面积由 2011 年实测面积的 243.37km² 减少到乐观预测的 120.33km²；而中污染范围将扩大，说明重污染转变为中污染，面积由实测值的 0.78km² 增加到 120.09km²；轻污染范围增加到 3.73km²。

到 2021 年研究区土壤重金属 Pb 污染平均含量由 2011 年的 32.10mg/kg 下降到 19.22mg/kg。2021 年污染范围主要表现为 Pb 污染区域中轻污染范围明显减少，2011 年实测面积的 200.13km² 减少到乐观预测的 79.55km²；中污染范围全部转化为轻污染；无污染范围明显增加，由 2011 年实测面积 0.26km² 增加到 164.59km²。

到 2021 年研究区土壤重金属 As 污染平均含量由 2011 年的 11.15mg/kg 下降到 6.68mg/kg。2021 年污染面积主要表现为 As 污染区域中轻污染面积 216.6km² 全部转变为乐观预测无污染面积，整个研究区域保持清洁。

到 2021 年研究区土壤重金属 Hg 污染平均含量由 2011 年的 0.14mg/kg 下降到 0.09mg/kg。2011 年研究区 Hg 污染较为明显，经乐观情景预测，2021 年研究区污染面积有明显下降，主要表现为 Hg 污染区域中重污染范围缩小，重污染范围转变为中污染和轻污染，重污染面积由 2011 年实测面积的 150.13km² 减少到乐观预测的 0.01km²；中污染范围将增加，由 2011 年的实测面积 77.96km² 增加到 116.81km²；轻污染范围明显增加，由 2011 年实测面积的 16.06km² 增加到乐观预测面积 116.81km²，说明中污染范围转变为轻污染；无污染范围出现，其面积为 2.49km²。综上，经过乐观情景预测下，2021 年土壤重金属含量将降低，土壤污染面积将减少。

在研究区经济、社会整体情况保持正常发展的情况下，人民的环保意识增强。在无突变情景下，研究区土壤污染以常态等速发展，到 2021 年研究区内土壤重金属累积量出现较大增长（表 8-2、表 8-5），Cr 含量的平均值为 106.20mg/kg；Ni 含量的平均值为 51.07mg/kg；Cu 含量的平均值为 55.36mg/kg；Zn 含量的平均值为 283.95mg/kg；Cd 含量的平均值为 1.94mg/kg；Pb 含量的平均值为 65.86mg/kg；As 含量的平均值为 13.31mg/kg；Hg 含量的平均值为 0.53mg/kg。Cr、Ni、Cu、Zn、Cd、Pb、Hg、As 的平均含量分别为 2011 年的 1.34 倍、1.42 倍、1.73 倍、2.41 倍、4.22 倍、2.05 倍、1.19 倍、3.79 倍。对比含量预测分布图，到 2021 年，研究区各重金属污染面积中，Cr、Ni、Cu、Pb、As 无污染区域全部转化为污染区域，Cu、Zn、Pb 出现重污染，其中 As 的污染区域内原有无污染区域和轻污染区域均转变为轻污染区，Cr 的污染范围分为轻污染和中污染，其中原无污染区域全部转为轻污染区域，轻污染面积达 220.05km²，中污染面积达 24.1km²；Ni 的污染范围分为轻污染和中污染，其中轻污染面积达 187.98km²，中污染面积达 56.17km²；Cu 的污染范围主要集中于中污染区，面积达 232.77km²，同时也出现了重污染区域，面积达 11.29km²；Pb 的污染范围出现中污染和重污染，其中重污染面积达 151.36km²，轻污染面积达 92.79km²；Zn、Cd、Hg 全部为重污染区域。

若随着城镇化工业化速度的加快，环保意识降低，土壤污染便处于加速发展的情景下，即悲观情景下，到 2021 年研究区土壤污染严重，土壤质量将加速恶化（表 8-3、表 8-6），Cr、Ni、Cu、Zn、Cd、Pb、As、Hg 的平均含量分别为：156.19mg/kg、73.88mg/kg、76.03mg/kg、363.32mg/kg、2.29mg/kg、87.02mg/kg、20.26mg/kg、0.63mg/kg。Cr、Ni、Cu、Zn、Cd、Pb、Hg、As 的平均含量分别是 2011 年的 1.97 倍、2.05 倍、2.38 倍、3.09 倍、4.98 倍、2.71 倍、1.82 倍、4.50 倍。从重金属含量预测分布图可得，悲观情景与无突变情景大致相同，到 2021 年，研究区无污染面积全部转变为污染面积，而轻污染面积大幅减少，均向中污染和重污染区转变,而重污染面积相比无突变情景增长更快,除 As 之外,其他七种重金属均出现重污染面积,Zn、Cd、Pb、Hg 四种重金属的污染区域全部为重污染;Cr、Ni、As 三种重金属的中污染区域面积最大;Cu 的重污染面积达到研究区面积的 3/4,若不加以控制,有全部转变为重污染区域的趋势。

　　综上所述,若土壤持续以加速污染的方式恶化,研究区内土壤将有可能全部转为中污染和重污染土壤,其污染将达到峰值。若加强环境治理研究,增强环保意识,基于现有治污水平,土壤重金属污染速度将维持在某一水平,甚至减弱,土地的使用寿命将延长。因此,从区域环境预警的角度出发,严格控制点源污染和面源污染,对治理研究区土壤重金属污染十分必要。依据上述污染评价可得,生态危害程度较严重,且从二者的含量预测中可知,若干年后 Hg 和 Cd 的污染比较严重,且增长幅度较大,因此从区域土壤环境和生态平衡的角度出发,更应该侧重对 Hg、Cd 污染进行治理。

8.3　小　　结

　　通过对土壤重金属含量和分布机理的分析,建立土壤重金属情景预测模型,得出以下结论:本章应用土壤重金属乐观情景、无突变情景和悲观情景预测模型,对比 2011年土壤重金属含量平均值和污染面积分别预测了 2021 年研究区土壤中 Cr、Ni、Cu、Zn、Cd、Pb、Hg、As 八种重金属含量、污染面积及分布趋势。结果表明研究区内各土壤重金属含量及污染面积在乐观、无突变和悲观三种情景下所预测的结果差异明显,不同情景背景下土壤重金属含量和分布有较大差异,其中八种重金属在乐观情景下含量明显下降,土壤污染面积减少;而在无突变情景和悲观情景下八种重金属含量表现为不断增加,土壤污染面积也不断扩大,且其含量和污染面积在悲观情景下又明显比在无突变情景下高。

第9章 引黄灌区土地变化的可持续性评价

可持续发展的核心含义即在一个地球的限制下,如何最大限度地满足人类需求(徐中民等,2005)。1972 年在斯德哥尔摩举行的联合国人类环境研讨会上首次做出正式讨论。土地资源作为人类赖以生存的物质基础,是最能体现可持续发展战略理论的一种资源(江艺明,2007)。在 1990 年国际土地利用系统研讨会(International Workshop on Sustainable Land Use System)上,美国 Rodale 研究所首次提出土地可持续利用理论(孟媛等,2007;陈士银等,2009)。土地可持续利用是人类社会经济可持续发展的重要基础(Smith et al.,2000;Editorial,2004),实现土地资源可持续利用是区域可持续发展的前提和保证,需要定量判断区域土地资源利用的可持续性(余敦和陈文波,2009)。土地利用可持续性已被推向全球可持续发展的战略高度(刘彦随,1999),也得到公众的广泛认同。但对土地利用可持续性的理解仍各执其词(唐华俊等,2000),只有做出合理的判断和度量,才能明确土地利用可持续性的具体标准,科学指导土地利用走可持续的道路。从可持续性概念的演化过程来看,可持续性已经涉及环境、经济、社会等三方面内容(刘培哲,1996;Hopwood et al.,2005;冯凌和成升魁,2008;Baumgartner,2011;邓堪强,2011),不同发展阶段,环境、经济和社会中各因素的作用不同(许素芳和周寅康,2006)。

可持续发展要求既要考虑当前发展的需要又要考虑未来发展的需要,不能以牺牲后代人的利益为代价以满足当代人的利益(WCED,1987)。可持续发展的核心是发展,关键是可持续性。土地利用的可持续性是:"获得最高的产量并保护土壤等生产赖以进行的资源,以维护其永久生产力"(蔡运龙和李军,2003)。离开了发展,社会进步、环境保护、资源利用和生态建设都将无法实现,可持续也就失去了意义,可持续发展也就无从谈起(蔡壮,2010)。可持续性包括可持续发展的状态和持续发展能力两部分内容,涵盖时间、空间尺度(图 9-1)。

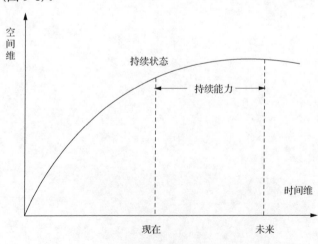

图 9-1 可持续的内涵

在一定程度上，研究土地变化的可持续性目的在于土地可持续利用。为了实现可持续发展的目标，尤其在制订区域可持续发展战略规划时，探讨土地变化的可持续性十分必要(赵小汎等，2005)。通过协调区域土地利用类型的结构、比例、空间分布与当地自然特征和经济发展之间的关系，使土地资源充分发挥其生产与生态功能，以达到社会、经济和生态的最佳综合效益。尽管对其概念表述各一，但实质一致，都是将可持续发展理念孕育于土地资源的使用中，以实现土地资源的可持续性(龙花楼等，2000)。

评价区域土地变化的可持续性是一个多层次、多领域的决策问题，为增强可持续发展思想在研究和制定灌区发展战略中的指导作用，本书将可持续性目标具体化，即用一些可测量的定量指标和不可测量的定性指标对其进行表述，并构成指标体系，着重考虑土地变化与土壤污染加剧等一系列影响可持续性的要素指标(冯异星等，2009；张凤华等，2005)。对灌区土地变化的可持续性程度进行定量分析与评价，为灌区各级行政及管理部门制订发展规划、调节各项政策，提供决策支持。

9.1　评价原理与方法

9.1.1　评价原理

一直以来，关于土地利用可持续性评价的研究主要建立在 FAO 于 1993 年定义的"可持续土地利用"概念基础之上(刘康，2001)，即将与土地利用有关的自然环境、经济环境和社会各个方面的因素联系起来，通过一系列科学逻辑的步骤综合指导分析土地利用的持续性(傅伯杰等，1997)。通过对土地可持续利用的评价可有效评估并促进区域内的经济效益、生态效益、社会效益的一致性，保持区域的综合持续发展(刘桂芳和卢鹤立，2011)。自土地可持续利用思想正式确认以来，土地可持续利用评价一直是土地可持续研究的热点领域，可用生产力、稳定性、恢复力、公平性、自立性和协调性等系统特性和原理来衡量人类生态系统的持续性(蔡运龙，1995)。不同用地类型区域的土地具有突出的空间异质性，而生态整体性正是实现土地可持续利用的有效途径之一。传统土地可持续利用的社会、经济和生态评价，在一定程度上均可认为是时间尺度上的评价，缺少土地利用空间格局评价的内容。目前，基于空间格局进行土地可持续利用评价的较少，因此，是土地持续利用评价研究的一个新兴领域。

目前国内关于土地利用可持续性评价的研究主要集中在县域和城市尺度(于开芹等，2004；李植斌，2003；谭永忠等，2003)，土地可持续性评价源于土地适宜性评价，是土地适宜性评价基于时间方向的延伸趋势进行的一种判断和评估，是可持续发展思想在土地评价领域的体现。具体而言，土地可持续利用评价是以可持续发展思想为指导，以系统论为基础，将与土地利用有关的自然环境、社会经济等方面的因素联系起来进行整合考量，针对一定土地单元的利用方式进行定性、定量评价，在此基础上对该土地利用方式在一定时间段内的稳定性和发展性进行评价，即评价土地利用的持续性。

9.1.2　指标的选取

1. 指标的选择原则

土地变化的可持续性评价是保障土地利用走上可持续轨道的重要手段，而评价指标体系的建立又是评价工作的核心(欧阳慧和黄慧明，2001)。为符合灌区和土地变化的可持续性特点，确保获取的有效性，所选指标以定量为主，定性为辅。为使指标体系既反映评价对象本质，又便于操作，在指标的选择上力求简单、精炼，再配合以简单的计算方法，可提高指标体系的实用性。本书在评价指标的选择上遵循以下原则：

(1)指标的科学性与实用性。针对研究区的特点，从系统角度出发综合选择评价指标，并进行适当的筛选与合并，指标的含义要明确具体，避免指标之间相互交叉和重复。同时，根据灌区整体的特殊性，采用定性指标与定量指标相结合的方法，力争全面、系统地进行描述与评价，达到科学、实用的评价效果，以反映研究区的整体概况。

(2)指标的可操作性和可获取性。为使建立的指标体系更实用且易于推广，在筛选评价指标时，针对地区经济、社会和环境的综合特点，除了遵循定性与定量相结合外，特别注重评价指标的可操作性。定量指标尽量选用容易获得的指标，其中绝大多数均可通过统计年鉴、农业信息网等途径找到。

(3)系统性与层次性相统一。区域是一个复杂的系统，它由不同层次、不同要素组成，在包含人类社会本身的同时，也包括与人类社会有关的各种基本要素、关系和行为。因此，可根据这些基本要素、关系和行为的特点，将土地利用可持续性程度系统划分为水土资源、生态环境、社会经济和生态等子系统，该系统既相互联系又相对独立。

2. 评价指标选取

可持续性指标体系由于不同国家和地区，以及不同的发展阶段等因素而侧重点各异。多指标综合评价是对各评价指标信息的综合，科学合理地选择评价指标是进行评价的前提。可持续性指标或指标体系是人类可持续发展的产物，反映了人类对自然不断深化的认识，是人类主观能动性和意愿的一种表现，同时其发展也不断促进了可持续发展实践的进行。

评价指标的选取：评价指标信息的准确性对评价结果的可信程度具有重要作用。在评价指标选取时应从实际出发，遵循指标的科学性、实用性、可操作性和可获取性，以及系统性与层次性相统一的原则，根据多指标综合评价的目的，备选一定数量的相关指标，以保证有筛选余地；同时评价指标的数据应容易获取，满足评价方法的特定要求。评价指标一般分为正指标、逆指标和适度指标，正指标表示指标值的大小与土地利用的可持续性是正相关关系，指标值越大，土地利用可持续性等级越高，如农民人均收入、人均耕地面积、单位灌溉用水量收益、科学投入水平、粮食产量增长率等；逆指标是指标值的大小与土地利用可持续性为负相关关系，指标值越大，土地利用可持续性程度越低，如土地退化治理率、灌溉水质指标、灌区水质指标、地形坡度等；适度型指标即指标值不宜过大，也不宜过小，此类指标在评价指标无量纲时，标准值较难确定和比较，现有文献中确定标准值的标准和依据不同，评价结果难以比较。本书在评价指标的选取过程中，没有选取此类指标，而是侧重水土资源使用、灌区整体功能性、生态环境和社会经济问题，参照联合国粮农组织土地利用的五大目标，并结合研究区土地利用的特点，具体选取包括水土资源指标、整体功能性指标、生态环境指标和社会经济指标，并初步构建研究区土地利用可持续性评价指标体系（表 9-1）。该体系可分为 4 个层次，即总目标层 (A)、准则层 I (B)、准则层 II (C) 和目标层 (D)，将土地利用可持续性综合分解为水土资源指标、整体功能性指标、生态环境指标和社会经济指标 4 个方面。总目标层为灌区土地利用可持续性评价指标体系 A；准则层 I 为土地变化指标 B_1、整体功能性指标 B_2、生态环境指标 B_3 和社会经济指标 B_4；准则层 II 为准则层 I 的细化，分为土地利用 C_1、土地质量 C_2、结构指标 C_3、技术指标 C_4、环境指标 C_5、遥感指标 C_6、经济指标 C_7 和社会指标 C_8；目标层由相应评价指标 (D_n) 构成。

表 9-1　引黄灌区土地利用可持续性评价指标表

总目标层	准则层 I	准则 II	目标层	特征	趋向
灌区土地变化的可持续性评价	土地变化指标 (B_1)	土地利用 (C_1)	土地利用类型 (D_1)	遥感数据	逆
			耕地灌溉率 (D_2)	定量	正
			土地退化治理率 (D_3)	定量	逆
			盐碱地治理及防涝面积比例 (D_4)	定量	正
			中低产田率 (D_5)	定量	正
		土地质量 (C_2)	Cr (D_6)	定量	逆
			Ni (D_7)	定量	逆
			Cu (D_8)	定量	逆
			Zn (D_9)	定量	逆
			Cd (D_{10})	定量	逆
			Pb (D_{11})	定量	逆
			As (D_{12})	定量	逆
			Hg (D_{13})	定量	逆
	整体功能性指标 (B_2)	结构指标 (C_3)	渠道防渗率 (D_{14})	定量	正
			灌溉水利用系数 (D_{15})	定量	正
			水利设施灌溉保证率 (D_{16})	定量	正
			农业缺水程度 (D_{17})	定性	正
			田间节水灌溉面积百分比 (D_{18})	定量	正
			量水设施完善率 (D_{19})	定量	正
			渠道淤积率 (D_{20})	定量	逆
		技术指标 (C_4)	泥沙有效利用率 (D_{21})	定量	正
			专业技术人员占员工比例 (D_{22})	定量	正
			灌溉面积实现程度 (D_{23})	定性	正
			田间工程配套率 (D_{24})	定量	正
			科学投入水平 (D_{25})	定性	正
			工程完好率 (D_{26})	定量	正

续表

总目标层	准则层Ⅰ	准则Ⅱ	目标层	特征	趋向
灌区土地变化的可持续性评价	生态环境指标(B_3)	环境指标(C_5)	天然降水量(D_{27})	定量	逆
			干旱指数(D_{28})	定量	逆
			水资源开发利用率(D_{29})	定量	逆
			可利用水资源量(D_{30})	定量	逆
		遥感指标(C_6)	植被指数(D_{31})	遥感数据	正
			土壤侵蚀度(D_{32})	遥感数据	逆
			植被盖度(D_{33})	遥感数据	正
			景观多样性指数(D_{34})	遥感数据	正
			地形坡度(D_{35})	遥感数据	逆
	社会经济指标(B_4)	经济指标(C_7)	单位面积耕地化肥的使用量(D_{36})	定量	正
			农民人均收入(D_{37})	定量	正
			人均耕地面积(D_{38})	定量	正
			农药施用量(D_{39})	定量	正
			农业用水量(D_{40})	定量	正
			单位灌溉用水量收益(D_{41})	定量	正
			水利工程投资程度(D_{42})	定性	正
			粮食产量增长率(D_{43})	定量	正
			农业总产值增长率(D_{44})	定量	正
		社会指标(C_8)	灌区环境保护意识(D_{45})	定性	正
			灌区管理水平(D_{46})	定性	正
			水费实收度(D_{47})	定量	正
			收入支出比(D_{48})	定量	正

9.2　研究方法和评价标准

9.2.1　评价方法

综合评价即综合多种因素，按照给定的条件对所研究对象的优(先)劣(后)进行全面的评比和判定(朱秀珍等，2004)。本书针对可持续性评价采用综合评价的方法。综合评价是针对某一对象或地理区域的空间客体而进行的，主要选取与评价对象相关的多个因素，直接对整体拟定评价指标体系中的各个因素值进行标准化处理和加权综合分析，获得土地利用可持续性评价的综合结果，在应用多因素综合评价模型对土地利用可持续性进行评价的过程中，先进行最小区域的综合评价，再综合成对整体的评价，各影响因素值越高，综合评价的结果就越高。

考虑到本书指标部分数据源于栅格化的遥感影像数据，总体思路是：先以像元为最小评价单元，进行土地利用可持续性评价；再用面积加权方法进行不同行政区域的可持续性程度评价；最后对研究区土地利用可持续性进行评价，即评价结果包含像元→区域→整体的等级结构特征。其中，基于像元的评价是基础和关键。本书采用加权综合评价

法分析研究区土地利用可持续性程度，对其进行分等级评价，其评价模型为

$$\mathrm{SI} = \sum_{j=1}^{k} X_j W_j \qquad (j = 1, 2, \cdots, k) \tag{9-1}$$

式中，SI 为研究区土地利用可持续性综合指数值；X_j 为评价指标 j 的可持续性程度标准值；W_j 为评价指标 j 的权重；k 为指标总项数。SI 的值越大，则研究区土地利用可持续性程度越高。

9.2.2　评价标准

土地可持续利用以经济可行性为前提，以资源与环境的可持续性为保障，以社会的可持续性为目标。灌区土地利用可持续性评价的标准是相对的。不同学者应用不同的方法计算得出的可持续性评价值不同，据此各自建立不同的可持续性评价标准不具备可比性。但在一定的区域范围和发展阶段内，该评价标准的相对性是存在的。本书的可持续性评价在引黄灌区范围内，应用区域内综合价值在时间系列上的变化判断研究区的"可持续性"。因此，需建立一个相对的评价标准，依据各年度的综合评价值，判断区域的"可持续性"状况（表 9-2）。

表 9-2　可持续发展水平等级标准

等级	不可持续	初步可持续	基本可持续	全面可持续
A	<0.25	0.25～0.50	0.50～0.75	>0.75

9.2.3　指标数据的标准化

在应用多指标综合评价方法时，由于各指标性质、度量单位、经济意义等的不同，须先进行指标的无量纲化处理，即把不能直接综合的指标进行标准化或规范化处理，以消除计量单位的影响。在进行可持续土地利用评价时，应将评价指标加以标准化处理并换算为评价指数，即将相异量纲指标实际值换算为统一量纲或无量纲的指标评价值。定量指标由于各指标的量纲不统一，无法直接进行评价比较；即使是同一指标因子，由于不具备具体标准，而无法量化其对生态环境安全影响的程度。因此，需要对指标因子进行标准化处理。根据数据来源与特征不同，分别用不同的方法对其进行标准化。本书指标的标准化方法包括专家赋值法、极差法和与标准值的贴近度法。其中，专家赋值法主要是针对土壤环境、农业缺水程度、灌溉面积实现程度、科学投入水平、灌区污染、水利工程投资程度、灌区环境保护意识、灌区管理水平等影响因子；其余数据主要来源于遥感解译数据和统计数据，依据数据本身的特点，采用不同的标准化方法。

1) 专家赋值法

用专家赋值方法进行标准化的指标是：农业缺水程度、灌溉面积实现程度、科学投入水平、水利工程投资程度、灌区环境保护意识、灌区管理水平。其中定性指标按等级赋值，再对每个定性指标进行极差的标准化（表 9-3），土地利用类型对应的土地利用可持续性赋值如表 9-4 所示。

表 9-3　定性指标分级赋值表

级别	优	良	中	差
赋值	10	8	5	3

表 9-4　土地利用类型分级赋值表

土地利用类型	水域	滩涂	城镇建设用地	农用地	农村居民点	工矿用地
赋值	5~7	7~9	1~2	9~10	2~3	1~2

2) 极差法

极差法又称功效系数法、线性插值法(周文华和王如松,2005)或阈值法(王耕和吴伟,2005),以指标值的最大值与最小值为准,对指标数据进行线性差值处理,以等间距方式来反映指标贡献的大小。

采用极差法进行标准化的指标主要由遥感解译直接或间接获取,包括人类干扰指数、地形坡度、生态系统服务价值、归一化植被指数、植被盖度、生态环境系统弹性度、景观多样性指数等指标。极差标准化的模型为:

(1) 正效应指标:

$$R_i = (x_i - x_{min})/(x_{max} - x_{min}) \tag{9-2}$$

(2) 负效应指标:

$$R_i = (x_{max} - x_i)/(x_{max} - x_{min}) \tag{9-3}$$

式中,R_i 为指标 i 的标准值;x_i 为实测值;x_{max} 为实测最大值;x_{min} 为实测最小值。

3) 与标准值的接近度法

除以上指标外,其余一些指标均来源于社会经济数据,且有标准值可参考。标准值的接近度法计算模型如下:

(1) 正效应指标:

若 $X_i < C_i$,则 $R_i = 10*C_i/X_i$;若 $X_i \geqslant C_i$,则 $R_i = 10$。

(2) 负效应指标:

若 $X_i \leqslant C_i$,则 $R_i = 10$;若 $X_i > C_i$,则 $R_i = 10*C_i/X_i$。

其中,R_i 为指标 i 的标准值;C_i 为评价指标的可持续性标准值。

9.3　权重的确定

在评价土地变化的可持续性时,各指标的权重大小直接反映该指标对土地利用的持续性的重要程度,直接影响综合评价的结果(许素芳和周寅康,2006)。本书中,应用层次分析法确定指标权重。层次分析法简称 AHP 法,是一种定性分析与定量分析相结合的决策方法。可将与灌区运行管理有关的各项指标划分为不同层次,在定性与定量相结合的基础上,确定各指标的相对重要性权值。同时原理清晰,操作简单,为综合评价分析提供依据

（舒卫萍和崔远来，2005；周安康等，2011）。本书层次分析法实施程序为：构建层次结构模型、构建判断矩阵、专家填写判断矩阵、单目标指标权重的确定、一致性检验、总目标指标权重的确定。应用层次分析法的过程中，应对同一层次各个因素进行两两比较，构建判断矩阵，并利用和积法、方根法等求取最大特征根及其对应的特征向量，对判断矩阵的一致性进行检验，最后得到指标权重，以进行辅助决策（王连芬和许树柏，1990）。

9.3.1　构建层次结构模型

从影响土地变化可持续性的众多因素中筛选出重要的评价标准，并根据其关系构成多层次指标体系，建立层次结构模型。本书的评价指标体系由四层构成，以引黄灌区可持续性综合指数（A_1）为最高层；土地变化指标 B_1、整体功能性指标 B_2、生态环境指标 B_3 和社会经济指标 B_4 为准则层 I；土地利用指标 C_1、土地质量指标 C_2、结构指标 C_3、技术指标 C_4、环境指标 C_5、遥感指标 C_6、经济指标 C_7 和社会指标 C_8 为准则层 II，最底层为 48 个指标组成的指标层（$D_1 \sim D_{48}$）。

9.3.2　构建判断矩阵

比较判断矩阵是根据层次结构中每层各因素相对重要性给出的判断数值列表组成，判断矩阵表示针对上一层次某因素对本层次有关因素之间相对重要性的状况，假定 A 层次中 a_k 与下层 B_1，B_2，B_3，$\cdots$，B_n 有联系，则判断矩阵如表 9-5 所示。

表 9-5　两两判断矩阵

a_k	B_1	B_2	B_3	$\cdots$	B_n
B_1	b_{11}	b_{12}	b_{13}		b_{1n}
B_2	b_{21}	b_{22}	b_{23}	$\cdots$	b_{2n}
B_3	b_{31}	b_{32}	b_{33}	$\cdots$	b_{3n}
$\vdots$	$\vdots$	$\vdots$	$\vdots$	$\vdots$	$\vdots$
B_n	b_{n1}	b_{n2}	b_{n3}	$\cdots$	b_{nn}

得到判断矩阵：

$$B = \begin{pmatrix} b_{11} & b_{12} & b_{13} & \cdots & b_{1n} \\ b_{21} & b_{22} & b_{23} & \cdots & b_{2n} \\ b_{31} & b_{32} & b_{33} & \cdots & b_{3n} \\ \vdots & \vdots & \vdots & & \vdots \\ b_{n1} & b_{n2} & b_{n3} & \cdots & b_{nn} \end{pmatrix} \tag{9-4}$$

式中，b_{ij} 为对因素 a_k 而言，b_i 对 b_j 相对重要性的数值。用 TL.Saaty（表 9-6）提出的 1～9 标度值表示，即 b_{ij} 表示成 1，3，5，7，9 或者它们的倒数。当同一层次中两两因素比较具有同等重要性时用 1 表示，一个因素比另一个因素极端重要则用 9 表示，3，5，7 分别表示稍微重要、明显重要、强烈重要。若居于它们之中，可取 2，4，8 及其倒数。标

度 b_{ij} 的取值取决于被调查的土地利用变化的专家、从事区域管理，以及自然地理学相关行业的从业人员对各指标相对性看法的统计值。

表 9-6　判断矩阵法标度及含义表

标度	含义
1	指标 B_i 与指标 B_j 同等重要
3	指标 B_i 比指标 B_j 稍微重要，反之为 1/3
5	指标 B_i 比指标 B_j 明显重要，反之为 1/5
7	指标 B_i 比指标 B_j 强烈重要，反之为 1/7
9	指标 B_i 比指标 B_j 极端重要，反之为 1/9
2, 4, 6, 8	介于上述指标之间

9.3.3　专家填写判断矩阵

首先，确定土地变化与区域可持续发展的领域有 40 多名专家，研究领域包括自然地理学、环境科学、土地科学、生态学等；其次，根据专家的认识对各层次各评价指标按相对重要程度之比填写判断矩阵。通常 F_{ij} 的取值是：当第 i 个元素与第 j 个元素同等重要时，$F_{ij}=1$，稍微重要时，$F_{ij}=3$，明显重要时，$F_{ij}=5$，强烈重要时，$F_{ij}=7$，极为重要时，$F_{ij}=9$。反之，$F_{ij}=1/F_{ij}$，分别填写 1/3、1/5、1/7、1/9。据此，在土地变化的可持续性评价中，构建 A-B 的判断矩阵，B-C 的判断矩阵。

9.3.4　单目标指标权重的确定

层次单排序是根据判断矩阵计算对于上层次某因素而言本层次与之有联系的因素重要性次序的权重值。其实质是计算判断矩阵的最大特征根及其对应的特征向量。对于判断矩阵 D，计算满足 $DW=\lambda_{max}D$ 的特征根及特征向量，其中，λ_{max} 为 D 的最大特征根；ω 为 W_i 对应的正规化特征向量；W 的分量 ω_i 为对应因素排序的权重值。

$$DW = \lambda_{max}D = \begin{pmatrix} b_{11} & b_{12} & b_{13} & \cdots & b_{1n} \\ b_{21} & b_{22} & b_{23} & \cdots & b_{2n} \\ b_{31} & b_{32} & b_{33} & \cdots & b_{3n} \\ \vdots & \vdots & \vdots & & \vdots \\ b_{n1} & b_{n2} & b_{n3} & \cdots & b_{nn} \end{pmatrix} \times \begin{pmatrix} w_1 \\ w_2 \\ w_3 \\ \vdots \\ w_n \end{pmatrix} = \lambda_{max} \times \begin{pmatrix} w_1 \\ w_2 \\ w_3 \\ \vdots \\ w_n \end{pmatrix}$$

B 是个逆矩阵，其元素满足：当 $i=j$，$b_{ij}=1$，$u_{ij}=1/u_{ij}>0$。

最大特征根及其对应特征向量的计算如下：

(1) 将判断矩阵每一列归一化：

$$b_{ij} = b_{ij} \bigg/ \sum_{k=1}^{n} b_{kj} ,(i,j=1,2,3,\cdots,n) \tag{9-5}$$

(2) 对按归一化的判断矩阵，再按行求和：

$$\overline{W} = \sum_{j=1}^{n} b_{ij}, (i = 1,2,3,\cdots,n) \tag{9-6}$$

(3) 将向量 $\overline{W}\begin{bmatrix} \overline{W_1} & \overline{W_2} & \overline{W_2} & \cdots & \overline{W_2} \end{bmatrix}^{\mathrm{T}}$ 归一化：

$$\overline{W_i} = \overline{W_j} \bigg/ \sum_{j=1}^{n} W_j, (i = 1,2,3,\cdots,n) \tag{9-7}$$

则 $w = \begin{bmatrix} \overline{W_1} & \overline{W_2} & \overline{W_2} & \cdots & \overline{W_2} \end{bmatrix}^{\mathrm{T}}$ 为所求特征向量，w_1，w_2，w_3，$\cdots$，w_n 为所求权重。

9.3.5 一致性检验

为保证层次分析法结论的合理性，需对判断矩阵进行检验(表9-7)。

层次单排序检验：

$$CI = \frac{\lambda_{\max} - n}{n - 1} \tag{9-8}$$

式中，CI 为层序单排序一致性检验指标；CI 为随机一致性指标；n 为判断矩阵阶数。若 CI=0，则表示判断矩阵满足完全一致性；若 CI≠0，且 CR=CI/RI<0.1，则认为判断矩阵满足一致性；否则应调整判断矩阵的标度值。

表 9-7 随机一致性指标表

n	1	2	3	4	5	6	7	8	9
RI	0.00	0.00	0.58	0.90	1.12	1.24	1.32	1.41	1.45

9.3.6 总目标指标权重的确定

总目标指标权重的确定即利用各层次单排序结果计算最底层各评价指标相对总目标的综合权值。计算公式为

$$W = b_i \cdot c_{kij} \tag{9-9}$$

式中，W 为最底层某评价指标相对总目标层的综合权值；b_i 为 B 层中元素 B_i 相对于 A 层的单目标权重；c_{kij} 为 C 层中元素 C_{kji} 相对于 B 层中元素 B_i 的单目标权重。

最后，生成各指标单目标和总目标权重值如表9-8～表9-21所示。

表 9-8 目标层 A 判断矩阵及权重

A	B_1	B_2	B_3	B_4	权重
B_1	1	2	3	2	0.42
B_2	0.50	1	2	1	0.23
B_3	0.33	0.50	1	0.50	0.12
B_4	0.50	1	2	1	0.23

$\lambda_{\max}$=16.03；CI=4.00；RI=0.03；CR=0.00<0.1

表 9-9　土地变化指标(B_1)矩阵及权重

B_1	C_1	C_2	权重	总权重
C_1	1	0.20	0.17	0.07
C_2	5	1	0.83	0.35

表 9-10　整体功能性指标(B_2)矩阵及权重

B_2	C_3	C_4	权重	总权重
C_3	1	2	0.67	0.15
C_4	0.50	1	0.33	0.08

表 9-11　生态环境指标(B_3)矩阵及权重

B_3	C_5	C_6	权重	总权重
C_5	1	0.50	0.33	0.04
C_6	2	1	0.67	0.08

表 9-12　社会经济指标(B_4)矩阵及权重

B_4	C_7	C_8	权重	总权重
C_7	1	0.50	0.33	0.08
C_8	2	1	0.67	0.15

表 9-13　土地利用指标(C_1)判断矩阵及权重

C_1	D_1	D_2	D_3	D_4	D_5	权重
D_1	1	2	5	2	3	0.39
D_2	0.50	1	3	1	2	0.21
D_3	0.20	0.33	1	0.33	0.50	0.07
D_4	0.50	1	3	1	2	0.21
D_5	0.33	0.50	2	0.50	1	0.12

λ_{max}=25.06；CI=5.01；RI=0.00；CR=0.00<0.1

表 9-14　土地质量指标(C_2)判断矩阵及权重

C_2	D_6	D_7	D_8	D_9	D_{10}	D_{11}	D_{12}	D_{13}	权重	总权重
D_6	1	2	2	5	3	2	3	2	0.25	0.02
D_7	0.50	1	1	3	2	1	2	1	0.14	0.01
D_8	0.50	1	1	3	2	1	2	1	0.14	0.01
D_9	0.20	0.33	0.33	1	0.50	0.33	0.50	0.33	0.04	0.00
D_{10}	0.33	0.50	0.50	1	1	0.5	1	0.50	0.07	0.01
D_{11}	0.50	1	2	3	2	1	2	1	0.15	0.01
D_{12}	0.33	0.50	0.50	2	1	0.50	1	0.50	0.07	0.01
D_{13}	0.50	1	1	3	2	1	2	1	0.14	0.01

λ_{max}=64.52；CI=8.07；RI=0.01；CR=0.01<0.1

表 9-15 整体功能性——结构指标(C_3)判断矩阵及权重

C_3	D_{14}	D_{15}	D_{16}	D_{17}	D_{18}	D_{19}	D_{20}	权重	总权重
D_{14}	1	2	3	3	4	4	6	0.34	0.05
D_{15}	0.50	1	2	2	3	3	5	0.22	0.03
D_{16}	0.33	0.50	1	1	2	2	3	0.13	0.02
D_{17}	0.33	0.50	1	1	2	2	3	0.13	0.02
D_{18}	0.25	0.33	0.50	0.50	1	1	2	0.07	0.01
D_{19}	0.25	0.33	0.50	0.50	1	1	2	0.07	0.01
D_{20}	0.17	0.20	0.33	0.33	0.50	0.50	1	0.04	0.01

$\lambda_{max}=49.37$；CI$=7.05$；RI$=0.01$；CR$=0.0064<0.1$

表 9-16 灌区整体功能性——技术指标(C_4)判断矩阵及权重

C_4	D_{21}	D_{22}	D_{23}	D_{24}	D_{25}	D_{26}	权重	总权重
D_{21}	1	2	3	3	3	5	0.299	0.023
D_{22}	0.5	1	2	2	2	3	0.212	0.016
D_{23}	0.33	0.5	1	1	1	2	0.135	0.010
D_{24}	0.33	0.5	1	1	1	2	0.135	0.010
D_{25}	0.33	0.5	1	1	1	2	0.135	0.010
D_{26}	0.2	0.33	0.5	0.5	0.5	1	0.085	0.006

$\lambda_{max}=36.87$；CI$=6.14$；RI$=0.03$；CR$=0.02<0.1$

表 9-17 生态环境——自然环境指标(C_5)判断矩阵及权重

C_5	D_{27}	D_{28}	D_{29}	D_{30}	权重	总权重
D_{27}	1	2	3	3	0.47	0.02
D_{28}	0.50	1	1	1	0.19	0.01
D_{29}	0.33	1	1	1	0.17	0.01
D_{30}	0.33	1	1	1	0.17	0.01

$\lambda_{max}=16.06$；CI$=4.02$；RI$=0.01$；CR$=0.0060<0.1$

表 9-18 生态环境——遥感指标(C_6)判断矩阵及权重

C_6	D_{31}	D_{32}	D_{33}	D_{34}	D_{35}	权重	总权重
D_{31}	1	2	3	2	3	0.37	0.03
D_{32}	0.5	1	2	1	2	0.21	0.02
D_{33}	0.33	0.5	1	0.5	1	0.11	0.01
D_{34}	0.5	1	2	1	2	0.21	0.02
D_{35}	0.33	0.5	1	0.5	1	0.11	0.01

$\lambda_{max}=25.04$；CI$=5.01$；RI$=0.00$；CR$=0.00<0.1$

表 9-19　社会经济指标——经济指标(C_7)判断矩阵及权重

C_7	D_{36}	D_{37}	D_{38}	D_{39}	D_{40}	D_{41}	D_{42}	D_{43}	D_{44}	权重	总权重
D_{36}	1	2	2	2	3	3	5	2	2	0.22	0.02
D_{37}	0.50	1	1	1	2	2	3	1	1	0.12	0.01
D_{38}	0.50	1	1	1	2	2	3	1	1	0.12	0.01
D_{39}	0.50	1	1	1	2	2	3	1	1	0.12	0.01
D_{40}	0.33	0.50	0.50	0.50	1	1	2	0.50	0.50	0.07	0.01
D_{41}	0.33	0.50	0.50	0.50	0.33	1	2	0.50	0.50	0.06	0.01
D_{42}	0.20	0.33	0.33	1	0.50	0.50	1	0.33	0.33	0.04	0.01
D_{43}	0.50	1	1	1	2	2	3	1	1	0.12	0.01
D_{44}	0.50	1	1	1	2	2	3	1	1	0.12	0.01

$\lambda_{max}=82.52$；CI $=10.37$；RI $=0.02$；CR $=0.00<0.1$

表 9-20　社会经济指标——社会指标(C_8)判断矩阵及权重

C_8	D_{45}	D_{46}	D_{47}	D_{48}	权重	总权重
D_{45}	1	2	3	3	0.46	0.07
D_{46}	0.50	1	2	2	0.26	0.04
D_{47}	0.33	0.50	1	1	0.14	0.02
D_{48}	0.33	0.50	1	1	0.14	0.02

$\lambda_{max}=16.02$；CI $=4.01$；RI $=0.00$；CR $=0.00<0.1$

表 9-21　引黄灌区土地利用可持续性评价指标权重表

总目标层	准则层Ⅰ	准则层Ⅱ	目标层	权重	总权重
引黄灌区可持续性评价	土地变化指标 B_1	土地利用 C_1	D_1	0.387	0.136
			D_2	0.213	0.075
			D_3	0.069	0.024
			D_4	0.213	0.075
			D_5	0.119	0.042
		土地质量 C_2	D_6	0.251	0.018
			D_7	0.138	0.010
			D_8	0.138	0.010
			D_9	0.044	0.003
			D_{10}	0.068	0.005
			D_{11}	0.150	0.011
			D_{12}	0.074	0.005
			D_{13}	0.138	0.010

续表

总目标层	准则层 I	准则层 II	目标层	权重	总权重
引黄灌区可持续性评价	整体功能性指标 B_2	结构指标 C_3	D_{14}	0.336	0.051
			D_{15}	0.220	0.033
			D_{16}	0.128	0.019
			D_{17}	0.128	0.019
			D_{18}	0.073	0.011
			D_{19}	0.073	0.011
			D_{20}	0.043	0.006
		技术指标 C_4	D_{21}	0.299	0.023
			D_{22}	0.212	0.016
			D_{23}	0.135	0.010
			D_{24}	0.135	0.010
			D_{25}	0.135	0.010
			D_{26}	0.085	0.006
	生态环境指标 B_3	环境指标 C_5	D_{27}	0.466	0.019
			D_{28}	0.190	0.008
			D_{29}	0.172	0.007
			D_{30}	0.172	0.007
		遥感指标 C_6	D_{31}	0.368	0.030
			D_{32}	0.207	0.017
			D_{33}	0.109	0.009
			D_{34}	0.207	0.017
			D_{35}	0.109	0.009
	社会经济指标 B_4	经济指标 C_7	D_{36}	0.224	0.017
			D_{37}	0.122	0.009
			D_{38}	0.122	0.009
			D_{39}	0.122	0.009
			D_{40}	0.065	0.005
			D_{41}	0.057	0.004
			D_{42}	0.044	0.003
			D_{43}	0.122	0.009
			D_{44}	0.122	0.009
		社会指标 C_8	D_{45}	0.455	0.069
			D_{46}	0.263	0.040
			D_{47}	0.141	0.021
			D_{48}	0.141	0.021

9.4　计算与结果分析

本书中使用的数据有多个来源，包括遥感数据、统计数据、数字化地图、观察和测量数据等，各种数据的类型、格式、尺度各异，为了能使多源数据融合到综合研究中，需要对不同数据进行尺度转换，否则指标数据的空间图层叠加分析会出现问题。例如，空间数据分析的精度、分辨率，以及不同尺度、图件的比例尺等，因此，在进行分析之前，需要对评价指标数据进行处理。按数据来源划分，包括普通地图数据、指标因子的专题图件、DEM 数据、遥感专题图层等数据。最后，生成的所有图层都需要转换成 Grid 文件格式，栅格大小为 30m×30m。

本书在 ArcGIS 9.3 环境下，通过(栅格计算器)(raster calculator)，应用加法综合评价模型进行图像空间运算，生成灌区可持续发展综合指数分布图。在此基础上，应用 ArcGIS 9.3 中的 Reclassify 命令，参照表 9-2 中的参数对可持续性评价指数分布图进行分级，生成可持续性评价等级图(图 9-2～图 9-4)，得到灌区可持续性评价不同等级占总面积的比例(表 9-22、图 9-5)。

1) 研究区可持续性总体水平较高

研究区可持续性等级主要有：不可持续状态、初步可持续状态、基本可持续状态和全部可持续状态，1988～2011 年研究区不可持续状态的面积逐步减少，初步可持续状态面积基本持平；2001 年研究区基本可持续状态面积在三个时期最大；2011 年研究区全面可持续状态的面积为最大。总体而言，基本可持续、全面可持续状态区域所占比例大。

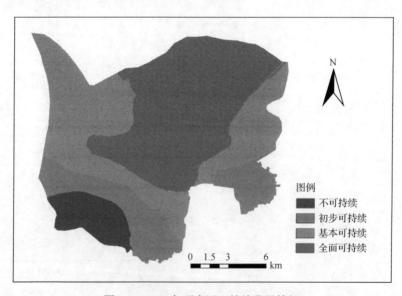

图例

不可持续
初步可持续
基本可持续
全面可持续

0　1.5　3　　　6
　　　　　　　km

图 9-2　1988 年研究区可持续发展等级

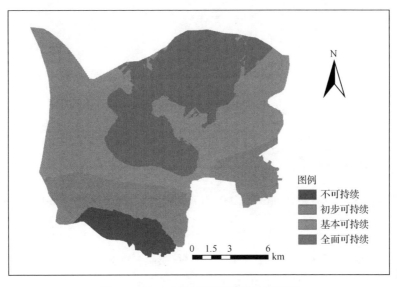

图 9-3　2001 年研究区可持续发展等级

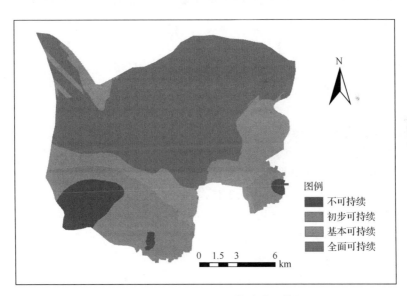

图 9-4　2011 年研究区可持续发展等级

表 9-22　灌区可持续发展等级占总面积比例 （单位：%）

状态	1988 年	2001 年	2011 年
不可持续	12.45	9.51	5.48
初步可持续	27.36	27.80	27.46
基本可持续	28.94	39.26	23.32
全面可持续	31.26	23.43	43.74

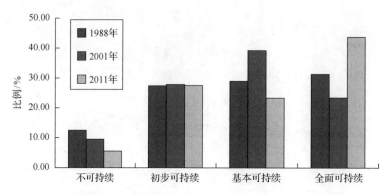

图 9-5　1988 年、2001 年、2011 年灌区可持续发展等级占总面积比例

2) 从空间上来看，研究区可持续性状况存在差异

从空间分布上来看(图 9-2～图 9-4)，三个时期研究区可持续性程度由北向南逐步降低，基本可持续和全面可持续状态的区域主要是靠近研究区北部地区水域、耕地和滩涂所在地；不可持续与初步可持续状态的区域主要分布在靠近城市边缘区及高速公路旁，土地利用可持续性程度最低。

3) 从时间动态上看，研究区可持续性程度趋向全面可持续发展

在针对研究区 1988 年、2001 年和 2011 年三期可持续性程度的分析中(表 9-22、图 9-5)，研究区可持续性水平趋向全面可持续发展。1988～2011 年，不可持续状态面积占研究区总面积的比例由 12.45%降低到 5.48%，2011 年的不可持续状态面积在城市边缘区；初步可持续状态的面积三期基本持平，占研究区总面积的 27%；基本可持续状态的面积由 28.94%降低到 23.32%，其中，2001 年最大，占研究区总面积的 39.26%，可能由于 2001 年研究区处于各项政策颁布的初始期和配套设施的起步期，导致的基本可持续状态区域扩大；1988～2011 年全面可持续状态面积占研究区总面积的比例由 31.26%增加到 43.74%，这是由于 2011 年研究区建设已初成效果，全面可持续状态面积扩大。

灌区可持续状态变化的原因，可归纳为以下五个方面。

(1)黄河实施水量统一调度以来，灌区管理单位和农民群众对黄河供水形势有了信心。近年来沿黄地区引黄灌溉面积逐步恢复，种植结构得以调整，农业用水和生态补水需求不断互补。由于黄河水携带大量泥沙，造成引渠淤积严重，加之清淤开挖渠道资金缺乏，引渠淤积或重复淤积成为重大难题，为解决灌溉用水，近年来管理单位耗费大量资金，租用设备或组织人员进行清淤，相关部门组织技术劳力对各引黄口门及灌区情况进行了实地查勘和专题调研，制订防淤减淤技术方案，指导灌区机械清淤，对提高引水保证率起到了一定的作用，促进各灌区恢复引黄灌溉面积和有效灌溉面积，为保障河南省沿黄地区可持续发展和新农村建设提供了强有力的基础支撑。

(2)研究区紧临黄河，一直以传统模式"灌排结合、井渠结合"进行灌溉，总体效果较好，但水资源浪费、涝渍碱危害及肥料有效使用率低等问题影响灌区土地利用的方式和土壤质量的改善。自 20 世纪 90 年代末到 2005 年左右，首先，研究区注重提高灌排标准，采用科学、定量、适时灌排与施肥，提高水肥利用率；其次，充分利用黄河水沙资

源，压盐治沙，注重土地利用方式和改良土壤质量，控制灌区土壤污染，避免大量漫洒漫灌施用化肥、农药，最大限度地防止农业污染，以使研究区土地利用模式与土壤肥力保持平衡。

(3)国家目前对灌区田间配套工程投资逐年增加，使得田间工程配套日益健全，水利工程设施配套逐步完善。黄河流域来水量逐年增多，灌溉可利用水量增加，并加大地下水合理利用，加大机井建设力度，及时维修复用旧井，并科学地根据墒情、苗情、温度等相关条件，进行轮流引水灌溉，提高灌溉效率，推进灌溉进度。截止到目前，全市共引水、蓄水总量为 1.4 亿 m^3 左右，为抗旱提供有力的水源支撑。

(4)针对研究区的农业特点，随着时间推移和科学技术的融入，研究区作物种植结构趋于合理，逐步改变传统种植习惯，充分利用农业资源，农业经济效益逐年增高。同时，逐步推广先进种植模式，合理调整种植结构，做好轮作调整，积极提高粮食与经济作物种植比例，在确保粮食生产的同时，加快发展高值经济作物，优化农产品品质，提高农产品的市场竞争力，增加农民收入。灌区发展现代有机精细农业，提高农业产品的健康性、安全性。积极引导农业投资，提倡现代都市农业、农业的产业化，发展高科技生态农业园、产品的深加工，延长农业产业链，从根本上提高农业土地利用的科技投入，提高农产品科技含量和商品附加值，改善土地经营者的收入，杜绝掠夺式、粗放式经营，使改善土壤质量与增加利用效益有机结合。

(5)黑港口、柳园口灌区管理机构逐步形成以水养水、自我完善、滚动发展的良性循环机制，建立健全管理体制，管理人员认真学习现代化管理知识，增强技术素质，更好地发挥了工程效益，使工程投资达到预期效果，促进了灌区的发展。目前管理体制基本健全，农民主动参与管理的意识增强，水事纠纷减少，现有灌区管理机构实行专管与群众管理相结合，农民对灌溉管理的参与程度较高，干渠有专管组织，田间斗、农、毛渠几乎无人管或管理不善的现象明显减少。专管、专项单位资金缺乏，人力有限，农民全凭"等、靠、要"，导致灌溉恶性循环局面逐步减少，农民对维护工程运行的责任感增加，积极性和自觉性提升，促使工程效益和社会效益逐步提高。

从研究区可持续等级评价图来看，三个时期的不可持续区域虽逐年减少，但其区域维持在研究区下方的城乡结合部，该区域大部分随人口增加和城镇化的快速发展，被城镇建设用地覆盖，区域水资源不断由农业转向工业及城市用水，植被覆盖率偏低，且重金属污染较为严重，由于区域内工程标准偏低、工程管理落后、老化失修严重、灌溉可用水量不足等一系列问题，未能适应区域农业和国民经济发展的要求。随着灌区整体经济的发展，工业、城市生活用水的不断增加，水资源供需矛盾日益突出，对灌区进行续建配套与节水改造势在必行。在土地利用方面，研究区应正确地认识眼前利益与长远利益的关系，形成农业复合型结构，以增强区域生态经济系统的稳定性，促进区域的可持续发展。

9.5　小　结

(1)本章根据前文的研究成果，建立灌区可持续性评价指标体系，选取能全面系统反映评价对象的指标，指标的选取具有方向性和独立性，并应用层次分析法和加权综合分析法，在 ArcGIS 9.3 环境下，通过图层叠加、栅格计算，应用综合评价模型进行图像空间运算，生成灌区可持续发展综合指数分布图，得到 1988 年、2001 年、2011 年三个时期的可持续等级发展水平，对灌区的发展方向具有指导意义。

(2)研究区三个时期的可持续水平较高，保持基本可持续与全面可持续水平。从空间分布上看，三个时期的可持续水平等级分布趋势大致相同，由北向南逐级递减。全面可持续区域主要分布在农用地、滩涂和水域，在研究区的北部地区；靠近城市的研究区南部三个时期的可持续发展水平较低，该区域主要分布在城镇建设用地范围内。从时间动态上看，研究区可持续水平趋向好的方向发展。

(3)从区域可持续水平等级结构出发，研究区可持续状况以基本可持续和全面可持续为主，1988 年、2001 年、2011 年基本可持续和全面可持续面积分别占研究总面积的 60.2%、62.69%、67.06%，呈逐渐增长趋势；三个时期的初步可持续面积占研究区总面积比例维持在 27%；不可持续面积逐步下降到 2011 年的 5.48%，表明在 2001 年以来，研究区城市化进程较快，经济发展快速，影响区域可持续发展的问题逐步显现，但科技水平和管理水平的提升，促进了研究区经济、社会和环境的持续发展。

第 10 章 结论与展望

10.1 主 要 结 论

（1）本书选取研究区 1988 年、2001 年和 2011 年三期遥感影像，获取其土地利用变化信息，经过解译、计算和分析得出，研究区边缘区城镇化过程明显、人为影响显著。城镇建设用地通过占用农用地而扩展，非城镇建设用地间结构变化明显。1988～2011年研究区土地利用类型变化表现为农用地、滩涂、水域面积减少，城镇建设用地、工矿用地面积增加的态势。总量面积变化较大的土地利用类型有农用地、农村居民点；其次是城镇建设用地、水域和滩涂；工矿用地变化量相对较小。1988～2011 年各土地类型间转入、转出频繁。建设用地面积变化量的绝对值较大，相对变化幅度较大，变化速度较大，区域土地利用综合程度指数有一定增长，其动态度最大，表明 23 年间研究区内城市化过程明显，尤其是研究区南部靠近城市边缘区域，非农化程度较高，城镇建设用地的增长速度明显高于距其较远的地区。对比农用地和建设用地的动态度可以发现，农用地流失快的地方基本上为建设用地增长快的地方，而农用地流失慢的地方建设用地增加速度也慢，二者空间上存在明显的相关性，体现了建设用地扩展的主要来源是对农用地的占用。农用地减少已经成为一个不可忽视的现实。从农用地转出和转入的总量来看，转出大于转入数量，在一定程度上表明农用地的非农化速度非常显著。在研究区各土地类型中，水域和滩涂的变化值得注意。从整体上看，二者面积是减少的，其发展趋势也是相关联的。

（2）本书应用马尔可夫模型对研究区未来土地利用变化进行预测，结果发现研究区未来 40 年间，农用地面积将持续减少，滩涂面积也将小幅度减少；城镇建设用地的面积将持续增加，并向研究区北部和西部扩展，水域和工矿用地有小幅度增加，总体趋势以建设用地的空间扩张、农用地的流失为特征。

（3）本书以 Landsat TM/ETM 数据、气象资料和其他地面野外调查资料为数据源，在遥感和地理信息系统软件支持下，采用单窗算法反演研究区地表温度，探索研究区土地类型对地表温度分布的影响，得出各土地利用类型对应的地表温度有明显差异，水域和植被覆盖较多的地区温度较低，相反，裸露的建设用地聚集区地表温度较高。该区域的热环境格局与植被覆盖呈正相关，水域对研究区有明显的降温效应。水域类型自身的温度与其连接度呈负相关，随着水域类型的减温，地表有明显升温趋势。

（4）重金属污染程度可反映土地变化过程中所引起的区域土地质量变化。研究区土壤重金属元素变异系数排序为：Hg>Cr>Cd>Cu>Ni>As>Pb>Zn。利用 K-S 进行土壤重金属含量正态分布检验，各元素均符合正态分布。其中，Cd 存在极大值和离群值，Cr、Cu、Ni、Pb、Zn 存在离群值，As 和 Hg 不存在。在 ArcGIS 平台上分析了研究区土壤重金属含量空间分布趋势，研究区西南部和南部地区重金属含量较高。研究区域内八种重金属的理论变异函数拟合效果均较好，其中，Cr、Zn、As 符合球状模型，Ni、Cu、Cd、Pb、Hg 符合高斯模型。研究区域内土壤重金属受人为活动与区域因素的共同影响，其中人为活动对 Hg 和 Cd 空间分布结构的影响较为突出。

(5)通过内梅罗指数、地累积指数、污染负荷指数评价，得出 Hg、Cd 是整个研究区主要的重金属污染元素。单因子污染指数法得到 Hg 和 Cd 在一定程度上高于河南省潮土背景值；地累积指数法得到研究区土壤中八种重金属均呈一定程度的累积污染；污染负荷指数评价得到研究区土壤重金属的污染状况整体上属于中等污染。而潜在生态风险评价得到研究区 Hg、Pb、As、Cd 均存在生态危害，尤以 Hg 和 Cd 较为严重。此外，GIS 软件提供了强大的分析功能，能够对污染区域的面积进行精确统计。单因子污染指数、地累积指数和潜在生态危害指数污染评价结果显示出相似的污染分布，其中，单因子污染指数面积所显示的污染区域明显大于地累积指数和潜在生态危害指数的结果。在土壤重金属人为污染评价结果的基础上，进行污染的影响因素分析，认为交通是造成污染的主要原因，水域作为污染传播的一个载体也是造成大面积连续污染的原因之一。

(6)应用土壤重金属情景预测模型，比照 2011 年土壤重金属含量平均值和污染面积分别预测了 2021 年研究区土壤中 Cr、Ni、Cu、Zn、Cd、Pb、Hg、As 八种重金属含量、污染面积及分布趋势。结果表明研究区内各土壤重金属含量及污染面积在乐观、无突变和悲观三种情景下所预测的结果存在明显差异，不同情景背景下土壤重金属含量和分布有较大差异。其中在八种重金属在乐观情景下含量明显下降，土壤污染面积减少；而在无突变情景和悲观情景下八种重金属含量不断增加，土壤污染面积也不断扩大，其中这两项在悲观情景下又明显比在无突变情景下高。

(7)根据土地变化的可持续性评价模型，建立灌区可持续性评价指标体系，选取能全面、系统的反映出评价对象的指标，应用层次分析法和加权综合分析法，在 ArcGIS 9.3 环境下，通过图层叠加、栅格计算，应用综合评价模型进行图像空间运算，得到 1988 年、2001 年、2011 年三个时期的可持续等级发展水平，生成灌区可持续发展综合指数分布图。研究区三个时期的可持续水平较高，处于基本可持续与全面可持续水平。从区域可持续水平等级结构来看，研究区可持续状况以基本可持续和全面可持续为主，基本可持续和全面可持续水平面积逐渐增长，不可持续面积逐步减少。从空间分布上看，三个时期的可持续水平等级分布趋势大致相同，由北向南逐级递减。全面可持续区域主要分布在研究区北部的农用地、滩涂和水域；靠近城市的研究区南部在三个时期的可持续发展水平均较低，该区域主要分布在城镇建设用地范围内。从时间动态上看，研究区可持续水平趋向好的方向发展。

10.2 研究不足与展望

(1)本书仅从土地变化和土壤重金属空间分异两个方面阐述了灌区可持续性的主要因素，而实际上，灌区可持续性的整体研究较为复杂，其不仅与土地变化和重金属含量有关，还与水资源量、土壤含沙量、渠系分布等因素有关。在下一步的研究中，将结合灌区历年水资源量、春秋两季种植作物情况、研究区农户调查所获取材料、历年黄河水质，以及研究区引水情况等因素对灌区土地变化的可持续性因素作进行全面、系统的分析。

(2)受土地变化时空预测、土壤重金属含量和空间预测，以及获取数据的影响，本书采用的预测方法和模型都在一定程度上存在不足，且在预测模型建立过程中还出现了不少设定条件，预测结果存在一定的不确定性。虽然每种预测结果存在较大的不确定性，但可以多次应用数据进行尝试、修改和调整预测模型，选择在现有条件下相对较优的预测结果。

(3)本书选取的统计数据指标，部分仅精确到乡镇，部分仅能到区县，其在一定程度上对像元评价结果的精度造成影响，未能准确地反映研究区土地变化可持续性水平的差异性。因此，下一步的工作，可以依靠问卷调查和查找村庄统计数据等途径，以精确的量化指标，提升研究区土地变化可持续性评价的精度。

(4)地统计分析方法较多，克里格法多种多样，从灌区重金属研究的目的和重点出发，本书仅使用了普通克里格法。在今后的研究中应该结合泛克里格、协同克里格、指示克里格等多种方法，应用不同地统计分析对研究区重金属含量的趋势和污染空间分布进行对比分析，选取最优结果。

参 考 文 献

安芷生, 符淙斌. 2001. 全球变化科学的进展. 地球科学进展, 16(5): 671-680.

白洁, 刘绍民, 扈光. 2008. 针对 TM/ETM+遥感数据的地表温度反演与验证. 农业工程学报, 24(9): 148-154.

白义, 施时迪, 齐鑫, 等. 2011. 台州市路桥区重金属污染对土壤动物群落结构的影响. 生态学报, 31(2): 421-430.

摆万奇, 赵士洞. 2001. 土地利用变化驱动力系统分析. 资源科学, 23(3): 39-41.

卞正富, 张燕平. 2006. 徐州煤矿区土地利用格局演变分析. 地理学报, 61(4): 349-358.

蔡立梅, 马瑾, 周永章, 等. 2008. 东莞市农田土壤和蔬菜重金属的含量特征分析. 地理学报, 63(9): 994-1003.

蔡为民. 2004. 黄河三角洲土地利用变化及其可持续性评价. 北京: 中国农业大学博士学位论文.

蔡运龙. 1995. 持续发展——人地系统优化的新思路. 应用生态学报, 6(3): 329-333.

蔡运龙. 2009. 贵州喀斯特高原土地系统变化空间尺度综合的一个研究方案. 地球科学进展, 24(12): 1301-1307.

蔡运龙, 陈睿山. 2011. 土地系统功能及其可持续性评价. 中国土地科学, 25(1): 8-15.

蔡运龙, 李军. 2003. 土地利用可持续性的度量——一种显示过程的综合方法. 地理学报, 58(2): 305-313.

蔡壮. 2010. 东北黑土区农业可持续发展研究. 长春: 吉林大学博士学位论文.

曹斌, 何松洁, 夏建新. 2009. 重金属污染现状分析及其对策研究. 中央民族大学学报(自然学版), 18(1): 29-33.

曹伟, 周生路, 王国梁. 2010. 长江三角洲典型区工业发展影响下土壤重金属空间变异特征. 地理科学, 30(2): 283-289.

曹尧东, 孙波, 宗良纲, 等. 2005. 丘陵红壤重金属复合污染的空间变异分析. 土壤, 37(2): 140-146.

柴世伟, 温淡茂, 张亚雷, 等. 2006. 地积累指数法在土壤重金属污染评价中的应用. 同济大学学报(自然科学版), 12(34): 1657-1661.

沉浮, 陈刚, 包浩生, 等. 2001. 城市边缘区土地利用变化及人文驱动力机制研究. 自然资源学报, 16(3): 204-210.

陈昌春, 黄贤金, 吴玉柏. 2004. 灌区农业节水与土地可持续利用研究. 干旱地区农业研究, 22(4): 135-142.

陈翠翠, 梁锦陶, 韩玉兰, 等. 2010. 太原市敦化污灌区重金属污染的潜在生态风险评价及垂直分布特征. 中国农学通报, 26(10): 314-318.

陈翠华, 倪师军, 何彬彬, 等. 2007. 江西德兴矿集区土壤重金属污染分析. 地球与环境, 35(2): 431.

陈迪云, 谢文彪, 宋刚, 等. 2010. 福建沿海农田土壤重金属污染与潜在生态风险研究. 土壤通报, 41(1): 194-199.

陈怀满. 1996. 土壤植物系统中的重金属污染. 北京: 科学出版社.

陈怀满, 郑春荣, 周东美, 等. 2004. 关于我国土壤环境保护研究中一些值得关注的问题. 农业环境科学学报, 23(6): 1244-1245.

陈江, 毕京博, 吴杰, 等. 2011. 湖州土壤重金属污染趋势预测及环境容量评价. 地球与环境, 39(4): 531-535.

陈丽莉, 俄胜哲. 2009. 中国土壤重金属污染现状及生物修复技术研究进展. 现代农业科学, 16(3): 139-141.

陈睿山, 蔡运龙. 2010. 土地变化科学中的尺度问题与解决途径. 地理研究, 29(7): 1244-1256.

陈士银, 周飞, 吴雪彪. 2009. 基于绩效模型的区域土地利用可持续性评价. 农业工程学报, 25(6): 249-253.

陈述彭. 1990. 卫星遥感面临应用的新挑战. 环境遥感, 5(1): 3-10.

陈同斌, 黄铭洪, 黄焕忠, 等. 1997. 香港土壤中的重金属含量及其污染现状. 地理学报, 52(3): 228-236.

陈同斌, 郑袁明, 陈煌, 等. 2005. 北京市不同土地利用类型的土壤砷含量特征. 地理研究, 24(2): 229-235.

陈玉娟, 温琰茂, 柴世伟. 2005. 珠江三角洲农业土壤重金属含量特征研究. 环境科学研究, 18(3): 75-77.

陈志凡, 王岩松, 段海静, 等. 2012. 开封黑岗口引黄灌区稻麦轮作下农田土壤剖面重金属分布特征. 中国生态农业学报, 20(4): 480-487.

楚纯洁, 马建华, 朱玉涛, 等. 2010. 不同级别城镇土壤重金属含量与潜在生态风险比较: 以郑州市、中牟县和韩寺镇为例. 土壤通报, 41(2): 467-472.

丛源, 郑萍, 陈岳龙, 等. 2008. 北京市农田生态系统土壤重金属元素的生态风险评价. 地质通报, (27): 681-688.

崔刑涛, 奕文楼, 牛彦斌, 等. 2011. 石家庄城市近地表降尘重金属污染及潜在生态危害评价. 城市环境与城市生态, 24(1): 27-30.

邓继福, 王振中, 张友梅, 等. 1996. 重金属污染土壤对土壤动物群落生态影响的研究. 环境科学, 17(2): 1-6.

邓堪强. 2011. 城市更新不同模式的可持续性评价——以广州为例. 武汉: 华中科技大学博士学位论文.

丁凤, 徐涵秋. 2008. 基于 Landsat TM 的 3 种地表温度反演算法比较分析. 福建师范大学学报(自然科学版), 24(1): 91-96.

丁圣彦, 梁国付. 2004. 近 20 年来河南沿黄湿地景观格局演化. 地理学报, 59(5): 653-661.

杜平, 马建华, 韩晋仙. 2009. 开封市化肥河污灌区土壤重金属潜在生态风险评价. 地球与环境, 37(4): 436-440.

杜习乐, 马建华, 吕昌河, 等. 2010. 污灌农田土壤动物及其对重金属污染的响应——以开封市化肥河污灌区为例. 地理研究, 29(4): 617-628.

樊文华, 白中科, 李慧峰, 等. 2011. 复垦土壤重金属污染潜在生态风险评价. 农业工程学报, 27(1): 348-354.

范拴喜, 甘卓亭, 李美娟, 等. 2010. 土壤重金属污染评价方法进展. 中国农学通, 26(17): 310-315.

方晰, 金文芬, 李开志, 等. 2010. 长沙市韶山路沿线不同绿地土壤重金属含量及其潜在生态风险. 水土保持学报, 24(3): 64-70.

冯长春, 侯玉亭. 2007. 城镇土地评价中主成分分析法的应用. 中国国土资源经济, (7): 27-31.

冯广志, 谷丽雅. 2000. 印度和其他国家用水户参与灌溉管理的经验及其启示. 中国农村水利水电, (4): 23-26.

冯锦霞. 2007. 基于 GIS 与地统计学的土壤重金属元素空间变异分析. 长沙: 中南大学硕士学位论文.

冯凌, 成升魁. 2008. 可持续发展的历史争论与研究展望. 中国人口·资源与环境, 18(2): 208-214.

冯文峰. 2008. 基于 TM/ETM 数据的城市地表温度研究. 开封: 河南大学硕士学位论文.

冯异星, 罗格平, 鲁蕾, 等. 2009. 土地利用变化对干旱区典型流域生态系统服务价值的影响. 水土保持学报, 23(6): 247-251.

傅伯杰, 陈利顶, 马诚. 1997. 土地可持续利用评价的指标体系与方法. 自然资源学报, 12(2): 112-118.

傅伯杰, 陈利顶, 马克明. 2004. 景观生态学原理及应用. 北京: 科学出版社.

傅伯杰, 陈利顶, 马克明, 等. 2001. 景观生态学原理及应用. 北京: 科学出版社.

傅伯杰, 吕一河, 陈利顶, 等. 2008. 国际景观生态学研究新进展. 生态学报, 28(2): 798-804.

傅伯杰, 赵文武, 陈利顶. 2006. 地理-生态过程研究的进展与展望. 地理学报, (11): 1123-1131.

高鑫, 李雪松. 2008. 国外灌区管理分析及其对我国的启示. 湖北社会科学, (8): 98-101.

巩杰, 陈利顶, 傅伯杰, 等. 2004. 黄土丘陵区小流域土地利用和植被恢复对土壤质量的影响. 应用生态学报, 15(12): 2292-2296.

顾继光, 周启星, 王新. 2003. 土壤重金属污染的治理途径及其研究进展. 应用基础与工程科学学报, 11(2): 143-151.

关伟, 王雪. 2009. 大连市土地利用变化的人文因素. 地理研究, 28(4): 990-1000.

管东生, 陈玉娟, 阮国. 2001. 广州城市及近郊土壤重金属含量特征及人类活动的影响. 中山大学学报: 自然科学版, 40(4): 93-96.

郭朝晖, 肖细元, 陈同斌, 等. 2008. 湘江中下游农田土壤和蔬菜的重金属污染. 地理学报, 63(1): 3-11.

郭笃发. 2006. 利用马尔柯夫过程预测黄河三角洲新生湿地土地利用/覆被格局的变化. 土壤, 38(6): 42-47.

郭佳. 2011. 两家子灌区土地利用结构调整的效益分析. 长春: 东北师范大学硕士学位论文.

郭平, 谢忠雷, 李军, 等. 2005. 长春市土壤重金属污染特征及其潜在生态风险评价. 地理科学, 25(1): 108-112.

郭旭东, 傅伯杰, 马克明, 等. 2000. 基于 GIS 和地统计学的土壤养分空间变异特征研究——以河北省遵化市为例. 应用生态学报, 11(4): 557-563.

国家环境监测总站. 1990. 中国土壤元素背景值. 北京: 中国环境科学出版社.

韩春建, 吴克宁, 刘德元. 2011. 基于马尔柯夫模型的郑州市郊区多方案耕地保有量预测. 土壤, 43(3): 453-458.

韩洪云, 赵连阁. 2001. 节水农业经济分析. 北京: 中国农业出版社.

韩晋仙, 马建华, 魏林衡. 2006. 污灌对潮土重金属含量及分布的影响——以开封市化肥河污灌区为例. 土壤, 38(3): 292-297.

何春阳, 史培军, 李景刚, 等. 2004. 中国北方未来土地利用变化情景模拟. 地理学报, 59(4): 599-607.

何容, 杜佳佳, 许波峰, 等. 2008. 土壤重金属污染研究概况. 山东林业科技, (1): 85-87.

侯景儒, 黄竞先. 1990. 地质统计学的理论与方法. 北京: 地质出版社.

侯鹏程, 徐向东, 潘根兴. 2007. 不同利用方式下吴江市耕地土壤环境质量变化. 生态环境, 16(1): 152-157.

胡华浪. 2005. 北京城市夏季热岛遥感监测及其相关因子分析. 北京: 北京师范大学硕士学位论文.

胡嘉骢. 2006. 北京城区热场时空分布及其相关因子研究. 北京: 北京师范大学博士学位论文.

胡克林, 张凤荣, 吕贻忠, 等. 2004. 北京市大兴区土壤重金属含量的空间分布特征. 环境科学学报, 24(3): 463-468.

胡振琪, 陈涛. 2008. 基于ERDAS的矿区植被覆盖度遥感信息提取研究——以陕西省榆林市神府煤矿区为例. 西北林学院学报, 23(2): 164-167.

黄春泽, 陈同斌, 雷梅. 2002. 污泥中的 DOM 对中国土壤中 Cd 吸附的影响 iv.维度地带性差异. 环境科学学报, 22(3): 349-353.

黄国锋, 吴启堂, 容天雨, 等. 1999. 无公害蔬菜生产基地环境质量评价. 环境科学研究, 12(4): 53-56.

黄平, 李廷轩, 张佳宝. 2009. 坡度和坡向对低山茶园土壤有机质空间变异的影响. 土壤, 41(2): 264-268.

黄岁梁, 万兆惠, 王兰香. 1995. 泥沙浓度和水相初始浓度对泥沙吸附重金属影响的研究. 环境科学学报, 15(1): 66-75.

黄贤金, 濮励杰, 彭补拙. 2008. 城市土地利用变化及其响应: 模型构建与实证研究. 北京: 科学出版社.

黄晓荣, 梁川, 邹用民. 2003. 黄河水资源可持续利用激励机制的研究.地域研究与开发, 22(3): 59-62.

黄勇, 郭庆荣, 任海, 等. 2004. 地统计学在土壤重金属研究中的应用及展望. 生态环境, 13(4): 681-684.

黄忠臣, 王崇臣, 王鹏, 等. 2008. 北京地区部分公路两侧土壤中铅和镉的污染现状与评价. 环境化学, 27(2): 267-268.

霍霄妮, 李红, 孙丹峰, 等. 2009. 北京市农业土壤重金属状态评价. 农业环境科学学报, 28(1): 66-71.

贾琳, 杨林生, 欧阳竹. 2009. 典型农业区农田土壤重金属潜在生态风险评价. 农业环境科学学报, 28(11): 2270-2276.

贾琳, 杨林生, 欧阳竹. 2008. 典型农业区农田土壤重金属潜在生态风险评价. 农业环境科学学报, 28(11): 2270-2276.

贾亚男, 袁道先. 2007. 不同土地利用方式对贵州岩溶土壤微量重金属元素含量的影响. 土壤通报, 38(6): 1174-1177.

江红南, 塔西甫拉提·特依拜, 丁建丽. 2009. 新疆库车县灌区土地盐渍化时空演变影响因子分析. 干旱区研究, 26(4): 514-518.

江艺明. 2007. 基于熵值法的土地利用可持续性评价研究. 农村经济与科技, (4): 115-116.

姜开鹏. 2005. 灌区对生态与环境的影响及有关问题思考. 水利发展研究, (10): 14-20.

雷声隆. 1999. 中国灌区发展的困难与机遇. 中国农村水利水电, (4): 43-45.

李波, 林玉锁. 2005. 公路两侧农田土壤铅污染及对农产品质量安全的影响. 环境监测管理与技术, 17(1): 11-14.

李朝奎, 王利东, 李吟, 等. 2011. 土壤重金属污染评价方法研究进展. 地质与矿产, 25(2): 172-176.

李德明, 郑昕, 张秀娟. 2009. 重金属对植物生长发育的影响. 安徽农业科学, 37(1): 74-75.

李哈滨, 王政权, 王庆成. 1998. 空间异质性定量研究理论与方法. 应用生态学报, 9(6): 651-657.

李海滨, 林忠辉, 刘苏峡. 2001. Kriging 法在区域土壤水分估值中的应用. 地理研究, 20(4): 446-452.

李建豹, 白永平, 罗君, 等. 2011. 甘肃省县域经济差异变动的空间分析. 经济地理, 31(3): 390-395.

李菊梅, 李生秀. 1998. 几种营养元素在土壤中的空间变异. 干旱地区农业研究, 16(2): 58-64.

李娟娟, 马金涛. 2006. 应用地积累指数法和富集因子法对铜矿区土壤重金属污染的安全评价. 中国安全科学学报, 16(12): 135-139.

李丽霞, 郝明德, 薛晓辉, 等. 2007. 黄土高原沟壑区苹果园土壤重金属含量特征研究. 水土保持学报, 21(6): 65-69.

李恋卿, 郑金伟, 潘根兴, 等. 2003. 太湖地区不同土地利用影响下水稻土重金属有效性库变化. 环境科学, 24(3): 101-104.

李亮亮, 依艳丽, 凌国鑫, 等. 2005. 地统计学在土壤空间变异研究中的应用. 土壤通报, 36(2): 265-268.

李名升, 佟连军. 2008. 辽宁省污灌区土壤重金属污染特征与生态风险评价. 中国生态农业学报, 16(6): 1517-1522.

李黔湘, 王华斌. 2008. 基于马尔柯夫模型的涨渡湖流域土地利用变化预测. 资源科学, 30(10): 1541-1546.

李锐. 2008. 典型区域土壤-水稻系统重金属污染空间变异规律及迁移转化特征研究. 南京农业大学硕士学位论文.

李绍生. 2011. 地质累积指数法在义马矿区土壤重金属及氟污染评价中的应用. 河南科学, 29(5): 614-618.

李小刚. 2001. 甘肃景电灌区盐化土壤的吸湿系数与凋萎湿度及其预报模型. 土壤学报, 38(4): 498-505.

李晓秀, 陆安祥, 王纪华, 等. 2006. 北京地区基本农田土壤环境质量分析与评价. 农业工程学报, 22(2): 60-63.

李晓燕, 张树文, 王宗明, 等. 2004. 吉林省德惠市土壤特性空间变异特征与格局. 地理学报, 59(6): 989-997.

李新宇, 唐海萍, 赵云龙, 等. 2004. 怀来盆地不同菜毒利用方式对土壤质量的影响分析. 水土保持学报, 18(6): 103-107.

李秀彬. 1996. 全球环境变化研究的核心领域——土地利用/土地覆被变化的国际研究动向. 地理学报, 51(5): 553-558.

李雪梅, 王祖伟, 邓小文. 2005. 天津郊区菜田土壤重金属污染环境质量评价. 天津师范大学学报: 自然科学版, 25(1): 70-73.

李艳, 史舟. 2003. 地统计学在土壤科学中的应用及展望. 水土保持学报, 17(1): 178-182.

李艳芬, 赵娜, 牛松杰. 2008. 引黄灌区运行管理现状思考. 河南水利与南水北调, (9): 138-139, 142.

李玉, 俞志明, 宋秀贤. 2006. 运用主成分分析(PCA)评价海洋沉积物中重金属污染来源. 环境科学, 27(1): 137-141.

李泽琴, 侯佳渝, 王奖臻. 2008. 矿山环境土壤重金属污染潜在生态风险评价模型探讨. 地球科学进展, 23(5): 509-516.

李召良, 张仁华. 2000. 一种从中红外和热红外数据中反演地表比辐射率的物理算法. 中国科学(E), 30(增刊): 18-26.

李政红, 张胜, 马琳娜, 等. 2010. 污灌区土壤重金属污染分布及其影响因素研究. 干旱区资源与环境, 24(11): 166-169.

李植斌. 2003. 城市土地可持续利用评价研究. 浙江师范大学学报(自然科学版), 23(1): 68-73.

李志博, 骆永明, 宋静, 等. 2006. 土壤环境质量指导值与标准研究 II·污染土壤的健康风险评估. 土壤学报, (01): 142-151.

李忠锋, 王一谋, 冯毓荪. 2003. 基于 RS 与 GIS 的榆林地区土地利用变化分析. 水土保持学报, 17(2): 96-100.

廖国礼, 周音达, 吴超. 2004. 尾矿区重金属污染浓度预测模型及其应用. 中南大学学报, 35(6): 1009-1013

廖晓勇, 陈同斌, 武斌, 等. 2006. 典型矿业城市的土壤重金属分布特征与复合污染评价——以"镍都"金昌市为例. 地理研究, 25(5): 843-852.

林啸, 刘敏, 侯立军, 等. 2007. 上海城市土壤和地表灰尘重金属污染现状及评价. 中国环境科学, 27(5): 613-618.

林艳. 2011. 基于地统计学与 GIS 的土壤重金属污染评价与预测. 长沙: 中南大学硕士学位论文.

刘付程, 史学正, 潘贤章, 等. 2003. 苏南典型地区土壤颗粒的空间变异特征. 土壤通报, 34(4): 246-249.

刘桂芳, 卢鹤立. 2011. 土地利用系统可持续性评价指标体系研究进展. 宝鸡文理学院学报(自然科学版), 31(1): 67-72.

刘含海. 2007. 非渗透表面对地表温度的影响: 以郑州地区为例. 开封: 河南大学硕士学位论文.

刘纪远. 1996. 中国资源环境遥感宏观调查与动态研究. 北京: 中国科学技术出版社.

刘纪远. 1997. 全国土地资源环境遥感宏观调查与动态研究. 北京: 科学出版社.

刘纪远, 匡文慧, 张增祥, 等. 2014. 20 世纪 80 年代末以来中国土地利用变化的基本特征与空间格局. 地理学报, 69(1): 3-14.

刘纪远, 张增祥, 徐新良, 等. 2009. 21 世纪初中国土地利用变化的空间格局与驱动力分析. 地理学报, 64(12): 1411-1420.

刘纪远, 张增祥, 庄大方. 2003. 20 世纪 90 年代中国土地利用变化时空特征及其成因分析. 地理研究, 22(1): 1-12.

刘静, 黄标扣, 孙维侠, 等. 2011. 经济发达区不同土壤利用方式下重金属的时空分布及预测. 土壤, 43(2): 210-215.

刘俊, 董平. 2009. 1996 年以来苏锡常地区土地利用结构时空演变研究. 地域研究与开发, 28(2): 79-84.

刘康. 2001. 土地利用可持续性评价的系统概念模型. 中国土地科学, 15(6): 19-23.

刘坤, 李光德, 张中文, 等. 2008. 城市道路土壤重金属污染及潜在生态危害评价. 环境科学与技术, 31(2): 124-127.

刘培哲. 1996. 可持续发展理论与中国 21 世纪议程. 地学前缘, 3(1-2): 1-9.

刘润堂. 2002. 日本灌排事业与土地改良. 中国水利, (3): 56-58.

刘晓辉, 吕宪国, 刘惠清. 2007. 沟谷地不同植被下土壤重金属纵向分异研究. 环境科学, 28(12): 2766-2770.

刘晓燕. 2011. 保定市郊污灌区土壤重金属时空分布特征与潜在生态风险评价. 石家庄: 河北农业大学硕士学位论文.

刘衍君, 汤庆新, 白振华, 等. 2009. 基于地质累积与内梅罗指数的耕地重金属污染研究. 中国农学通报, 25(20): 174-178.

刘彦随. 1999. 区域土地利用优化配置. 北京: 学苑出版社.

刘玉燕, 刘敏. 2008. 上海城市土壤中重金属含量及赋存形态. 城市环境与城市生态, 21(4): 34-37.

刘玉燕, 刘敏, 刘浩峰. 2007. 乌鲁木齐城市土壤中重金属含量与影响机制探讨. 干旱区地理, 30(4): 552-556.

刘志丽, 马建文, 韩秀珍, 等. 2003. 沙尘源区 AVHRR 数据地表温度时序变化与沙尘干量 TSP 数据的对比分析. 干旱区地理, 26(1): 89-95.

龙花楼, 蔡运龙, 万军. 2000. 开发区土地利用的可持续性评价——以江苏昆山经济技术开发区为例. 地理学报, 55(6): 719-728.

卢瑛, 龚子同, 张甘霖, 等. 2004. 南京城市土壤重金属含量及其影响因素. 应用生态学报, 15(1): 123-126.

卢远, 华璀, 王娟. 2006. 东北农牧交错带典型区土地利用变化及其生态效应. 中国人口·资源与环境, 16(2): 58-62.

鲁春阳, 齐磊刚, 桑超杰. 2007. 土地利用变化的数学模型解析. 资源开发与市场, 23(1): 25-27.

陆安祥, 王纪华, 潘瑜春, 等. 2007. 小尺度农田土壤中重金属的统计分析与空间分布研究. 环境科学, 28(7): 1579-1583.

路鹏, 黄道友, 宋变兰, 等. 2005. 亚热带红壤丘陵典型区土壤全氮的空间变异特征. 农业工程学报, 21(8): 181-183.

路云阁, 蔡运龙, 许月卿. 2006. 走向土地变化科学——土地利用/覆被变化研究的新进展. 中国土地科学, 20(1): 55-61.

吕保义, 张勇, 邹强. 2005. 黄河泥沙中污染物浓度的分析. 内蒙古水利, 104(4): 11-12.

罗格平, 张爱娟, 尹昌应, 等. 2009. 土地变化多尺度研究进展与展望. 干旱区研究, 26(3): 187-193.

罗厚枚, 王宏康. 1994. 用灰色聚类法综合评价土壤中重金属污染程度. 北京农业大学学报, 20(2): 197-203.

罗玉峰, 崔远来, 彭世彰. 2006. 柳园口灌区地下水流数值模拟和水资源可持续利用. 中国科技论文在线, 1(5): 346-350.

马成玲, 周健民, 王火焰, 等. 2006. 农田土壤重金属污染评价方法研究——以长江三角洲典型县级市常熟市为例. 生态与农村环境学报, 22(1): 48-53.

马建华, 李灿, 陈云增. 2011. 土地利用与经济增长对城市土壤重金属污染的影响——以开封市为例. 土壤学报, 48(4): 743-750.

马建华, 李剑. 2008. 郑汴公路路尘、路沟底泥和路旁土壤重金属分布. 西南交通大学学报, 43(2): 285-291.

马建华, 王晓云, 侯千, 等. 2011. 某城市幼儿园地表灰尘重金属污染及潜在生态风险. 地理研究, 30(3): 1185-1190.

马挺军, 林炳荣, 贾昌喜. 2010. 再生水中重金属元素聚类分析和主成分分析. 中国农学通报, 26(24): 318-321.

马溪平, 李法云, 肖鹏飞, 等. 2007. 典型工业区周围土壤重金属污染评价及空间分布. 哈尔滨工业大学学报, 39(2): 326-329.

马孝义, 李新平, 赵延凤. 2001. 土壤含水量的 Kriging 和 Cokriging 估值研究. 水土保持通报, 21(3): 59-62.

马玉峰, 贾宝全, 王文明. 2007. 农牧交错区土地利用变化研究——以内蒙古伊金霍洛旗为例. 干旱区研究, 24(3): 159-167.

马媛, 黄翀, 郑巍. 2010. 玛曲县土地利用变化分析与预测. 干旱区研究, 29(4): 735-741.

马宗文, 许学工. 2011. 土地变化的生态效应研究方法. 地理与地理信息科学, 27(2): 73-79.

毛广全. 2000. 美国的灌溉管理. 北京水利, (6): 38-39.

梅新安. 1997. 遥感概论. 北京: 清华大学出版社.

蒙晓, 任志远, 张翀. 2012. 咸阳市土地利用变化及生态风险. 干旱区研究, 29(1): 137-142.

孟宪林, 沈晋, 周定. 1994. 改性灰色聚类法在土壤重金属污染评价中的应用. 哈尔滨工业大学学报, 26(6): 134-139.

孟媛, 张凤荣, 姜广辉. 2007. 国家和农户层次上土地利用可持续性的经济学差异分析. 资源科学, 29(6): 170-175.

宁晓波, 项文化, 方晰, 等. 2009. 贵阳花溪区石灰土林地土壤重金属含量特征及其污染评价. 生态学报, 29(4): 2169-2177.

牛星, 欧名豪. 2007. 基于 MARKOV 理论的扬州市土地利用结构预测. 经济地理, 27(1): 153-156.

欧阳慧, 黄慧明. 2001. 赣州市农村地区土地利用可持续性评价. 中山大学研究生学报, 22(1): 22-25.

彭志行, 鲍昌俊, 赵杨, 等. 2009. 加权马尔可夫链在传染病发病情况预测分析中的应用. 数学的实践与认识, 39(23): 92-99.

祁轶宏. 2006. 基于 GIS 的铜陵地区土壤重金属元素的空间分布及污染评价. 合肥: 合肥工业大学硕士学位论文.

钱乐祥, 丁圣彦. 2005. 珠江三角洲土地覆盖变化对地表温度的影响. 地理科学, 60(5): 761-770.

钱乐祥, 泮学芹, 赵芊. 2004. 中国高光谱成像遥感应用研究进展. 国土资源遥感, (2): 1-6.

秦明周, 张鹏岩, 赵自胜, 等. 2010. 开封市黄河滩区土地资源规避洪水风险的安全利用. 地理研究, 29(9): 1584-1593.

秦益, 田国良. 1994. NOAA-AVHRR 图像大气影响校正方法研究及软件研制. 环境遥感, 9(1): 11-20.

邱化蛟, 常欣, 程序, 等. 2005. 农业可持续性评价指标体系的现状分析与构建. 中国农业科学, 38(4): 736-745.

渠爱雪, 卞正富, 朱传耿, 等. 2009. 徐州城区土地利用变化过程与格局. 地理研究, 28(1): 97-108.

邵学新, 黄标, 孙维侠, 等. 2006. 长江三角洲典型地区工业企业的分布对土壤重金属污染的影响. 土壤学报, 43(3): 397-404.

沈思渊. 1989. 土壤空间变异研究中地统计学的应用及其展望. 土壤学进展, 17(3): 11-24.

石龙宇, 卢新, 崔胜辉. 2008. 土地变化的生态效应研究进展. 中国土地科学, 22(4): 73-79.

石秋菊, 齐强元. 2009. 引黄灌区管理面临的困境及出路. 中国防汛抗旱, (6): 62-63.

石玉林, 卢良恕. 2001. 中国农业需水与节水高效农业建设. 北京: 中国水利水电出版社, 253-254.

史贵涛, 陈振楼, 许世远, 等. 2006. 上海市区公园土壤重金属含量及其污染评价. 土壤通报, 37(3): 490-494.

史培军. 1997. 人地系统动力学研究的现状与发展. 地学前缘, 4(1-2): 201-211.

史培军, 陈晋, 潘耀忠. 2000. 深圳市土地利用变化机制分析. 地理学报, 55(22): 151-160.

史培军, 宫鹏, 李小兵, 等. 2000. 土地利用/土地覆盖变化研究方法与实践. 北京: 科学出版社.

史培军, 江源, 王静爱, 等. 2004. 土地利用/覆盖变化与生态安全响应机制. 北京: 科学出版社.

舒卫萍, 崔远来. 2005. 层次分析法在灌区综合评价中的应用. 中国农村水利水电, (6): 109-111.

水利部. 全国新增 1000 亿斤粮食生产能力规划水利专题研究报告. http://ghjh. Mwr. Gov. cn/zhyw/zwxx/200905/t20090508_21456.html. 2009-05-08.

司毅铭, 周艳丽, 张曙光, 等. 2005. 黄河泥沙对水中有机污染物测定的影响研究. 人民黄河, 27(10): 48-50.

宋冬梅, 肖笃宁, 马明国, 等. 2004. 民勤湖区地下水资源时空变化对灌区景观生态安全的影响研究. 应用生态学报, 15(10): 1815-1820.

宋轩, 邱帅, 陈杰. 2009. 基于 GIS 的西平县土地利用变化分析. 气象与环境科学, 32(3): 83-87.

孙彬彬, 周国华, 刘占元, 等. 2008. 黄河下游山东段沿岸土壤重金属元素异常的成因. 地质通报, 27(2): 265-270.

孙超, 陈振楼, 毕春娟, 等. 2009. 上海市崇明岛农田土壤重金属的环境质量评价. 地理学报, 64(5): 619-628.

孙广生, 乔西现, 孙寿松. 2001. 黄河水资源管理. 郑州: 黄河水利出版社, 124-125.

孙晋伟, 黄益宗, 石孟春, 等. 2008. 土壤重金属生物毒性研究进展. 生态学报, 28(6): 2861-2869.

覃志豪, 高懋芳, 秦晓敏, 等. 2005. 农业灾害监测中的地表温度遥感反演方法——以 MODIS 数据为例. 自然灾害学报, 14(4): 64-71.

覃志豪, Li W J, Zhang M H, 等. 2003. 单窗算法的大气参数估计方法. 国土资源遥感, 2: 37-43.

覃志豪, Zhang M H, Karnieli A, 等. 2001. 用陆地卫星 TM6 数据演算地表温度的单窗算法. 地理学报, 56(4): 456-466.

谭永忠, 吴次芳, 叶智宣, 等. 2003. 城市土地可持续利用评价的指标体系与方法. 中国软科学, (3): 139-143.

汤洁, 陈初雨, 李海毅, 等. 2011. 大庆市建成区土壤重金属潜在生态风险危害和健康风险评价. 地理科学, 31(1): 117-122.

唐华俊, 陈佑启, 伊·范朗斯特, 等. 2000. 中国土地资源可持续利用的理论与实践. 北京: 中国农业科技出版社.

唐华俊, 吴文斌, 杨鹏, 等. 2009. 土地利用/土地覆被变化(LUCC)模型研究进展. 地理学报, 64(4): 456-468.

唐将, 王世杰, 付绍红, 等. 2008. 三峡库区土壤环境质量评价. 土壤学报, 45(4): 601-606.

唐仁健. 2009. 要依靠自身的力量解决中国的粮食问题. 中国水利, (21): 7-8.

陶澍. 1994. 应用数理统计方法. 北京: 中国环境科学出版社.

滕彦国, 庹先国, 倪师军, 等. 2002. 应用地质累积指数评价沉积物中重金属污染: 选择地球化学北京的影响. 环境科学与技术, 25(2): 7-9.

田宇鸣, 李新. 2006. 土地利用/覆被变化(LUCC)环境效应研究综述. 环境科学与管理. 31(5): 60-64.

万红友, 周生路, 赵其国. 2005. 苏南经济快速发展区土壤重金属含量的空间变化研究. 地理科学, 25(3): 329-334.

万荣荣, 杨桂山. 2005. 太湖流域土地利用与景观格局演变研究. 应用生态学报, 16(3): 475-480.

汪恕诚. 2002. 水利青年的历史重任. 中国水利报, 2002-1-22. 第 4 版.

王波, 毛任钊, 杨苹果, 等. 2006. 基于 Kriging 法和 GIS 技术的迁安市农田重金属污染评价. 农业环境科学学报, 25(增刊): 561-564.

王耕, 吴伟. 2005. 基于 GIS 的西辽河流域生态安全空间分异特征. 环境科学, 26(5): 28-33.

王贵玲, 蔺文静. 2003. 污水灌溉对土壤的污染及其整治. 农业环境科学学报, 22(2): 163-166.

王国庆, 骆永明, 宋静, 等. 2005. 土壤环境质量指导值与标准研究国际动态及中国的修订考虑. 土壤学报, 42(4): 666-673.

王海东, 方凤满, 谢宏芳, 等. 2010. 芜湖市区土壤重金属污染评价及来源分析. 城市环境与城市生态, 23(4): 36-40.

王海燕, 叶芳, 王登芝, 等. 2005. 北京市土壤重金属污染研究. 城市环境与城市生态, 18(6): 34-36.

王宏镔, 束文圣, 蓝崇钰. 2005. 重金属污染生态学研究现状与展望. 生态学报, 25(3): 596-605.

王纪华, 沈涛, 陆安祥, 等. 2008. 田块尺度上土壤重金属污染地统计分析及评价. 农业工程学报, 24(11): 226-229.

王济, 王世杰. 2005. 土壤中重金属污染元素的来源及作物效应. 贵州师范大学学报: 自然科学版, 23(2): 113-120.

王金霞, 黄季焜, 徐志刚, 等. 2005. 灌溉、管理改革及其效应——黄河流域灌区的实证分析. 北京: 中国水利水电出版社.

王金霞, 邢相军, 张丽娟, 等. 2011. 灌溉管理方式的转变及其对作物用水影响的实证. 地理研究, 30(9): 1683-1692.

王丽娟, 庞奖励, 丁敏. 2010. 不同土地利用方式下土壤重金属特征及影响研究. 陕西师范大学(自然科学版), 38(4): 88-93.

王莲芬, 许树柏. 1990. 层次分析法引论. 北京: 中国人民大学出版社.

王庆仁, 刘秀梅, 崔岩山, 等. 2002. 我国几个工矿与污灌区土壤重金属污染状况及原因探讨. 环境科学学报, 22(3): 354-358.

王思远, 刘纪远, 张增祥, 等. 2002. 近10年中国土地利用格局及其演变. 地理学报, 57(5): 523-530.

王涛, 吕昌河. 2010. 京津冀地区土地利用变化的数量结构分析. 山西大学学报(自然科学版), 33(3): 473-478.

王伟杰, 柯涌潮. 1986. 土壤综合评价方法的探讨. 农业环境保护, 5(2): 16-18.

王秀兰, 包玉海. 1999. 土地利用动态变化研究方法探讨. 地理科学进展, 18(1): 81-87.

王学军, 邓宝山, 张泽浦. 1997. 北京污灌区表层土壤微量元素的小尺度空间结构特征. 环境科学学报, 17(4): 412-416.

王学军, 席爽. 1997. 北京东郊污灌土壤重金属含量的克立格捕值及重金属污染评价. 中国环境科学, 17(3): 225-228.

王友保, 张凤美, 王兴明, 等. 2006. 芜湖市工业区土壤重金属污染状况研究. 土壤, 38(2): 196-199.

王铮, 吴健平, 邓悦, 等. 2002. 城市土地利用演变信息的数据挖掘——以上海市为例. 地理研究, 21(6): 675-681.

王铮, 郑一萍. 2001. 全球变化对中国粮食安全的影响分析. 地理研究, 20(3): 282-289.

王政权. 1999. 地质统计学及在生态学中的应用. 北京: 科学出版社.

吴春发. 2008. 复合污染土壤环境安全预测预警研究. 杭州: 浙江大学博士学位论文.

吴光红, 苏睿先, 李万庆, 等. 2008. 大沽排污河污灌区土壤重金属富集特征和来源分析. 环境科学, 29(6): 1693-1698.

吴凯. 2003. 黄河下游水情变化特征与引黄灌溉的可持续发展. 灌溉排水学报, 22(01): 45-48.

吴晓丽. 2005. 南通市土壤重金属和农产品(蔬菜)重金属污染状况研究. 南京: 南京农业大学硕士学位论文.

吴晓旭, 邹学勇. 2009. 基于遥感与GIS的乌审旗土地利用变化研究. 地理科学进展, 28(2): 199-205.

吴宇哲, 吴次芳. 2001. 基于Kriging技术的城市基准地价评估研究. 经济地理, 21(5): 584-588.

夏家淇. 1986. 土壤环境质量标准详解. 北京: 中国环境科学出版社.

肖鹏峰, 刘顺喜, 冯学智, 等. 2003. 基于遥感的土地利用与覆被分类系统评述及代码转换. 遥感信息, (4): 54-58.

肖思思, 黄贤金, 彭补拙, 等. 2007. 经济发达县域耕地土壤重金属污染评价及其影响因素分析——以江苏省昆山市为例. 长江流域资源与环境, 16(5): 674-679.

肖翔, 李扬帆, 朱晓东. 2011. 基于土地利用驱动力的马尔柯夫模型及其应用. 土壤, 43(5): 822-827.

谢云峰, 陈同斌, 雷梅, 等. 2010. 空间插值模型对土壤Cd污染评价结果的影响. 环境科学学报, 30(4): 847-854.

徐京萍, 张柏, 王宗明, 等. 2006. 九台市不同利用方式下土壤铬含量及其空间分布特征. 水土保持学报, 20(3): 36-39.

徐岚, 赵羿. 1993. 利用马尔柯夫过程预测东陵区土地利用格局的变化. 应用生态学报, 4(3): 272-277.

徐霞, 塔西甫拉提·特依拜, 哈学萍, 等. 2008. 基于ETM+数据的新疆于田地区地表温度反演研究. 新疆农业科学, 45(3): 547-552.

徐欣, 马建华. 2009. 陇海铁路圃田段路旁土壤重金属潜在生态风险评价. 气象与环境科学, 32(1): 29-32.

徐有宁, 张江华, 赵阿宁, 等. 2008. 小秦岭某金矿区农田土壤重金属污染的潜在生态危害评价. 地质通报, 17(8): 1272-1278.

徐争启, 倪师军, 张成玖, 等. 2004. 应用污染负荷指数法评价攀枝花地区金沙江水系沉积物中的重金属. 四川环境, 23(3): 64-67.

徐中民, 程国栋, 邱国玉. 2005. 可持续性评价的ImPACTS等式. 地理学报, 60(2): 198-208.

许生原. 2010. 引黄灌区灌溉事业可持续发展问题研究——以位山灌区为例. 济南: 山东师范大学硕士学位论文.

许素芳, 周寅康. 2006. 开发区土地利用的可持续性评价及实践研究——以芜湖经济技术开发区为例. 长江流域资源与环境, 15(4): 453-457.

许学宏, 纪从亮. 2005. 江苏蔬菜产地土壤重金属污染现状调查与评价. 农村生态环境, 21(1): 35-37.

许志芳, 张泽良. 2002. 各国用水户参与灌溉管理经验述评. 中国农村水利水电, (6): 10-15.

阎伍玖. 2008. 芜湖市城市边缘区土壤重金属污染空间特征研究. 地理科学, 28(2): 282-285.

杨吉山, 许炯心, 廖建华. 2006. 不同水沙条件下黄河下游二级悬河的发展过程. 地理学报, 61(1): 66-76.

杨继松, 孙丽娜, 杨晓波, 等. 2007. 沈阳市细河沿岸农田土壤重金属污染评价. 农业环境科学学报, 26(5): 1933-1936.

杨军, 陈同斌, 雷梅, 等. 2011. 北京市再生水灌溉对土壤、农作物的重金属污染风险. 自然资源学报, 26(2): 209-217.

杨军, 陈同斌, 郑袁明, 等. 2005. 北京市凉凤灌区小麦重金属含量的动态变化及健康风险分析——兼论土壤重金属有效性测定指标的可靠性. 环境科学学报, 25(12): 1661-1666.

杨军, 郑袁明, 陈同斌, 等. 2005. 北京市凉凤灌区土壤重金属的积累及其变化趋势. 环境科学学报, 25(9): 1175-1181.

杨青生, 刘闯. 2004. MODIS 数据陆面温度反演研究. 遥感技术与应用, 19(2): 90-94.

杨庆娥, 任振江, 高然. 2007. 污水灌溉对土壤和蔬菜中重金属积累和分布影响研究. 中国农村水利水电, (5): 74-75.

杨晓晖, 张克斌, 慈龙骏. 2005. 半干旱农牧交错区近 20 年来景观格局时空变化分析: 以内蒙古伊金霍洛旗为例. 北京林业大学学报, 27(5): 81-86.

杨玉玲, 文启凯, 田长彦, 等. 2001. 土壤空间变异研究现状及展望. 干旱区研究, 18(2): 50-55.

杨忠平, 卢文喜, 刘新荣, 等. 2009. 长春市城区表层土壤重金属污染来源解析. 城市环境与城市生态, 22(5): 29-33.

叶琛, 李思悦, 卜红梅, 等. 2010. 三峡水库消落区蓄水前土壤重金属含量及生态危害评价. 土壤学报, 43(6): 1264-1269.

易秀. 2007. 西安市污灌区土壤中重金属潜在生态危害评价. 干旱区资源与环境, 21(3): 119-120.

易秀, 郭婷婷, 谷晓静. 2010. 陕西省泾惠渠灌区土壤重金属污染累积趋势预测. 生态环境学报, 19(9): 2209-2213.

易秀, 李佩成. 2004. 陕西交口抽渭灌区灌溉对土壤和地下水的影响研究. 灌溉排水学报, 23(5): 25-28.

游黎. 2010. 大型灌区运行状况综合评价指标体系与评价方法研究——以汾河灌区为例. 西安: 西安理工大学硕士学位论文.

于开芹, 边微, 常明. 2004. 城市土地可持续利用评价指标体系的构建原理与方法研究. 西北农林科技大学学报(自然科学版), 32(3): 59-64.

于兴修. 2002. 中国土地利用/覆被变化研究的现状与问题. 地理科学进展, 21(1): 51-57.

于兴修, 杨桂山, 王瑶. 2004. 土地利用/覆被变化的环境效应研究进展与动向. 地理科学, 24(5): 627-633.

余敦, 陈文波. 2009. 江西省土地利用可持续性评价与时空特征研究. 中国土地科学, 23(4): 43-47, 69.

余强毅, 吴文斌, 唐华俊等. 2011. 基于粮食生产能力的 APEC 地区粮食安全评价. 中国农业科学, 44(13): 2838-2848.

俞双恩, 左晓霞, 赵伟. 2004. 我国灌区量水现状及发展趋势. 节水灌溉, (4): 35-37.

岳文泽, 徐丽华. 2007. 城市土地利用类型及格局的热环境效应研究: 以上海市中心城区为例. 地理科学, 27(2): 243-248.

曾希柏, 李莲芳, 梅旭荣. 2007. 中国蔬菜土壤重金属含量及来源分析. 中国农业科学, 40(11): 2507-2517.

翟航. 2005. 长春市土壤重金属分布规律及土壤环境质量评价. 长春: 吉林大学硕士学位论文.

翟浩辉. 2004. 加大灌区改造力度, 保障国家粮食安全. 求是, (6): 5-7.

翟丽梅, 廖晓勇, 阎秀兰, 等. 2009. 广西西江流域农业土壤镉的空间分布与环境风险. 中国环境科学, 29(6): 661-667.

张朝生, 章申, 何建邦. 1998. 长江水系沉积物重金属含量空间分布特征研究——空间自相关与分形方法. 地理学报, 53(1): 87-96.

张凤华, 赵强, 潘旭东, 等. 2005. 新疆玛河流域绿洲土壤特性空间分异与合理开发模式. 水土保持学报, 19(6): 53-56.

张海龙, 蒋建军, 解修平, 等. 2005. 基于 GIS 与马尔可夫模型的渭河盆地景观动态变化研究. 干旱区资源与环境, 19(7): 119-124.

张健, 陈凤, 濮励杰, 韩书成, 等. 2007. 近 20 年苏锡常地区土地利用格局变化及驱动因素分析. 资源科学, 29(4): 62-65.

张亮, 徐建新. 2007. 黄河下游引黄灌区高效运行管理模式研究. 水利科技与经济, 13(3): 146-148.

张民, 龚子同. 1996. 我国菜园土壤中某些重金属元素的含量与分布. 土壤学报, 33(1): 85-93.

张乃明, 李保国, 胡克林. 2001. 太原污灌区土壤重金属和盐分含量的空间变异特征. 环境科学学报, 21(3): 349-353.

张启舜. 2005. 水、生命与环境. 水利部农村发展司.

张清海, 林绍霞, 林昌虎. 2011. 贵州农业非点源污染土壤重金属含量特征及区域差异性研究. 中国环境监测, (2): 88-91.

张仁铎. 2005. 空间变异理论及应用. 北京: 科学出版社.

张润杰, 周强, 陈翠贤, 等. 2003. 普通克立格法在昆虫生态学中的应用. 应用生态学报, 14(1): 90-92.

张伟, 聂伟, 张勇, 等. 2009. 开封市水文公报. 开封市统计局上半年统计资料, (6).

张文彤. 2004. SPSS 统计分析基础教程. 北京: 高等教育出版社.

张文彤, 董伟. 2004. SPSS 统计分析高级教程. 北京: 高等教育出版社.

张心怡, 刘敏, 孟飞, 等. 2005. 基于 RS 和 GIS 的地面温度和土地利用/覆被关系研究进展. 遥感信息, (3): 66-70.

张衍广, 林振山, 李茂玲, 等. 2007. 基于 EMD 的山东省 GDP 增长与耕地变化的关系. 地理研究, 26(6): 1147-1155.

张银辉, 罗毅, 刘纪远, 等. 2005. 内蒙古河套灌区土地利用变化及其景观生态效应. 资源科学, 27(2): 141-146.

张银辉, 罗毅, 刘纪远, 等. 2006. 灌区土地利用变化驱动因素分析——以内蒙古河套灌区为例. 资源科学, 28(1): 81-86.

赵翠薇, 濮励杰. 2006. 城市化进程中的特点利用问题研究——以江苏省为例. 长江流域资源与环境, 15(2): 169-173.

赵慧, 甘仲惟, 肖明. 2003. 多变量统计数据中异常值检验方法的探讨. 华中师范大学学报(自然科学版), 37(2): 133-137.

赵小汎, 陈文波, 代力民. 2007. Markov 和灰色模型在土地利用预测中的应用. 水土保持研究, 14(2): 19-21.

赵小汎, 陈文波, 沈润平, 等. 2005. 土地利用/土地覆被变化可持续性研究. 江西农业大学学报, 27(1): 129-133.

赵彦锋, 郭恒亮, 孙志英. 2008. 基于土壤学知识的主成分分析判断土壤重金属来源. 地理科学, 28(1): 45-50.

赵英时. 2003. 遥感应用分析原理与方法. 北京: 科学出版社.

甄霖, 曹淑艳, 魏云洁, 等. 2009. 土地空间多功能利用: 理论框架及实证研究. 资源科学, 31(4): 544-551.

郑国璋. 2007. 农业土壤重金属污染研究的理论与实践. 北京: 中国环境科学出版社.

郑利民. 2007. 黄河下游引黄灌区粮食安全问题浅析. 中国水利, (13): 46-48.

郑喜坤, 鲁安怀, 高翔, 等. 2002. 土壤中重金属污染现状与防治方法. 土壤与环境, 11(1): 79-84.

郑袁明, 陈同斌, 陈煌, 等. 2003. 北京市近郊区土壤镍的空间结构及分布特征. 地理学报, 58(3): 470-476.

郑袁明, 陈同斌, 郑国砥, 等. 2005. 北京市不同土地利用方式下土壤铬和镍的积累. 资源科学, 27(6): 162-166.

郑袁明, 陈同斌. 2004. "北京市土壤和蔬菜重金属污染与风险评价"取得重要进展. 地理研究, 23(5): 715.

郑重, 张凤荣, 朱战强. 2010. 基于生产力可持续指数的耕地利用动态分析——以新疆生产建设兵团农三师 45 团绿洲灌区为例. 中国生态农业学报, 18(1): 175-179.

中国灌溉排水发展中心. 2001. 农业节水探索. 北京: 中国水利水电出版社.

钟晓兰, 周生路, 李江涛, 等. 2007a. 长江三角洲地区土壤重金属污染的空间变异特征——以江苏省太仓市为例. 土壤学报, 44(1): 33-40.

钟晓兰, 周生路, 赵其国. 2007b. 长江三角洲地区土壤重金属污染特征及潜在生态风险评价. 地理科学, 27(3): 395-400.

钟玉秀. 2002. 国外用水户参与灌溉管理的经验和启示. 水利发展研究, 2(5): 46-48.

周安康, 严宝文, 魏晓妹. 2011. 宝鸡峡灌区农业水资源安全评价研究. 西北农林科技大学学报(自然科学版). 39(3): 203-210.

周广柱, 杨锋杰, 程建光, 等. 2005. 土壤环境质量综合评价方法探讨. 山东科技大学学报(自然科学版), 24(4): 113-1150.

周璐红, 李亚妮, 王晓峰. 2011. 灌区土地利用优势度分析以陕西省径惠果灌区为例. 安徽农业科学, 39(23): 14300-14302.

周文华, 王如松. 2005. 城市生态安全评价方法研究——以北京市为例. 生态学杂志, 24(7): 848-852.

周晓花, 程瓦. 2002. 国外农业节水政策综述. 水利发展研究, 2(7): 43-45.

周宗军, 王延贵. 2010. 引黄灌区泥沙资源优化配置模型及应用. 水利学报, 41(9): 1018-1023.

朱会义, 李秀彬. 2003. 关于区域土地利用变化指数模型方法的讨论. 地理学报, 58(5): 643-650.

朱会义, 刘述林, 贾绍凤. 2004. 自然地理要素空间插值的几个问题. 地理研究, 23(4): 425-432.

朱剑东, 倪吾钟, 杨肖娥. 2002. 土壤重金属污染评价指标的研究进展. 广东微量元素科学, 9(5): 11-17.

朱青. 2004. 两种模糊数学模型在土壤重金属综合污染评价中的应用与比较. 环境保护科学, 123(30): 53-57.

朱青, 周生路, 孙兆金, 等. 2004. 两种模糊数学模型在土壤重金属综合污染评价中的应用与比较. 环境保护科学, 30(6): 53-57.

朱秀珍, 崔远来, 李远华, 等. 2004. 灌区运行状况综合评价权重系数的确定. 灌溉排水学报, 23(1): 10-13

朱瑶, 陈凯麒, 胡亚琼. 2003. 大型灌区目前存在的环境问题及解决措施方案初探. 节水灌溉, (3): 19-21.

朱宇恩, 赵烨, 李强, 等. 2011. 北京城郊污灌土壤——小麦(Triticum aestivum)体系重金属潜在健康风险评价. 农业环境科学学报, 30(2): 263-270.

Aaviksoo K. 1995. Simulating vegetation dynamics and land use in mire landscape using a Markov mode. Landscape and Urban Planning, 31: 129-142.

Abrabams P W. 2002. Soils: Their implancations to human health. The Science of the Total Environment, 291 (1/2/3): 1-32.

Abrams M, Hook S, Ramachandran B. 1999. ASTER User Handbook, Version. Pasadena, CA: Jet Propulsion Laboratory.

Acosta J A, Faz A, Martínez-Martínez S, et al. 2011. Multivariate statistical and GIS-based approach to evaluate heavy metals behavior in mine sites for future reclamation. Geochemical Exploration, 109(1-3): 8-17.

Adeniyi A A, Owoade O J. 2010. Total petroleum hydrocarbons and trace heavy metals in roadside soils along the Lagos-Badagry expressway, Nigeria. Environmental Monitoring and Assessment, 167: 625-630.

Affum H A, Oduro-Afriyie K, Nartey V K. 2008. Biomonitoring of airborne heavy metals along a major road in Accra, Ghana. Environmental Monitoring and Assessment, 137(1-3): 15-24.

Anita S, Rajesh K S, Madhoolika A, et al. 2009. Effects of wastewater irrigation on physicochemical properties of soil and availability of heavy metals in soil and vegetables. Communications in Soil Science and Plant Analysis, 40(21-22): 3469-3490.

Arshad M A, Martin S. 2002. Identifying critical limits for soil quality indicators in agro-ecosystem. Agricultural Ecosystem Environment, 88(2): 153-160.

Bartlomie J W, Dariusz C. 2010. Hydraulic controls on the entrapment of heavy metal-polluted sediments on a floodplain of variable width, the upper Vistula River, southern Poland. Geomorphology, 117(3-4): 272-286.

Batabyal AA. 2006. Markov chains: Models, algorithms and applications. Interfaces, 36(6): 609-610.

Baumgartner R J. 2011. Critical perspectives of sustainable devement research and practice. Journal of Cleaner Production, 19(8): 783-786.

Bernhard A Z, Che F I, Mike J M, et al. 2004. Heavy metals in soils and crops in southeast Asia. Peninsular Malaysia. Environmental Geochemistry and Health, 26: 343-357.

Birch G F, Evenden D, Teutsch M E. 1996. Dominance of point source in heavy metal distributions in ediments of a major Sydney estuary (Australia). Environmental Geology, 28(4): 169-174.

Blackburn W R. 2007. The Sustainability Handbook. Washington, DC: Environmental Law Institute.

Blake W H, Walsh R P D, Reed J M, et al. 2007. Impacts of landscape remediation on the heavy metal pollution dynamics of a lake surrounded by non - ferrous smelter waste. Environmental Pollution, 148(1): 268 - 280.

Boerner R E J, DeMers M N, Simpson J W, et al. 1996. Markov models of inertia and dynamism on two contiguous Ohio landscapes. Geographical Analysis, 28(1): 56-66.

Bolan A. 2004. Distribution and bioavailability of trace elements in livestock and poultry manure by-products. Environmental Science and Technology, 34(3): 291-338.

Bonan G B. 2008. Forests and climate change: Forcings, feedbacks, and the climate benefits of forests. Science, 320: 1444-1449.

Bruinsma J. 2003. World agriculture: Towards 2015/2030: An FAO perspective. FAO/Earthscan, Rome (Italy).

Brus D J, De Gruijter J J, Römkens P. 2005. Probabilistic quality standards for heavy metals in soil derived from quality standards in crops. Geodema, (128): 301-311.

Cabral P, Zamyatin A. 2009. Markov processes in modeling land use and land cover changes in Sintra-Cascais, Portugal. Dyna-colombia, 158 (76): 191-198.

Calderon J, Ortiz-Perez D, Yanez L, et al. 2003. Human exposure to metals. Pathways of exposure, biomarkers of effect, and host factors. Ecotoxicology and Environmental Safety, 56(1): 93-103.

Cambardella C A, Moorman T B, Novak J M, et al. 1994. Field-scale variability of soil properties in central Iowa soils. Soil Science Society of America Journal, 58: 1501-1511.

Canora F, Fidellbus M D, Sciortino A, et al. 2008. Variation of infiltration rate through karstic surfaces due to land use changes: A case study in Murgia (SE-Italy). Engineer Geology, 99(3-4): 210-227.

Cao H C, Luan Z Q, Wang J D, et al. 2009. Potential ecological risk of cadmium, lead and arsenic in agricultural black soil in Jilin Province, China. Stochastic Environmental Research and Risk Assessment, 23(1): 57-64.

Caroline A, Jasny B R, Malakoff D A, et al. 2010. Feeding the future. Science, 327(5967): 797.

Chang T K, Shyu G S, Lin Y P. 1999. GeoStatiStical analysis of soil arsenic content in Taiwan. Journal of Environmental Science and Health, Part A: Toxic/Hazardous Substances and Environmental Engineering, 34(7): 1485-1501.

Chapman P M. 1995. Sediment quality assessment: Status and outlook. Aquat Ecol Health, 4: 183-194.

Chen A, Li J, Ramesh N I. 2008. Probabilistic approach in weighted Markov branching processes. Statistics& Probability Letters, 78(6): 771-779.

Chow J C. 1970. Lead accumulation in roadside soil and grass. Nature, 225: 295-296.

Churkina G, Brown D G, Keoleian G. 2010. Carbon stored in human settlements: The conterminous United States. Global Change Biology, 16(1): 135-143.

Claussen M, Brovkin V, Ganopolski A. 2001. Biogeophysical versus biogeochemical feedbacks of large-scale land cover change. Geophysical Research Letters, 28(6): 1011-1014.

Crnkovic D, Ristic M, Antonovic D. 2006. Distribution of heavy metals and Arsenic in soils of Belgrade (Serbia and Montenegro). Soil and Sediment Contamination, 15(6): 581-589.

David T, Kenneth G C, Pamela A M, et al. 2002. Agricultural sustainability and intensive production practices. Nature, 418: 671-677.

Davutluoglu O I, Seckin G, Kalat D G. 2010. Speciation and inplications of heavy metal content in surface sediments of Akyatan Lagoon-Turkey. Desalination, 260(3): 199-210.

Davydova S. 2005. Heavy metals as toxicants in big cities. Microchemical Journal, 79(1-2): 133-136.

DeFries R S, Silver C S. 1992. One earth, one future: Our changing global environment. National Academies Press.

Delgado J, Nieto J M, Boski T. 2010. Analysis of the spatial variation of heavy metals in the Guadiana Estuary sediments (S W Iberian Peninsula) based on GIS-mapping techniques. Estuarine Coastal and Shelf Science, 88(1): 71-83.

Derome J, Lindroos A J. 1998. Effects of heavy metal contamination on macronutrient availability and acidification parameters in forest soil in the vicinity of the Harjavalta Cu Ni smelter, SW Finland. Environmental pollution, 99(2): 225-232.

DeVries G A, Brunnbauer M, Hu Y, et al. 2007. Divalent metal nanoparticles. Science, 315(5810): 358-361.

Douay F, Roussel H, Fourrier H, et al. 2007. Investigation of heavy metal concentrations in urban soils, dust and vegetables nearby a former smelter site in Mortagne du Nord, Northern France. Journal of Soils and Sediments, 7(3): 143-146.

Dube F, Zagal E, Stolpe N, et al. 2009. The influence of land use change on the organic carbon distribution and microbial respiration in a volcanic soil of the Chile an Patagonia. Forest Ecology and Management, 257(8): 1695-1704.

Editorial. 2004. Land use and sustainability indicators. An introduction. Land Use Policy, (21): 193-198.

Elias F, María A S. 2007. Deficit irrigation for reducing agricultural water use. Journal of Experimental Botany, 58(2): 147-159.

Engberg R A, Sylvester M A. 1993. Concentrations, distribution, and sources of selenium from irrigated lands in western United States. Journal of Irrigation and Drainage Engineering, 119(3): 522-536.

Facchinelli A, Sacchi E, Mallen L. 2001. Multivariate statistical and GIS-based approach to identify heavy metal sources in soils. Environmental Pollution, 114(3): 313-324.

FAO. 1993. FESLM: An international framework evaluating sustainablel and management. World Soil Resources Report, 73.

FAO. 2005. FAO Statistical Databases (FAOSTAT). http://faostat.fao.org/. 2011-12-12.

Farkas A, Erratico C, Viganò L. 2007. Assessment of the environmental significance of heavy metal pollution in surficial sediments of the River Po. Chemosphere, 68(4): 761-768.

Feddema J J, Oleson K, Bonan G, et al. 2005. How important is land cover change for simulating future climates. Science, 310(5754): 1674-1678.

Fedoroff N V, Battisti D S, Beachy R N, et al. 2010. Radically rethinking agriculture for the 21st century. Science, 327(5967): 833-834.

Filiz D C, Patrick L, Heinz G. 2008. Agricultural and environmental changes after irrigation management transfer in the Develi Basin, Turkey. Irrigation Drainage System, 22(1): 47-66.

Fischer G, Tubiello F N, Velthuizen H V, et al. 2007. Climate change impacts on irrigation water requirements: Effects of mitigation, 1990-2080. Technological Forecasting and Social Change, 74(7): 1083-1107.

Foley J A, DeFries R, Asner G P, et al. 2005. Global consequences of land use. Science, 309: 570-574.

Foley J A, Navin R, Brauman K A, et al. 2011. Solutions for a cultivated planet. Nature, (478): 337-342.

Food and Agriculture Organization of the United Nations (FAO). 2005. Review of agricultural water use per country, Rome, Italy. http://www.fao.org/ag/agl/aglw/aquastat/water use/index. stm. 2005-12-10.

Forstner U, Muller G. 1981. Concentrations of heavy metals and polycyclic aromatic hycarbons in river sediments: Geochemical background, man's influence and environmental impact. Geojouranl, 5: 417-432.

Fu B J, Chen L D. 2000. Agricultural landscape spatial pattern analysis in the semi-arid hilly area of the Loess Plateau, China. Journal of Arid Environments, 44(3): 291-303.

Fu C B. 2003. Potential impacts of human-induced land cover change on East Asia monsoon. Global and Planetary Change, 137: 219-229.

Fu C, Guo J, Pan J, et al. 2009. Potential ecological risk assessment of heavy metal pollution in sediments of the Yangtze River within the Wanzhou section, China. Biological Trace Element Research, 129(1-3): 270-277.

Garik G, Anthony C J, Christopher O J, et al. 2004. Land change science: Observing, monitoring and understanding trajectories of change on the Earth's surface. Remote Sensing and Digital Image Processing, 6: 461-464.

GLP(Global Land Project). 2005. Global science plan and implementation strategy. IGBP Report 53 /IHDP Report 19.

Godfray H. C, Beddington J R, Crute I R, et al. 2010. Food security: The challenge of feeding 9 billion people. Science, 327(5967): 812-817.

Golia E E, Dimirkou A, Mitsios I K. 2008. Levels of heavy metals pollution in different types of soil of central Greece. Bull Environ Contam Toxicol, 80(3): 206-210.

Goovaerts P. 1999. Geostatistics in science: State-of-the-art and perspective. Geoderma, 89(1-2): 1-45.

Goovaerts P, Webster R, Dubois J P. 1997. Assessing the risk of soil contamination in the Swiss Jura using indicator geostatistics. Environmental and Ecological Statistics, 4(1): 49-64.

Goovaerts P, Webster R. 1994. Scale dependent correlation between topsoil copper and cobalt concentrations in Scotland. European Journal of Soil Science, 45(1): 79-95.

Gorell J M, John son C C, Rybicki B A. 1999. Occupational exposure to manganese, copper, lead, iron, mercury and zinc and the risk of Parkinson's disease. Neurons Toxicology, 20(2): 39-247.

Grobko L S, Liebhold A M, Hohn M E. 1955. Model to predict gypsy moth (Lepidoptera: Lymantriidae) defoliation using kriging and logistic regression. Environ Entomol, 24(3): 529-537.

Guney M, Onay T T, Copty N K. 2010. Impact of overland traffic on heavy metal levels in highway dust and soils of istanbul, Turkey. Environmental Monitoring and Assessment, 164(1-4): 101-110.

Gutierrez M, Alarcón-Herrera M T, Camacho L M. 2009. Geographical distribution of arsenic in sediments within the Rio Conchos Basin, Mexico. Environmental Geology, 57(4): 929-935.

Gutman G, Janetos A C, Justice C O, et al. 2004. Land Change Science: Observing, Monitoring and Understanding Trajectories of Change on the Earth's Surface. New York: Kluwer Academic.

Hakanson L. 1980. An ecological risk index for aquatic pollution control: A sedimentological approach. Water Research, 14(8): 975-1001.

Hamamci C, Kahraman F, Düz M Z. 1997. Desulfurization of southeastern Anatolian asphaltites by the Meyers method. Fuel Processing Technology, 50(2-3): 171-177.

Hansen J, Nazarenko L, Ruedy R, et al. 2005. Earth's energy imbalance: Confirmation and implications. Science, 308: 1431-1435.

Hendrike H, Michael S, John G, et al. 2011. Indicators for strategic environmental assessment in regional land use planning to assess conflicts with adaptation to global climate change. Ecological Indicators, 11(1): 90-95.

Herold M, Goldstein C N, Clarke C K. 2003. The spatiotemporal form of urban growth: measurement, analysis and modeling. Remote Sensing of Environment, 86: 286-302.

Herold M, Scepan J, Clarke K C. 2002. The use of remote sensing and landscape metrics to describe structures and changes in urban land uses. Environment and Planning A, 34(8): 1443-1458.

Hervada S C, Jarsuta B E. 2004. Optimal regional sampling network to analyse environmental pollution by heavy metals using indirect methods. Case Study: Galicia (NW of Spain). Springer Netherlands: GeoENV IV-Geostatistics for Environmental Applications, 449-460.

Hopwood B, Mellor M, O'Brien G. 2005. Sustainable development: Mapping different approaches. Sustainable Development, 13(1): 38-52.

Houghton R A. 1995. Land-use change and the carbon cycle. Global Change Biology, 1: 275-287.

Houghton R A, Hackler J L. 2003. Sources and sinks of carbon from land-use change in China. Global Biogeochemical Cycles, 17(2): 1034.

Iemarkus U L, Mcbratney A B. 2007. A review of the contamination of soil with leadII. Spatial distribution and risk as-sessment of soil lead. Environment International, (27): 399-411.

Imperato M, Adamo P, Naimo D, et al. 2003. Spatial distribution of heavy metals in urban soils of Naples city (Italy). Environmental pollution, 124(2): 247-256.

IPCC. 2007. IPCC Fourth Assessment Report: Climate Change 2007 (AR4). Geneva, Switzerland.

Jamala M S, Sammisa T W, Mexala J G, et al. 2002. A growth-irrigation scheduling model for wastewater use in forest production. Agricultural Water Management, 56(1): 57-79.

James R L, Gene E L, John W F, et al. 2000. Cadmium toxicity among wildlife in the Colorado Rocky Mountaion. Nature, 406(13): 181-183.

Järup L. 2003. Hazards of heavy metal contamination. British medical bulletin, 68(1): 167-182.

Jimenez-Munoz J C, Sobrino J A. 2003. A generalized single‐channel method for retrieving land surface temperature from remote sensing data. Journal of Geophysical Research: Atmospheres, 108(D22): ACL 2-1-ACL 2-9.

Johnson J B, Omland K S. 2004. Model selection in ecology and evolution. Trends in ecology and evolution, 19(2): 101-108.

Johnson R A, Wichern D W. 2001. 实用多元统计分析(第四版). 北京: 清华大学出版社, 345-362.

Journel A G. 1977. Kriging in terms of projections. Journal of the International Association for Mathematical Geology, 9(6): 563-586.

Jules P. 2008. Agricultural sustainability: concepts, principles and evidence. Phil. Trans. R. Soc. B. 363: 447-465.

Kaiser J. 1998. Toxicologists shed new light on old poisons. Science, (279): 1850-1851.

Kamusoko C, Aniya M. 2009. Hybrid classification of landsat data and GIS for land use/cover change analysis of the Bindura district, Zimbabwe. International Journal of Remote Sensing, 30(1): 97-115.

Kasimir-Klemedtsson A, Klemedtsson L, Berglund K, et al. 1997. Greenhouse gas emissions from farmed organic soils: A review. Soil Use and Management, 13(4): 245-250.

Katharina H, Karen T, Bettina K, et al. 2008. Exante impact assessment of land use changes in European regions-the SENSOR approach. Sustainability Impact Assessment of Land Use Changes, Part I: 77-105.

Keller A, Von Steiger B, Van der Zee S E A T M, et al. 2001. A stochastic empirical model for regional heavy – metal balances in agroecosystems. Journal of Environmental Quality, 30(6): 1976-1989.

Kloezen W H, Garc s-Restrepo C, Johnson III S H. 1997. Impact Assessment of Irrigation Management Transfer in the Alto Rio Lerma. Research Report No 15, Colombo, Sri Lanka: International Irrigation Management Institute.

Korre A. 1999. Statistical and spatial assessment of soil heavy metal contamination in areas of poorly recorded, complex sources of pollution. Stochastic Environmental Research and Risk Assessment, 13(4): 260-287.

Lambin E F, Turner B L, Geist H J, et al. 2001. The causes of land-use and land-cover change: Moving beyond the myths. Global Environmental Change, 11(4): 261-269.

Langley A. 1996. Health risk assessment and management of contaminated sites in Australia. Soil Technology: Applied Soil Science, 281-307.

Lee S L, Li X D, Shi W Z, et al. 2006. Metal contamination in urban, suburban, and country park soils of Hong Kong: A study based on GIS and multivariate statistics. Science of the Total Environment, 356(1-3): 45-61.

Li J, Wu Y Y. 1991. Historical change of soil metal background values in select areas of China. Water, Air and Soil pollution, 57-58(1): 755-761.

Li P J, Stagnitti F, Xiong X, et al. 2009. Temporal and spatial distribution patterns of heavy metals in soil at a long-standing sewage farm. Environmental Monitoring and Assessment, 149 (1-4): 275-282.

Li X D, Lee S L, Wong S C, et al. 2004. The study of metal contamination in urban soils of Hong Kong using a GIS-based approach. Environmental Pollution, 129(1): 113-124.

Liu J, Diamond J. 2005. China's environment in a globalizing world. Nature, 435(7046): 1179-1186.

Liu J, Dietz T, Carpenter S R, et al. 2007. Coupled human and natural systems. AMBIO: A Journal of the Human Environment, 36(8): 639-649.

Liu W H, Zhao J Z, Ouyang Z Y, et al. 2005. Impacts of sewage irrigation on heavy metal distribution and contamination in Beijing, China. Environment International, 31(6): 805-812.

Liu Y S, Wang L J, Long H L. 2008. Spatial-temporal analysis of land-use conversion in the eastern coastal China during 1996-2005. Journal of Geographical Sciences, 18(3): 274-282.

Long H L, Gerhard K, Heiling, et al. 2007. Socio-economic development and land-use chan: Analysis of rural housing land transition in the transect of the Yangtse River, China. Land Use Policy, 141-153.

Luo W, Wang T, Lu Y, et al. 2007. Landscape ecology of the guanting reservoir, Beijing, China: Multivariate and geostatistical analyses of metals in soils. Environmental Pollution, 146(2): 567-576.

Macleod C L, Scrimshaw M D, Emmerson R H C, et al. 1999. Geochemical changes in metal and nutrient loading at uplands farm managed retreat site, Essex, UK(April 1995-1997). Marine Pollution Bulletin, 38: 1115-1125.

Mapanda F, Mangwayana E N, Nyamangara J, et al. 2005. The effect of long-term irrigation using wastewater on heavy metal contents of soils under vegetables in Harare, Zimbabwe. Agriculture, Ecosystems & Environment, 107(2-3): 151-165.

Mapanda F, Mangwayana E N, Nyamangara J, et al. 2007. Uptake of heavy metals by vegetables irrigated using wastewater and the subsequent risks in Harare, Zimbabwe. Physics Chemistry of the Earth, 32(15-18): 1399-1405.

Maria L P, Cesare P, Jones L M, et al. 2011. An aggregation framework to link indicators associated with multifunctional land use to the stakeholder evaluation of policy options. Ecological Indicators, 11(1): 71-80.

Markus J A, Mcbranthey A B. 2001. A review of the contamination of soil with lead(II): Spatialdistribution and risk assessmentof soil lead. Environment International, (27): 399-411.

Marland G, Pielke R A, Apps M, et al. 2003. The climatic impacts of land surface change and carbon management, and the implications for climate-change mitigation policy. Climate Policy, 3 (2): 149-157.

Marta P S, Sandrine P, Laurence J, et al. 2008. Land use functions-a multifunctionality approach to assess the impact of land use changes on land use sustainability. Sustainability Impact Assessment of Land Use Changes, Part V, 375-404.

Matheron G. 1973. Le krigeage disjonctif: Internal Report. Fontainebleau: Centre de Geostatistique, 360.

Matheron G. 1975a. Le choix des modeles en geostatistique, in Advanced geostatistics in the mining industry: Reidel Publ Co. Holland: Dordrecht, 11-27.

Matheron G. 1975b. A simple substitute for conditional expectation; the disjunctive kriging: Reidel Publ Co. Holland: Dordrecht, 221-236.

Mcgrath D, Zhang C S, Carton O T. 2004. Geostatistical analyses and hazard assessment on soil lead in Silvermines area, Ireland. Environmental Pollution, 127(2): 239-248.

Mclaughlin M J, Parker D R, Clarke J M. 1999. Metals and micronutrients-food safety issues. Field Crops Research, 60(1-2): 143-163.

McMahon G, Benjamin S P, Clarke K, et al. 2005. Geography for a changing world-A science strategy for the geographic research of the US. Geological Survey, 2005-2015, Sioux Falls, SD: U.S. Geological Survey Circular, 1281: 1-76.

Mico C, Recatala L, Peris M, et al. 2006. Assessing heavy metal sources in agricultural soils of an European Mediterranean area by multivariate analysis. Chemosphere, 65(4): 863-872.

Mico T. 2009. Irrigation reform needed in Asia-Farms must feed a growing population with a minimal impact on the environment. Nature. http:// www. nature. Com /news/2009/090817/full/news.2009.826.html?s= news_rss.2009-08-17.

Moran E F. 2003. News on the land project. Global Change Newsletter Issue, 54(6): 19-21.

Moran E F, Skole D L, Turner B L. 2004. The development of international land use and land cover change research program and its links to NASA's land use and land cover change initiative. Land Change Science, 6(1): 1-15.

Mueller M. 1994. Distribution of cadmium in the food chain (soil-plant-human) of a cadmium exposed area and the health risks of the general population. Sci Total Environ, 156: 515-558.

Muller G. 1969. Index of geoaccumulation in sediments of the Rhine River. Geojournal, 2: 108-118.

Muller M R, Middleton J A. 1994. Markov model of land-use change dynamics in the Niagara Region, Ontario, Canada. Landscape Ecology, 9: 151-157.

Natasha G. 2010. How to avert a global water crisis. http://www.nature.com. /news/2010/101004/full/news. 490.html. 2012-01-30.

Ndiaye B, Isabel D. 1999. Geostatistical analysis of hydrogeology and agricultural land reclamation in senegal river delta. Journal of the American Water Resources Association, 35(2): 265-276.

Nelson S S, Yonge D R, Barber M E. 2009. Effects of Road Salts on Heavy Metal Mobility in Two Eastern Washington Soils. Journal of Environmental Engineering, 135(7): 505-510.

Nicholson E A, Smith S R, Alloway B J, et al. 2003. An inventory of heavy metal inputs to agricultural soil in England and Wales. The Science of the Total Environment, 3(11): 205-219.

Oleson J J, Hope D, Gries C, et al. 2006. Estimating soil properties in heterogeneous land-use patches: A Bayesian approach. Environmetrics, 17(5): 517-525.

Olga A, Richard M. 2003. Environmental risk assessment of metals contaminated soils at silver mines abandoned mine site. Environmental Geochemistry and Health, 25(1): 247-266.

Paeth H, Born K, Girmes R, et al. 2009. Regional climate change in tropical and northern Africa due to greenhouse forcing and land use changes. Journal of Climate, 22: 114-132.

Panagopoulos T, Jesus J, AntunesM D C, et al. 2006. Analysis of spatial interpolation for optimizing management of a salinized field cultivated with lettuce. European Journal of Agronomy, 24(1): 1-10.

Peng H B, LiuY G, Li J, et al. 2007. An ecological risk assessment for heavy metals of the Lead-Zinc ore tailings. Ecological Economy, 66(3): 217-224.

Pernetta J C, Milliman J D. 1995. Land-ocean interactions in the coastal zone: implementation plan. Oceanographic Literature Review, 9(42): 801.

Pielke Sr R A, Marland G, Betts R A, et al. 2002. The influence of land-use change and landscape dynamics on the climate system relevance to climate change policy beyond the radiative effect of greenhouse gases. Philosophical Transactions of the Royal Society (Series A), 360: 1705-1719.

Podmanicky L, Balázs K, Belényesi M, et al. 2011. Modelling soil quality changes in Europe. An impact assessment of land use change on soil quality in Europe. Ecological Indicators, 11(1): 4-15.

Qadir M, Ghafoor A, Murtaza G, et al. 2000. Cadmium connect ration in vegetables grown on urban soil irrigation with untreated municipal sewage. Environment, Development and Sustainability, 2(1): 13-21.

Qin Z H, Kar nieli A, Ber liner P. 2001. A mono-window alg or ithm for retrieving land surface tem per ature from Landsat TM data and its application to the Israel-Egypt border region. International Journal of Remote Sensing, 22(18): 3719-3746.

Qiu H Y. 2010. Studies on the potential ecological risk and homology correlation of heavy metal in the surface soil. Journal of Agricultural Science, 2(2): 194-201.

Queneaa K, Lamyb I, Wintertonc P, et al. 2009. Interactions between metals and soil organic matter in various particle size fractions of soil contaminated with waste water. Geoderma, 149(3-4): 217-223.

Ramankutty N, Gibbs H K, Achard F, et al. 2007. Challenges to estimating carbon emissions from tropical deforestation. Global Change Biology, 13: 51-66.

Rao K S, Pant R. 2001. Land use dynamics and landscape change pattern in a typical micro watershed in the mid elevation zone of central Himalaya, India. Agriculture Ecosystem and Environment, 86(2): 113-123.

Rattan R K, Datta S P, Chhonkar P K, et al. 2005. Long-term impact of irrigation with sewage effluents on heavy metal content in soils, crops and groundwater-a case study. Agriculture, Ecosystems and Environment, 109 (3-4): 310-322.

Ratuzny T, Gong Z, Wilke B M. 2009. Total concentrations and speciation of heavy metals in soils of the Shenyang Zhangshi Irrigation Area, China. Environmental Monitoring and Assessment, 156 (1-4): 171-180.

Rindfuss R R, Walsh S J, Turner B L, et al. 2004. Developing a science of land change: challenges and methodological issues. Proceedings of the National Academy of Sciences, 101 (39): 13976-13981.

Riviere J L. 2000. Ecological Risk Evaluation of Polluted Soils. European Journal of Soil Science, 52 (3): 524-525.

Roberto C, Maria C G, Paolo R. 2002. Urban mobility and urban form: the social and environmental costs of different patterns of urban expansion. Ecological Economics, 40 (3): 199-216.

Ross S M. 1994. Toxic metals in soil-plant systems. Journal of Applied Ecology, 32 (4): 889.

Roychowdhury T, Tokunaga H, Ando M. 2003. Survey of arsenic and other heavy metals in food composites and drinking water and estimation of dietary intake by the villagers from an arsenic-affected area of West Bengal, India. Science of the Total Environment, 308 (1-3): 15-35.

Sandra D, Fabien Q, Daniel M, et al. 2011. Linking functional diversity and social actor strategies in a framework for interdisciplinary analysis of nature's benefits to society. PNAS, 108 (3): 895-902.

Sandroni V, Smith C M M, Donovan A. 2003. Microwave digestion of sediment, soils and urban particulate matter for trace matal analysis. Talanta, 60 (4): 715-723.

Sergio A S, Pauln W. 2004. A farmer-centered analysis of irrigation management transfer in Mexico. Irrigation and Drainage Systems, 18 (1): 89-107.

Shiklomanov I A. 2000. Appraisal and assessment of world water resources. Water International, 25 (1): 11-32.

Siebert S, Doll P, Hoogeveen J, et al. 2005. Development and validation of the global map of irrigation areas. The Journal Hydrology and Earth System Sciences, (2): 1299-1327.

Silberstein R P, Vertessy R A, Morrisc J. 1999. Modelling the effects of soil moisture and solute conditions on long-term tree growth and water use: A case study from the Shepparton irrigation area, Australia. Journal Agricultural Water Management, 39 (2-3): 283-315.

Simmons R W, Pongsakul P, Saiyasitpanich D, et al. 2005. Elevated levels of cadmium and zinc in paddy soils and elevated levels of cadmium in rice grain downstream of a zinc mineralized area in Thailand: Implications for public health. Environmental Geochemistry and Health, 27 (5-6): 501-511.

Smith C S, McDonald G T, Thwaites R N. 2000. TIM: Assessingthe sustainability of agricultural land management. Journal of Environmental Management, (60): 267-288.

Snyder W C, Wan Z, Zhang Y, Feng Y Z. 1998. Classificationbased emissivity for land surface temperature measurement from space. International Journal of Remote Sensing, 19 (14): 2753-2774.

Sobrino J A, Raissounin. 2000. Toward remote sensing methods for land cover dynamic monitoring application to Morocco. International Journal of Remote Sensing, 21: 353-366.

Sobrinoa J A, Jimenez-Munoz J C, Paolini L. 2004. Land surface temperature retrieval from Landsat M5. Remote Sensing of Environment, 90 (4): 434-440.

Sollitto D, Romic M, Castrignanò A, et al. 2010. Assessing heavy metal contamination in soils of the Zagreb region (Northwest Croatia) using multivariate geostatistics. Catena, 80 (3): 182-194.

Steven M. 2005. Manson. Agent-based modeling and genetic programming for modeling land change in the Southern Yucatan Peninsular Region of Mexico. Agriculture Ecosystem and Environment, 47-62.

Swaine D J. 2000. Why trace elements are important. Fuel Processing Technology, (65-66): 21-33.

Teugels J L. 2008. Markov chains: Models, algorithms and applications. Journal of the American Statistical Association, 103 (483): 1325.

Thornton G P, Walsh P D. 2001. Heavy metals in the waters of the Nanty-Fendrod: Change in pollution levels and dynamics associated with the redevelopment of the Lower Swansea Valley, South Wales, UK. The Science of the Total Environment, 278 (13): 45-55.

Tillman D, Cassman K G, Matson P A, et al. 2002. Agricultural sustainability and intensive production practices. Nature, 418 (6898): 617-677.

Trangmar B B, Yost R S, Uehara G. 1985. Application of geostatistics to spatial studies of soil properties. Advaced Agronomy, 3 (38): 44-94.

Tubiello F N. 2005. Climate Variability and Agriculture: Perspectives on Current and Future Challenges. In: Knight B. Impact of Climate Change, Variability and Weather Fluctuations on Crops and Their Produce Markets. Impact Reports, Cambridge, UK, 47-66.

Tume P, Bech J, Sepulveda B, et al. 2008. Concentrations of heavy metals in urban soils of Talcahuano (Chile): A preliminary study. Environmental Monitoring and Assessment, 140 (1-3): 91-98.

Turner B L, Kasperson R E, Matson P A, et al. 2003. A framework for vulnerability analysis in sustainability science. PNAS, 100 (14): 8074-8079.

Turner B L, Lambin E F, Reenberg A. 2007. The emergence of land change science for global environmental change and sustainability. Proceedings of the National Academy of Sciences, 104 (52): 20666-20671.

Turner B L, Skole D, Sanderson S, et al. 1995. I and-use and Land Cover Change. Science/Research Plan IGBP RepNo. 35. HDP RepNo.7.

Turner M G. 1990. Spatial and temporal analysis of landscape patterns. Landscape Ecology, 4 (5): 21-30.

United States Environmental Protection Agency (USEPA). 1996. Method 3050B: Acid digestion of sediments sludges and soils (revision 2).

Valor E, Caseles V. 1996. Mapping land surface emissivity from NDVI: Application to European, African and South American Areas. Remote Sensing of Environment, 57: 167-184.

Van De Griend. 1993. Study on the relationship between thernlal emissivit and the normalized difference vegetation index for nature surfaces. International Journal of Remote Sensing, 14 (6): 1119-1131.

Wager G J. 1993. Accumulation of cadmium in crop plant and its consequences to human health. Advances in Agronomy, 51: 173-212.

Wang J D, Ren H M, Liu J S, et al. 2006. Distribution of Lead in urban soil and it's potentail risk in Shenyang City, China. Chinese Geographical Science, 12 (2): 127-132.

Wang J, Xu Z, Huang J,et al. 2005. Incentives in water management reform: Assessing the effect on water use, productivity and poverty in the Yellow River Basin. Environment and Development Economics, 10 (6): 769-799.

Webster R, Oliver M A. 1989. Optimal interpolation and isarithmic mapping of soil properties. VI. Disjunctive kriging and mapping the conditional porbability. Journal of Soil Science, 40 (3): 497-512.

Webster R, Oliver M. 2007. Geostatistics for Environmental Scientists. New York: John.

Wei B G, Yang L S. 2010. A review of heavy metal contaminations in urban soils, urban road dusts and agricultural soils from China. Microchemical Journal, 94 (2): 99-107.

World commission on environment and development. Our Common Future. London: Oxford University Press. 1987.

Wu W, Tang H, Yang P, et al. 2011. Scenario-based assessment of future food security. Journal of Geographical Sciences, 21 (1): 3-17.

Yasrebi J, Saffari M, Fathi H, et al. 2009. Evaluation and comparison of ordinary Kriging and inverse distance weighting methods for prediction of spatial variability of some soil chemical parameters. Research Journal of Biological Sciences, 4 (1): 93-102.

Younas M, Shahzad E, Afzal S, et al. 1998. Assessment of Cd, Ni, Cu and Pb pollution in Lahore Pakistan. Environ Int, 24 (7): 761-766.

Zhang C S. 2006. Using multivariate analyses and GIS to identify pollutants and their spatial patterns in urban soils in Galway, Ireland. Environmental Pollution, 142(3): 501-511.

Zhang Y Q, Moore J N. 1997a. Controls on selenium distribution in wetland sediment, Benton Lake, Montana. Water, Air, and Soil Pollution, 97(3-4): 323-340.

Zhang Y Q, Moore J N. 1997b. Reduction potential of selenate in wetland sediment. Journal of Environmental Quality, 26(3): 910-916.

Zhang Y, Zhang H W, Su Z C, et al. 2008. Soil microbial characteristics under long-term heavy metal stress: A Case Study in Zhangshi Wastewater Irrigation Area, Shenyang. Pedosphere, 18(1): 1-8.

Zhou S L, Liao F Q, Wu S H, et al. 2008. Heavy metals contents in soil profiles of typical agricultural lands in Yixing, Jiangsu Provinece, China. Chinese Science Bulletin, 53(suppl): 177-187.